D1723580

Buch

Tests muß man vorbereiten, oft reicht Intelligenz allein nicht. Die Autoren Hesse/Schrader bieten spezielle Vorbereitungsmöglichkeiten für Assessment-Center- und Persönlichkeitstests. Und sie verschaffen Einblicke in die Tests bei Banken, Wirtschaft, Verwaltung und beim Öffentlichen Dienst. Alle gängigen Testaufgaben aus folgenden Bereichen hier auf einen Blick:
 * Allgemeinwissen * Intelligenz * Rechnen/Rechtschreibung * Konzentration * Persönlichkeit * Assessment-Center * Technik * Büro/Verwaltung/Öffentlicher Dienst * Banken/Wirtschaft * Pilot.
Mit diesem Buch werden Sie auf jegliche Prüfungen gut vorbereitet sein.

Autoren

Jürgen Hesse, Jahrgang 1951, Diplom-Psychologe, ist Geschäftsführer der Telefonseelsorge Berlin.
Hans Christian Schrader, Jahrgang 1952, ist Diplom-Psychologe am Krankenhaus Am Urban (Abt. Psychotherapie) in Berlin.
Beide Autoren verfügen über mehrjährige Erfahrungen als Seminarleiter bei Test- und Bewerbungstrainings.

Im Goldmann Verlag liegen von Hesse/Schrader bereits vor:

1001 Bewerbungen (13585)
Das neue Test-Programm (13586 / vollständig überarbeitete Neuausgabe Mai 1993)

Jürgen Hesse/Hans-Christian Schrader

TEST
AUFGABEN
DAS ÜBUNGSPROGRAMM

GOLDMANN VERLAG

Grafische Gestaltung der Testaufgaben: Sabine Krüger, Berlin

Anschrift der Autoren:

Jürgen Hesse/Hans Christian Schrader
c/o Eichborn Verlag
Kaiser Str. 66
6000 Frankfurt a. M. 1

oder direkt an:

Hesse/Schrader
Büro für Berufsstrategie
Handjerystr. 17
1000 Berlin 41
Tel. 0 30/4 01 18 27

Umwelthinweis:
Alle bedruckten Materialien dieses Taschenbuches
sind chlorfrei und umweltschonend.
Das Papier enthält Recycling-Anteile.

Der Goldmann Verlag
ist ein Unternehmen der Verlagsgruppe Bertelsmann

Made in Germany · 1. Auflage · 6/93
Genehmigte Taschenbuchausgabe
© 1991 by Vito von Eichborn GmbH & Co. Verlag KG, Frankfurt
Umschlaggestaltung: Design Team München
Druck: Presse-Druck Augsburg
Verlagsnummer: 13684
SD · Herstellung: Sebastian Strohmaier
ISBN 3-442-13684-9

INHALTSVERZEICHNIS

Zuallererst . . . was auf Sie zukommt 7

Teil 1

Allgemeinwissens-Testaufgaben 10
Intelligenz-Testaufgaben 32
Rechen-Testaufgaben 61
Rechtschreibungs-Testaufgaben 66
Konzentrations-Testaufgaben 69
Assessment-Center-Testaufgaben 75
Persönlichkeits-Testaufgaben 79
Technik-Testaufgaben 91

Teil 2

Büro/Verwaltungs/Öffentlicher-Dienst-Testaufgaben 106
Bank- und Wirtschafts-Testaufgaben 124
Piloten-Testaufgaben 149

Nachwort − Kritik und Tips 169
Zu guter Letzt: Verleihung des eisernen Testhammers 171

Literaturhinweise 173
Lösungsverzeichnis 174

ZUALLERERST . . .

. . . herzlichen Glückwunsch! Sie halten ein »ziemlich intelligentes« Buch in Ihren Händen (gar nicht so schwer, oder?). Das Entscheidende aber ist, sich den Inhalt anzueignen.

Dieses Buch ist ein erweitertes Übungsprogramm, um der Testseuche, die in der Berufswelt grassiert, etwas entgegenzusetzen: ein Gegengift.

Hand aufs Herz:

Was sagt Ihnen der Name Leoncavallo?
Italienischer Meisterkoch oder Baumeister? Astronom oder Opernkomponist?
Vielleicht kennen Sie ja Emil Wiechert?

Nun was anderes:

Wenn die Welt auf dem Kopf steht und alle Geraden gebogen wären, jeder Kreis vier Ecken hätte und alle Ecken wiederum gerade wären, wüßten Sie dann, ob folgender Rückschluß logisch formal richtig wäre?
– Alle Kreise haben vier gebogene Ecken.

Oder ist mathematische Abstraktionsfähigkeit Ihre Stärke und Sie können das Zahlenreihe richtig fortsetzen:

5 6 7 9 12 17 25 . . . ?

Möglicherweise haben Sie (mathematischen) Familiensinn . . .

In einer Familie hat jeder Sohn dieselbe Anzahl von Schwestern wie Brüder. Jede Tochter hat aber zweimal soviele Brüder wie Schwestern

. . . und wissen jetzt, wieviele Töchter die Familie hat.

Vielleicht ist Rechtschreibung Ihre Stärke:

rhabarberfarbener Rododendron
rahbarberfarbener Rhododendron
rabarberfarbener Rododendron
rhabarberfarbener Rhododendron
rhabarbafarbener Rhodedendron

Welche Schreibweise ist richtig?*

Aber bitte: Keine Angst und nicht verzweifeln – mit diesem Buch lernen Sie das jetzt alles!

* Lösungen:
 Leoncavallo: Opernkomponist / E.W.: Erdbebenforscher / die Behauptung stimmt / Zahlenreihe: Lösung 38, System: +1+1+2+3+5+8 . . ., zwei Zahlen addiert ergibt die dritte des Systems / 3 Töchter (4 Söhne) / vierte Schreibweise ist richtig

Sicher haben Sie einen starken Charakter und werden mit Persönlichkeitstestfragen wie diesen spielend fertig:

»Ich frage mich, ob ich in meinem Leben wirklich immer alles richtig gemacht habe.«
stimmt — teils/teils — stimmt nicht

Die Antwort darf nicht im Widerspruch stehen zu:

Ich würde mein Leben, wenn ich es noch einmal zu leben hätte
— es mir genauso wünschen
— ganz anders planen
— weiß nicht

Auch solche Fragen aus Persönlichkeits-Tests lernen Sie zu durchschauen.

Außerdem: Wie Profis in Personalberatungsfirmen mit Bewerbern umgehen und was Sie über Assessment-Center-Tests wissen sollten, finden Sie in diesem Buch ebenso, wie Testaufgaben für Büro-, Verwaltungsarbeitsplätze und den Öffentlichen Dienst. Aber auch für Tests in den Bewerbungsbereichen Banken und Wirtschaft ermöglichen wir Ihnen hier einen »Tag der Offenen Tür«.

Last but not least: Wer Pilot/in werden will, weiß jetzt, welche Testaufgaben auf sie/ihn zukommen.

Und nicht zu vergessen: Beteiligen Sie sich an der Verleihung des EISERNEN TESTHAMMERS!

TEIL 1

Hier stellen wir Ihnen immer wieder eingesetzte Testaufgaben aus folgenden großen Bereichen vor:

- **Kenntnisüberprüfungen (Allgemeinwissen, Rechnen, Rechtschreibung, Technisches Verständnis)**
- **Intelligenz-Tests**
- **Leistungs- und Konzentrations-Tests**
- **Persönlichkeits-Tests**
- **Assessment-Center-Tests**

Eine ausreichende Anzahl von Übungsaufgaben, die knallhart an der Testrealität orientiert sind, ermöglicht Ihnen eine konkrete Vorbereitung und Einübung.

Zu wissen, was auf einen zukommen kann und zu sehen, daß eine Test-Vorbereitung möglich ist, hilft, eine unangenehme Streß- und Prüfungssituation besser zu überstehen.

Wissen Sie, was – um ein reales Test-Beispiel zu nennen – das Gemeinsame von Apfel und Apfelsine ist?

Klar: »Obst / Früchte / eßbar«.

Was aber ist das Gemeinsame von Elefant und Veilchen? Wenn Sie hierzu erst einmal die Lösung »Lebewesen« verinnerlicht haben, bringt Sie die Gemeinsamkeit von Kleeblatt und Nashorn nicht mehr in Schwierigkeiten!

ALLGEMEINWISSENS-TESTAUFGABEN

Die Deutschen lieben Quizshows. Ganz ähnlich geht es bei vielen Allgemeinwissens-Tests zu. Was unter dem sogenannten Allgemeinwissen zu verstehen ist, bestimmen die Arbeitsplatzvergeber. Aber auch Psychologen neigen dazu, in ihren Testfragensammlungen willkürlich festzulegen, was man ihrer Meinung nach wissen sollte.

Meistens geht es um folgende Sachgebiete: Staat, Politik, Geschichte, Geographie, Wirtschaft, berühmte Persönlichkeiten, Schöngeistiges (Kunst/Literatur/Musik), manchmal auch Sport und Technik, weniger Biologie, Physik und Chemie.

Von Minisammlungen (etwa 10 Fragen) am Anfang einer Testbatterie bis zu 200 Fragen (10 Gebiete à 20 Fragen) reicht die Palette. Oftmals werden die Fragensammlungen durch berufsspezifische Wissensfragen erweitert.

Man kann sich viele Allgemeinwissensfragen ausdenken − unsere Beispiele jedoch stammen aus Originaltests der täglichen Testpraxis, geordnet nach Sachgebieten, unter Berücksichtigung von Wichtigkeit und Häufigkeit:

1. Staat und Politik	5. Geographie	10. Technik
2. Geschichte	6. Literatur	11. Biologie
3. Bedeutende	7. Kunst	12. Physik
Persönlichkeiten	8. Musik	13. Chemie
4. Wirtschaft	9. Sport	

Auch wenn die Inhalte abenteuerlich anmuten und sich die Frage aufdrängt, was das mit der Qualifikation für bestimmte Berufe zu tun hat − es ist lohnend, sich das folgende »Bildungsgut« anzueignen. (Versuchen Sie, die 13 Aufgabengebiete mit 350 Aufgaben in 90 Minuten durchzuarbeiten.)

1. Staat und Politik

1. Die Staatsform der Bundesrepublik Deutschland heißt ...
   a) Volksdemokratie
   b) parlamentarische Volksrepublik
   c) parlamentarische Demokratie
   d) Bundesstaat

2. Wie heißt der Ministerpräsident von Sachsen?
   a) Lothar de Maiziere
   b) Manfred Stolpe
   c) Oskar Lafontaine
   d) Kurt Biedenkopf

3. Wieviele neue Bundesländer hat die Bundesrepublik Deutschland am 3. Oktober 1990 hinzubekommen?
   a) 4
   b) 5
   c) 6
   d) 7

4. Von wem wird der Bundeskanzler der Bundesrepublik gewählt?
   a) durch das Volk
   b) durch die Bundesversammlung
   c) durch den Bundesrat
   d) durch den Bundestag

5. Welches der folgenden Länder gehört zur EG?
   a) Österreich
   b) Schweiz
   c) Irland
   d) Schweden

6. Für welchen Zeitraum wird der deutsche Bundestag gewählt?
   a) für 2 Jahre
   b) für 3 Jahre
   c) für 4 Jahre
   d) für 5 Jahre

7. Von wem wird der Bundespräsident gewählt?
   a) vom Bundestag
   b) vom Bundesrat
   c) vom Volk
   d) von der Bundesversammlung

8. In welchem Alter erlangt man das passive Wahlrecht?
   a) mit 18 Jahren
   b) mit 21 Jahren
   c) mit 23 Jahren
   d) mit 25 Jahren

9. Unter dem Begriff Gewaltenteilung versteht man . . .
   a) einen Fachausdruck aus dem Wirtschaftsrecht
   b) einen Begriff des Eherechts
   c) Kurzbezeichnung für die Aufgaben der Polzei
   d) Trennung der Funktionen von Rechtsprechung, Verwaltung und Gesetzgebung

10. Wenn in unserem Land ein neues Gesetz entstanden ist, wird es zuletzt gegengezeichnet vom . . .
    a) Bundeskanzler
    b) Bundespräsidenten
    c) Bundestagspräsidenten
    d) von den Bundesministern

11. Welches Bundesorgan setzt sich ausschließlich aus Vertretern der Länderregierungen zusammen?
    a) der Bundestag
    b) die Bundesversammlung
    c) der Bundesrat
    d) die Bundesregierung

12. Welches der folgenden Merkmale charakterisiert eine demokratische Grundordnung?
    a) Pressezensur
    b) Kontrolle der Gerichtsbarkeit
    c) Teilung der Staatsgewalt
    d) Zusammenfassung der Staatsgewalt

13. Wie bezeichnet man den Zusammenschluß von Abgeordneten einer im Parlament vertretenen Partei?

    a) Opposition
    b) Fraktion
    c) Koalition
    d) Kabinett

14. Welcher Staat ist NATO-Mitglied?
    a) Österreich
    b) Finnland
    c) Schweden
    d) Norwegen

15. Das Hauptarbeitsfeld eines Kommunalpolitikers ist . . .
    a) sein Bundesland
    b) sein Heimatland
    c) die Gemeinde
    d) der Regierungsbezirk

16. Welches Land hat eine Präsidialdemokratie als Staatsform?
    a) Italien
    b) Schweiz
    c) Schweden
    d) Frankreich

17. Was versteht man unter einem Hammelsprung?
    a) Abstimmungsverfahren zur Wahl eines Parteivorsitzenden
    b) Auseinanderbrechen einer Fraktion
    c) Abstimmungsverfahren mit Ja- und Nein-Türen
    d) nichts von alledem

18. Die Zuständigkeit des Bundes ist gegeben bei . . .
    a) allen Sozialämtern
    b) allen Finanzämtern
    c) der Polizei
    d) der Bundeswehr

19. Wer diskutiert und verabschiedet den Haushalt der Bundesrepublik Deutschland?
    a) der Bundestag
    b) das Bundesfinanzministerium
    c) die Bundesministerkonferenz
    d) der Bundeswirtschaftsminister

20. Wo ist der Sitz des Bundesverfassungsgerichts?
    a) Berlin
    b) Bonn
    c) Karlsruhe
    d) Frankfurt a.M.

21. Bei welchem Amt wird ein Neugeborenes angemeldet?
    a) Ordnungsamt
    b) Standesamt
    c) Regierungspräsidium
    d) Einwohnermeldeamt

22. Ein Bürger hat nicht nur Rechte, sondern auch Pflichten. Welche Pflichten hat er nicht?
    a) Schulbesuch
    b) zu wählen
    c) das Schöffenamt wahrzunehmen
    d) sich beim Einwohnermeldeamt registrieren zu lassen

23. Welches Gericht übt keine Strafjustiz aus?
    a) Landgericht
    b) Amtsgericht
    c) Bundesverfassungsgericht
    d) Oberlandgericht

24. Wer hat kein Streikrecht?
    a) Pilot
    b) Postbeamter
    c) Bankangestellter
    d) Ärzte

25. Wann wurde die Bundesrepublik gegründet?
    a) 1945
    b) 1946
    c) 1949
    d) 1947

26. Wann wurde die Bundeswehr aufgestellt?
    a) 1945
    b) 1949
    c) 1950
    d) 1956

27. Was bedeutet Föderalismus?
    a) Zentrale Regierungsform
    b) Zusammenfassung von Einzelstaaten zu einem Staatenbund
    c) Planwirtschaft
    d) Zentralwirtschaft

28. Wieviele Bundesländer hat die Bundesrepublik?
    a) 10
    b) 15
    c) 12
    d) 16

29. Welches Ministerium ist nicht auf Bundesebene vertreten?
    a) Wirtschaft
    b) Finanzen
    c) Kultur
    d) Arbeit und Soziales

30. Welches Ressort nimmt seit Jahren den größten Haushaltsetat ein?
    a) Verteidigung
    b) Arbeit und Soziales
    c) Verkehr
    d) Wissenschaft und Bildung

31. Was ist das Bruttosozialprodukt?
    a) Meßgröße für die Gesamtleistung einer Volkswirtschaft
    b) Ausdruck aus der Wirtschaftspsychologie
    c) Meßgröße für das Steueraufkommen
    d) Meßgröße für die Dienstleistungen der Kurzarbeiter

32. Welches Amt ist in einer Kommunalverwaltung unerläßlich?
    a) Postamt
    b) Ordnungsamt
    c) Verkehrsamt
    d) Pfarramt

33. Wielange beträgt die Amtszeit des Bundespräsidenten?
    a) 6 Jahre
    b) 2 Jahre
    c) 4 Jahre
    d) 5 Jahre

34. Welche Versicherung muß man bei der Zulassung eines PKW unbedingt abschließen?
    a) Haftplichtversicherung
    b) Vollkaskoversicherung
    c) Insassen-Unfallversicherung
    d) Diebstahlversicherung

35. Welcher Steuerpflicht unterliegt ein Arbeitnehmer auf jeden Fall?
    a) Vergnügungssteuer
    b) Mineralölsteuer
    c) Lohnsteuer
    d) Umsatzsteuer

36. Wer wählt den Bundestagspräsidenten?
    a) Bundestag
    b) Bundesrat

c) Bundesversammlung
d) Bundesminister

37. Was bedeutet der Begriff passives Wahlrecht?
a) Möglichkeit, gewählt zu werden
b) an einer Briefwahl teilzunehmen
c) Aussichtlosigkeit, durch seine Wahl etwas zu bewirken
d) Verlust aktiver Wahlmöglichkeiten

38. Wann wurde die Deutsche Mark (DM) geboren?
a) 1945
b) 1948
c) 1949
d) 1946

39. Wer war der erste Bundeskanzler der BRD?
a) Heuss
b) Schumacher
c) Adenauer
d) Erhard

40. Wer sagte, Politik sei die Kunst des Möglichen?
a) Bismarck
b) Truman
c) Adenauer
d) Churchill

41. Wie hießen die Familien, die im Mittelalter die Ratsmitglieder der Städte stellten?
a) Großbürger
b) Senatoren
c) Patrizier
d) Medici

42. Die festorganisierte Verbindung von Abgeordneten der gleichen Partei im Bundestag wird bezeichnet als:
a) Fraktion
b) Sektion
c) Parteiflügel
d) Koalition

43. Die totalitäre Überbetonung des nationalen Denkens heißt:
a) Chauvinismus
b) Nationalismus
c) Faschismus
d) Patriotismus

44. Wie heißt die Verpflichtung zur einheitli-

chen Stimmabgabe innerhalb einer Partei?
a) Unionsverhalten
b) Fraktionszwang
c) Parteisolidarität
d) Politkonsens

45. Wie heißt das Streben der Mitglieder eines Staatenbundes nach möglichst weitgehender Selbständigkeit?
a) Neutralismus
b) Partikularismus
c) Isolationismus
d) Pluralismus

46. Die Verbindung mehrerer Gesetzesvorlagen, die im Parlament gemeinsam behandelt werden, bezeichnet man als:
a) Courtage
b) Fusion
c) Junktim
d) Population

47. Wann fand die offizielle Abkehr vom Stalinismus in der UdSSR statt?
a) 1949
b) 1953
c) 1957
d) 1961

48. Die Grundrechte in unserer Verfassung sind ...
a) mittelbar geltendes Recht
b) unmittelbar geltendes Recht
c) sozial bindendes Recht
d) absolut geltendes Recht

49. In welchem Land existiert heute noch das Modell einer konstitutionellen Monarchie?
a) Norwegen
b) Finnland
c) Island
d) Schweiz

50. Der politische Liberalismus fand seinen Niederschlag in ...
a) dem Sozialismus-Kommunismus
b) den Ständekämpfen des Mittelalters
c) den Revolutionen des 18. Jahrhunderts
d) in der Gründung von föderalistischen Staatenbunden

51. Das Gegenstück zur EG in den sozialisti-

schen Ländern heißt:
a) ILO
b) COMISCO
c) EFTA
d) COMECON

52. Die Aufgabe der Bundesversammlung ist es . . .
a) die zu wählenden Bundesrichter vor-zuschlagen
b) die Entscheidungen des Bundesrates zu kontrollieren
c) die Wahl des Bundespräsidenten vor-zunehmen
d) übergreifende Polizeiaktivitäten zu koordinieren

53. Die UNESCO als Unterorganisation der UN hat ihren Sitz in . . .
a) Paris
b) Genf
c) Brüssel
d) Wien

54. Die USA unterstützten 1946 den Wieder-aufbau Europas und insbesondere der BRD. Dies geschah mit Geldern aus dem . . .
a) Dawes-Plan
b) Marshall-Plan
c) Morgenthau-Plan
d) Clay-Roosevelt-Plan

55. Der Volksentscheid, meist aufgrund eines Volksbegehrens zustandegekom-men, heißt (sofern in der Verfassung vor-gesehen):
a) Referendum
b) Konsortium
c) Distribution
d) Kollusion

56. Auf wieviel Jahre wird der Bundeskanz-ler gewählt?
a) 8 Jahre
b) 4
c) 5
d) 2

57. Wo ist der Sitz des Europarates?
a) Genf
b) Brüssel
c) Straßburg
d) Wien

58. Wo ist der Sitz des Bundesverwaltungs-gerichtes?
a) Bonn
b) Frankfurt a.M.
c) Karlsruhe
d) Berlin

59. Was versteht man unter der 5%-Hürde?
a) Mindestprozentzahl von Wahlstim-men, um ins Parlament zu gelangen
b) Fachausdruck für Hürdenläufer
c) Regel für innerparteiliche Abstim-mungen
d) Abstimmungsregelung der neuen Bundesländer

60. Wer hat in den USA die höchste Gerichtsbarkeit?
a) der Präsident
b) der Kongreß
c) das Supreme Court (Washington)
d) das Foreign Office

61. Wer wählt in den USA den Präsidenten?
a) die Wahlmänner
b) das Volk direkt
c) der Kongreß
d) die Abgeordneten

62. Wer macht in der BRD die Gesetze?
a) der Bundesrat
b) der Bundestag
c) der Bundeskanzler
d) die Bundesversammlung

63. Was versteht man unter dem sog. »Ham-mel-Sprung«?
a) parlamentarische Abstimmungsform
b) Prüfungsverfahren für Politiker
c) landwirtschaftlicher Fachausdruck
d) politische Meinungsverschiedenheit im Kabinett

64. Wann trat das Grundgesetz für die BR Deutschland in Kraft?
a) Mai 1948
b) Mai 1946
c) Mai 1945
d) Mai 1949

65. Welche Grundrechte unterscheidet man?
a) Arbeits- und Eherecht
b) Menschen- und Bürgerrechte
c) Privat- und Staatsrecht
d) Miet- und Arbeitsrecht

66. Was ist die Lobby in Bonn?
    a) Interessenvertretung
    b) Wandelhalle im Parlament
    c) wahltechnischer Ausdruck
    d) parteipolitisches Organ

67. Seit wann gibt es in Deutschland politische Parteien im modernen Sinn?
    a) seit etwa 1815
    b) seit etwa 1890
    c) seit etwa 1910
    d) seit etwa 1945

68. Was versteht man unter der Bezeichnung »House of Lords«?
    a) das englische Unterhaus
    b) das englische Oberhaus
    c) Wohnsitz des Premierministers
    d) Wohnsitz der englischen Adligen

69. Welche Parteien sind im amerikanischen Abgeordnetenhaus?
    a) Konservative und Liberale
    b) Demokraten und Republikaner
    c) Demokraten und Konservative
    d) Republikaner und Liberale

70. Wie heißt der jetzige Präsident der USA und welcher Partei gehört er an?

71. Wie heißen die Bundesländer der Bundesrepublik?

72. Welches Bundesland ist flächenmäßig am größten und welches hat die meisten Einwohner?

73. Wo hat die UNESCO ihren Sitz und was ist ihre Aufgabe?

74. Was ist die ILO?

75. Wie groß ist der Anteil der Sozialausgaben am Haushalt der Bundesrepublik?

2. Geschichte

1. Wann endete der 2. Weltkrieg in Europa?
   a) März 1945
   b) April 1945
   c) Mai 1945
   d) Juni 1945

2. Wann erfolgte die Proklamation der Menschen- und Bürgerrechte in Frankreich?
   a) 1776
   b) 1789
   c) 1813
   d) 1850

3. In welcher Zeitspanne ereignete sich der 1. Weltkrieg?
   a) 1913-1917
   b) 1913-1919
   c) 1914-1917
   d) 1914-1918

4. Wann fand die Oktoberrevolution statt?
   a) 1920
   b) 1918
   c) 1917
   d) 1896

5. Die Entente Cordiale wurde geschlossen zwischen . . .
   a) England und Rußland
   b) England und Frankreich
   c) Frankreich und Rußland
   d) Frankreich und Deutschland

6. Wann wurde Deutschland in den Völkerbund aufgenommen?
   a) 1924
   b) 1926
   c) 1928
   d) 1945

7. Julius Cäsar adoptierte seinen Großneffen. Er hieß . . .
   a) Crassus
   b) Oktavian
   c) Cäsario
   d) Augustus

8. Der Spartakusaufstand 1919: Wer versteckte sich hinter dem Pseudonym »Spartakus«?
   a) Karl Liebknecht
   b) Rosa Luxemburg
   c) Ernst Thälmann
   d) Wilhelm Pieck

9. Der Gedanke der kommunalen Selbstverwaltung stammt von . . .
   a) Stresemann-Severing
   b) Wilhelm v. Humboldt
   c) Stein-Hardenberg
   d) August Bebel

10. Woher kamen die Goten ihrer Stammessage nach?

a) aus Skandinavien
b) vom Balkan
c) aus Vorderasien
d) aus Lettland

11. In England wurden 1215 dem Königtum zugunsten des Klerus und des Adels feudale Vorrechte abgenötigt. Die Urkunde dieser »ersten Freiheitsrechte« heißt . . .
a) Great Bill of England
b) Magna Charta
c) Bill of Rights
d) keiner dieser drei Lösungsvorschläge ist richtig

12. Die Unabhängigkeitserklärung der USA war . . .
a) 1769
b) 1776
c) 1793
d) 1815

13. Friedrich List gründete 1819 den »Deutschen Handels- und Gewerbeverein«. Dieses Modell war der Vorläufer für . . .
a) das deutsche Gewerkschaftswesen
b) den deutschen Zollverein
c) das deutsche Kolonialwesen
d) den deutschen Sparkassenverein

14. Mit der Flucht Mohammeds von Mekka nach Medina beginnt im Islam eine eigene Zeitrechnung. Wann fand dies nach unserer Zeitrechnung statt?
a) 518 v. Chr.
b) 400 v. Chr.
c) 612 n. Chr.
d) 622 n. Chr.

15. Der amtliche Name des 1. Deutschen Reichs lautete . . .
a) Kleindeutsches Reich
b) Deutsches Kaiserreich
c) Heiliges Römisches Reich Deutscher Nation
d) Großdeutsches Reich

16. Die Schlagworte der französischen Revolution hießen . . .
a) Freiheit, Gleichheit, Brüderlichkeit
b) Frieden, Freiheit, Wohlstand
c) Frieden, Freiheit, Gerechtigkeit
d) Einigkeit und Recht und Freiheit

17. Wer gründete das Deutsche Reich?

a) Hitler
b) Bismarck
c) Hindenburg
d) Stresemann

18. Welches Geschehen besiegelte den Untergang des spanischen Weltreiches?
a) Entdeckung Amerikas
b) Erbstreitigkeiten im spanischen Herrscherhaus
c) Untergang der spanischen Flotte
d) die Schlacht bei Waterloo

19. Welches kleine aber wichtige europäische Land hat seit 1815 keine Kriege geführt?
a) Holland
b) Schweiz
c) Dänemark
d) Österreich

20. Wer zerstörte Karthago?
a) die Ägypter
b) die Athener
c) die Römer
d) die Mohammedaner

21. In welchem Jahrhundert fand die Reformation statt?
a) 15. Jahrhundert
b) 17.
c) 14.
d) 16.

22. Zum Christentum trat als erster römischer Kaiser über . . .
a) Nero
b) Konstantin
c) Diokletian
d) Augustinus

23. Welcher amerikanische Präsident beendete den Krieg zwischen den Süd- und Nordstaaten des Landes und schaffte die Sklaverei weitestgehend ab?
a) Jefferson
b) Lincoln
c) Washington
d) Roosevelt

24. Nachdem China durch viele Jahrhunderte hindurch ein feudalistisches Kaiserreich gewesen war, wurde die nationale Revolution zu Anfang des 20. Jahrhundets von dem folgenden Politiker eingeleitet:

a) Mao Tse-tung
b) Schiang Kai-schek
c) Sun Yat-sen
d) Lin Piao

25. Welcher Nationalität war Kolumbus?

26. In welchem Jahr entdeckte er Amerika?

27. Was war am 17.6.1953?

28. Was geschah am 13.8.1961?

29. Was am 9.11.1989?

30. Was war am 3.10.1990?

3. Bedeutende Persönlichkeiten

Wer war . . .

1. Adolph Woermann
   a) Gegenpart zu Jakob Fugger
   b) Initiator der Hanse
   c) Mitbegründer der Deutschen Ostafrikalinie
   d) bekannter Ahnenforscher

2. Ferdinand Lasalle
   a) Gründer des Deutschen Arbeitervereins
   b) Bedeutender französischer Arzt
   c) Entdecker der Großen Antillen
   d) Gründer des Roten Kreuzes

3. Leopold Gmelin
   a) Theologe in Wien
   b) Philosoph in Marburg
   c) Chemiker in Heidelberg
   d) Schriftsteller in Weimar

4. Ignatius von Loyola
   a) spanischer Freiheitskämpfer
   b) Gründer des Deutschen Ritterordens
   c) Gründer des Jesuitenordens
   d) Steuermann unter Christoph Kolumbus

5. Ruggiero Leoncavallo
   a) italienischer Baumeister in Florenz
   b) italienischer Astronom
   c) italienischer Opernkomponist
   d) italienischer Meisterkoch

6. Oskar Kokoschka
   a) bedeutender Regisseur
   b) bedeutender Graphiker
   c) Kunstauktionator in München
   d) bekannter Musiker

7. Ernst Heinkel
   a) Erfinder des Turbostrahltriebwerks bei Flugzeugen
   b) Erfinder der Taschenuhr
   c) Erfinder der Turbinentechnik
   d) Waschmittelfabrikant

8. Hans von Seeckt
   a) Chef der Reichswehr
   b) Gründer der Zeiss-Werke
   c) Vertreter Deutschlands beim Vatikan
   d) Mitinitiator der Luftbrücke

9. Paul-Henri Spaak
   a) niederländischer Reeder
   b) französischer Schauspieler
   c) belgischer Politiker
   d) luxemburgischer Finanzier

10. Emil Wiechert
    a) Minister in der Weimarer Zeit
    b) Begründer der Erdbebenkunde
    c) bedeutender deutscher Dichter
    d) Begründer der Farbenlehre

11. Alfred Nobel
    a) Museumsgründer
    b) Kunstforscher
    c) Preisstifter
    d) Politiker

12. Heinrich von Stephan
    a) Begründer des Weltpostvereins
    b) Erzbischof von Mainz
    c) Autor des Sachsenspiegels
    d) Wettkampfsportler

13. Otto v. Guericke
    a) Erfinder des Zeichenbretts
    b) Erfinder des Kugelschreibers
    c) Erfinder der Luftpumpe
    d) Erfinder des Flugzeugs

14. Leonardo da Vinci
    a) Erfinder des Luftreifens
    b) Erfinder des Sturzhelms
    c) Erfinder des Fallschirms
    d) Erfinder der Zwölftonmusik

15. Vasco da Gama
    a) Entdecker des Seeweges nach Indien
    b) Entdecker der Antillen
    c) Entdecker Alaskas

d) Entdecker der Kurillen-Inselgruppe

16. Johannes Kepler
    a) Entdecker der Sonnenstrahlung
    b) Entdecker der Planetengesetze
    c) Entdecker der Mondkrater
    d) Entdecker der Mondanziehungskraft

17. Alexander Fleming
    a) Entdecker der Viren
    b) Erfinder der Buchdruckerkunst
    c) Entdecker des Penicilins
    d) Schöpfer der James-Bond-Figur

18. Emil Berliner
    a) Erfinder des Mikrophons
    b) Erfinder des Telefons
    c) Erfinder des Grammophons
    d) Erfinder eines Backrezeptes

19. Benjamin Franklin
    a) Erfinder des Blitzableiters
    b) Erfinder des Glasglühlichts
    c) Erfinder des Thermometers
    d) Entdecker des Wechselstroms

20. James Watt
    a) Erfinder der Dampfmaschine
    b) Erfinder des Revolvers
    c) Entdecker des Pulvers
    d) Erfinder der Glühbirne

21. Marie Curie
    a) Köchin
    b) Tänzerin
    c) Malerin
    d) Physikerin

22. Rosa Luxemburg
    a) Malerin
    b) Filmemacherin
    c) Politikerin
    d) Schriftstellerin

23. Käthe Kollwitz
    a) Politikerin
    b) Theologin
    c) Graphikerin
    d) Köchin

24. Indira Gandhi
    a) Musikerin
    b) Kirchenrechtlerin
    c) Politikerin
    d) Philosophin

25. Heinrich Schliemann
    a) Filmemacher
    b) Fußballer
    c) Archäologe
    d) Geschäftsmann

26. August Bebel
    a) Gründer der Bibelgesellschaft
    b) ehemaliger DDR-Politiker
    c) Sozialdemokratischer Parteiführer
    d) Arzt

27. Robert Koch
    a) Pseudonym für Dr. Oetker
    b) Bäcker
    c) Heilpraktiker
    d) Bakteriologe

28. Otto Hahn
    a) Chemiker
    b) Mediziner
    c) Ingenieur
    d) Agrarwissenschaftler

29. Ernest Mandel
    a) Maler und Romanautor
    b) Politikwissenschaftler und Schrift-
       steller
    c) Naturwissenschaftler und Sachbuch-
       autor
    d) Fußballtrainer

30. Adam Smith
    a) amerikanischer Naturwissenschaftler
       und Philosoph
    b) britischer Moralphilosoph und Volks-
       wirtschaftler
    c) australischer Geschichtsforscher und
       Mineraloge
    d) englischer Rockmusiker

31. Carl Röntgen
    a) Erfinder des Fotoapparats
    b) Entdecker des Tuberkelvirus
    c) Physiker
    d) Chemiker

32. Clara Schumann
    a) Schrifstellerin
    b) Malerin
    c) Musikerin
    d) Politikerin

33. Sophie Scholl
    a) Pädagogin

b) Widerstandskämpferin
c) Politikerin
d) Musikerin

34. Konrad Lorenz
a) Erdbebenforscher
b) Kabarettist
c) Pädagoge
d) Verhaltensforscher

35. Carl Orff
a) Schriftsteller
b) Schauspieler
c) Politiker
d) Komponist

4. Wirtschaft

1. Die von einem Kreditnehmer zu zahlenden Kosten für einen Kredit bezeichnet man als . . .
a) Dividende
b) Zinsen
c) Devisen
d) Prämie

2. Was charakterisiert eine inflationäre Entwicklung?
a) abnehmende Exporte
b) Flucht in die Sachwerte
c) Wachsen der Kaufkraft
d) das Ansteigen der Sparneigung

3. Was versteht man unter dem Nettogewicht?
a) das Gewicht einer Ware zum Zeitpunkt der Verpackung
b) den Wert einer Ware exklusive Mehrwertsteuer
c) das Gewicht einer Ware ohne Verpackung
d) das Gesamtgewicht einer Ware

4. Was sind Subventionen?
a) staatliche Zuschüsse
b) indirekte Steuern
c) eine Art Schutzzoll
d) eine Art Investitionsabgabe

5. Bei einer Rezession (Verschlechterung der wirtschaftlichen Lage) steigen besonders die Ausgaben der . . .
a) Invalidenversicherung
b) Arbeitslosenversicherung

c) Rentenversicherung
d) Krankenversicherung

6. Was charakterisiert am ehesten die Marktwirtschaft?
a) die Produktion ist staatlich gelenkt
b) die freie Konsumwahl wird durch staatliche Maßnahmen eingeschränkt
c) die Produktionsmittel gehören überwiegend dem Staat
d) die Unternehmen betreiben ihre Planentscheidungen individuell

7. Wie bezeichnet man die gesamtwirtschaftliche Größe der in einem Jahr produzierten Sachgüter und Dienstleistungen?
a) Sozialvermögen
b) Sozialprodukt
c) Volksvermögen
d) Volkseinkommen

8. Was versteht man unter einer Investition?
a) Geldentwertung
b) eine Art Kredit
c) die langfristige Geldanlage eines Unternehmers in Sachgütern
d) einen staatlichen Zuschuß

9. Wie bildet sich der tägliche Aktienkurs an der Börse?
a) durch Angebot und Nachfrage
b) durch Prognosen der Börsenmakler
c) durch staatliche Festsetzung
d) aufgrund der Konjunkturlage

10. Was versteht man unter der Liquidität eines Unternehmens?
a) die Zahlungsfähigkeit eines Unternehmens
b) die Auflösung und Beendigung
c) die Kreditwürdigkeit
d) eine Form der Unternehmensfinanzierung

11. In folgender Branche hat die Erhöhung der Löhne die stärkste Auswirkung auf die Produktionskosten:
a) Automobilindustrie
b) Papierindustrie
c) Bauunternehmungen
d) Stahlindustrie

12. Wie bezeichnet man die Lösung finan-

zieller Unternehmensschwierigkeiten?
a) Inventur
b) Sanierung
c) Bankrott
d) Konkurs

13. Man hat als Eigentümer einer Aktie ein Recht auf . . .
a) seine Provision
b) seine Tantiemen
c) seine Verzinsung
d) seine Dividende

14. Was ist die OPEC?
a) ein Verteidigungsbündnis
b) eine Konferenz für Sicherheit und Zusammenarbeit
c) die Organisation erdölexportierender Länder
d) eine Organisation für wirtschaftliche Zusammenarbeit

15. Was versteht man unter dem Begriff »Inflation«?
a) einer großen Geldmenge steht eine geringe Gütermenge gegenüber; die Preise steigen, der Geldwert sinkt
b) einer kleinen Geldmenge steht eine große Gütermenge gegenüber; die Preise steigen, der Geldwert bleibt gleich
c) einer großen Gütermenge steht eine große Geldmenge gegenüber; die Preise bleiben stabil
d) der Geldwert sinkt mit den Preisen, die Geldmenge wächst, ebenso wie die Gütermenge

16. Wie bezeichnet man das herrschende Wirtschaftssystem in der Bundesrepublik?
a) zentrale Verwaltungswirtschaft
b) gesteuerte Planwirtschaft
c) soziale Marktwirtschaft
d) gelenkte Verbrauchswirtschaft

17. Wie definiert man bargeldlosen Zahlungsverkehr?
a) Kreditkauf
b) Ratenkauf
c) Überweisung von Konto zu Konto
d) Kauf von Devisen mittels Euroscheck

18. Wer bezahlt letztendlich Subventionen für bestimmte Wirtschaftszweige?
a) alle steuerzahlenden Bürger
b) die Deutsche Bundesbank
c) die subventionierten Unternehmen selbst
d) das Bundeswirtschaftsministerium

19. Wer ist berechtigt, Banknoten zu drucken und in Umlauf zu setzen?
a) die Landeszentralbank
b) der Zentralbankrat
c) die Deutsche Bundesbank
d) der Bundesfinanzminister

20. Wen kann man als die »Hüterin der deutschen Währung« bezeichnen?
a) die Deutsche Bank
b) die Deutsche Landesbank
c) die Deutsche Bundesbank
d) die Deutsche Zentralbank

21. Was ist ein Wechsel?
a) die Übertragung von Aktienmehrheiten
b) die Verpflichtungserklärung eines Schuldners
c) eine Veränderung der Konjunkturlage
d) ein Begriff aus der Börsenwelt

22. Was ist ein Pfandbrief?
a) eine festverzinsliche Schuldverschreibung
b) Urkunde eines Leihhauses
c) eine Hypothek
d) Verpflichtungserklärung eines Schuldners

23. Was ist eine Hypothek?
a) ein Zahlungsversprechen
b) eine schwere Belastung
c) ein Darlehen gegen Sicherheit an Grundstücken/Häusern
d) ein Scheck auf eine zukünftige Wirtschaftsleistung

24. Was versteht man unter Dividende?
a) einen bestimmten Steuersatz
b) einen nicht zu versteuernden Lotteriegewinn
c) einen Gewinnanteil an einer Aktiengesellschaft
d) eine finanzielle Beteiligung an einer Gesellschaft

25. Aus welcher Steuer ergibt sich das meiste Steueraufkommen?
    a) Vermögenssteuer
    b) Umsatzsteuer
    c) Lohnsteuer
    d) Mineralölsteuer

26. Die Erklärung eines ohne Erfolg gepfändeten Schuldners über den Bestand seines Vermögens ist . . .
    a) die Gütertrennung
    b) die eidesstattliche Versicherung
    c) die Inventurliste
    d) eine Offenbarung

27. Wie nennt man land- und forstwirtschaftlichen Besitz des Staates?
    a) Migräne
    b) Domäne
    c) Latifundien
    d) kein Begriff ist richtig

28. Wie nennt man das Verpackungsgewicht?
    a) Atta
    b) Netto
    c) Brutto
    d) Tara

29. Eine Handlungsvollmacht mit bestimmten Rechten und Pflichten bezeichnet man als . . .
    a) Valuta
    b) Matura
    c) Prokura
    d) Validität

30. Der Überschuß auf der Soll- oder Habenseite heißt . . .
    a) Insolvenz
    b) Debet
    c) Manko
    d) Saldo

31. Der Preisnachlaß auf eine Ware wird bezeichnet als . . .
    a) Prolongation
    b) Rabatt
    c) Skonto
    d) Diskont

32. Was zeichnet einen Erbhof aus?
    a) er kann nicht gepachtet werden
    b) er verfällt bei dem Tode des Eigentümers an den Staat
    c) er ist unverkäuflich
    d) er ist unteilbar

33. Wer war Fr. W. Raiffeisen?
    a) Begründer des Giroverkehrs
    b) Begründer der Landwirtschafts-Darlehenskassen
    c) Begründer der Versicherungen
    d) bedeutender Reifenfabrikant

34. Wie heißt ein unterschriebener aber nicht ausgefüllter Scheck?
    a) Überbringerscheck
    b) Blankoscheck
    c) Verrechnungsscheck
    d) ungedeckter Scheck

35. Der Zahlungsverkehr ohne Bargeld heißt . . .
    a) Giroverkehr
    b) Wechselverkehr
    c) Scheckverkehr
    d) Geldverkehr

36. Die rechtliche und wirtschaftliche Verschmelzung von Unternehmen nennt man . . .
    a) GmbH
    b) Koalition
    c) Union
    d) Fusion

37. Wie nennt man eine Zwangsverwaltung?
    a) Präjustiz
    b) Plebeszit
    c) Sequestration
    d) Treuhand

38. Wie nennt man die Provision eines Börsenmaklers?
    a) Courtage
    b) Remisse
    c) Markise
    d) Obligation

39. Die Einziehung von Bargeld nennt man . . .
    a) Impresso
    b) Inferno
    c) Inkasso
    d) Insolvenz

40. Wie nennt man das Verhältnis des Wertes einer Währungseinheit zum Goldwert?
    a) Wechselkurs

b) Diskount
c) Floating
d) Goldparität

5. Geographie

1. Wo liegt Melbourne?
   a) USA
   b) Australien
   c) Afrika
   d) Großbritannien

2. Welches Land grenzt nicht ans Schwarze Meer?
   a) UdSSR
   b) Rumänien
   c) Bulgarien
   d) CSFR

3. Wo steht die Sonne am 21. Juni im Zenit?
   a) nördlicher Wendekreis
   b) südlicher Wendekreis
   c) Äquator
   d) Südpol

4. Was ist die Tundra?
   a) eine gebirgige Landschaft
   b) eine wüstenähnliche Landschaft
   c) eine steinige Graslandschaft
   d) eine baumlose Steppenlandschaft

5. Was ist im Süden von Südamerika?
   a) der Ärmelkanal
   b) Kap der Guten Hoffnung
   c) Cap Canaveral
   d) Kap Horn

6. Wo liegt die Appeninen-Halbinsel?
   a) Spanien
   b) Portugal
   c) Griechenland
   d) Italien

7. Europas längster Fluß?
   a) Rhein
   b) Wolga
   c) Rhone
   d) Donau

8. Welches der folgenden Länder hat die längste Küste?
   a) Italien
   b) Frankreich

c) Norwegen
d) Jugoslavien

9. Wie alt ist etwa die Erde?
   a) eine Million Jahre
   b) 10 Millionen
   c) 100 Millionen
   d) mehr als 100 Millionen Jahre

10. Welche der folgenden Ländergruppen enthält Länder, die keine gemeinsame Grenze mit der BR Deutschland haben?
    a) CSFR, Österreich, Schweiz
    b) Österreich, Liechtenstein, Polen
    c) Dänemark, Belgien, Luxemburg
    d) Niederlande, Luxemburg, Frankreich

11. Wie viele Einwohner hat jetzt die BR Deutschland?
    a) ca. 65 Mio
    b) ca. 75 Mio
    c) ca. 90 Mio
    d) ca. 95 Mio

12. Belgrad ist die Hauptstadt von . . .
    a) CSFR
    b) Rumänien
    c) Yugoslavien
    d) Bulgarien

13. Bei welcher Stadt fließt die Elbe in die Nordsee?
    a) Hamburg
    b) Cuxhaven
    c) Heiligenhafen
    d) Bremerhaven

14. Wie heißt die Hauptzwischenstation auf dem Weg von New Orleans nach Japan?
    a) Kuba
    b) Antillen
    c) Hawaii
    d) Neuseeland

15. Welches Gebirge liegt (am Rhein) dem Taunus gegenüber?
    a) Harz
    b) Hunsrück
    c) Eifel
    d) Teutoburger Wald

16. Durch welchen Gebirgszug werden das europäische und das asiatische Rußland getrennt?
    a) Karpaten

b) Kaukasus
c) Ural
d) Pyrenäen

17. Das Kap der Guten Hoffnung ist die Südspitze von . . .
   a) Südafrika
   b) Südamerika
   c) Indien
   d) Südkorea

18. Persiens heutiger Staatsname lautet . . .
   a) Syrien
   b) Irak
   c) Iran
   d) Sudan

19. Istanbul wird durch folgende Meerenge geteilt:
   a) Kalmar-Sund
   b) Bosporus
   c) Dardanellen
   d) Seychellen

20. Die Hauptstadt des Libanon heißt . . .
   a) Amman
   b) Damaskus
   c) Beirut
   d) Ankara

21. Die Insel Korsika gehört politisch zu . . .
   a) Spanien
   b) Frankreich
   c) Italien
   d) Griechenland

22. Der Verbindungskanal zwischen Stillem Ozean und Karibischem Meer heißt . . .
   a) Canal de Grande
   b) Suezkanal
   c) Panamakanal
   d) keine Lösung richtig

23. Die Wolga mündet in das . . .
   a) Schwarze Meer
   b) Kaspische Meer
   c) Ägäische Meer
   d) Rote Meer

24. An welchem See liegt Lausanne?
   a) Gardasee
   b) Genfer See
   c) Vierwaldstätter See
   d) Bodensee

25. Das berühmte Zweistromland zwischen Euphrat und Tigris heißt
   a) Macedonien
   b) Mesopotamien
   c) Apulien
   d) Katalanien

26. Die Pyrenäen bilden Grund und Boden für . . .
   a) Monaco
   b) San Marino
   c) Andorra
   d) Liechtenstein

27. Wie heißt der Hauptausfuhrhafen für Baumwolle in den USA?
   a) Boston
   b) Baltimore
   c) New Orleans
   d) Chicago

28. Welches der folgenden Länder ist nach Kanada und USA das drittgrößte Amerikas?
   a) Mexiko
   b) Brasilien
   c) Argentinien
   d) Peru

29. Welcher Kontinent hat die größte Bevölkerung?
   a) Europa
   b) Amerika
   c) Asien
   d) Afrika

30. Wieviele Einwohner hat Österreich?
   a) ca. 5 Millionen
   b) ca. 15
   c) ca. 3
   d) ca. 7

6. Literatur

1. Zarathustra (Beschreibung des sog. Übermenschen) ist von . . .
   a) George
   b) Morgenstern
   c) Nietzsche

2. Der bedeutendste Erziehungs- und Entwicklungsroman um 1800 war »Wilhelm Meisters Lehr- und Wanderjahre« und stammt von . . .
   a) Herder

b) Schiller

c) Goethe

3. Hans Jacob Christoph v. Grimmelshausen schuf im 17. Jahrhundert eine satirische Dichtung mit dem Namen . . .

a) Die Betschwester

b) Der Arme Heinrich

c) Der Simplicissimus

4. Über den 30jährigen Krieg schrieb Schiller sein dreiteiliges Drama . . .

a) Don Carlos

b) Wilhelm Tell

c) Wallenstein

5. Ein bedeutender französischer Komödiendichter des 17. Jahrhunderts war . . .

a) Balzac

b) Moliere

c) Tartuffe

6. Welcher deutsche Schriftsteller wurde bekannt durch einen Kriegsroman?

a) Zweig

b) Brecht

c) Remarque

7. »Die Buddenbrooks«, die Familiengeschichte einer Lübecker Kaufmannsfamilie, schrieb 1901 . . .

a) Thomas Mann

b) Stefan Zweig

c) Hermann Hesse

8. Gerhardt Hauptmanns soziales Drama »Die Weber« stammt aus der Epoche des . . .

a) Symbolismus

b) Naturalismus

c) Expressionismus

9. Dürrenmatt warf die Frage nach der Eigenverantwortung der Wissenschaftler neu auf. Seine Komödie, die hinsichtlich der atomaren Aufrüstung zu Denken gibt, hat den Titel . . .

a) Die Physiker

b) Der Besuch der alten Dame

c) Ein Engel

10. Wer schrieb den Roman »Krebsstation«?

a) Solschenizyn

b) Bulgakow

c) Pasternak

11. Der deutsche Dramatiker Hochhuth provozierte mit seinem Erstlingswerk politische Spannungen mit dem Vatikan. Dieses Werk heißt . . .

a) Guerillas

b) Der Stellvertreter

c) Soldaten

12. Wer schrieb »Die fromme Helene«?

a) Kleist

b) Busch

c) Wagner

13. Wer schrieb den »Hauptmann von Köpenick«?

a) Zuckmayer

b) Valentin

c) Böll

14. Wer schrieb »Emilia Galotti?«

a) Lessing

b) Schiller

c) Goethe

15. Wie hieß Schillers erstes Drama?

a) Die Räuber

b) Kabale und Liebe

c) Romeo und Julia

16. Eine mittelalterliche Dichtung, die vor allem das Rittertum verherrlichte, war . . .

a) Parzival

b) Der arme Heinrich

c) Tristan und Isolde

17. Wie heißt die amerikanische Verfasserin zahlreicher Chinaromane?

a) Buck

b) Christie

c) Jong

18. Welches Drama Goethes behandelt vor allem die Themen Ehrfurcht vor Sitte, Sittlichkeit und Ordnung?

a) Götz von Berlichingen

b) Tasso

c) Iphigenie

19. Zahlreiche Operntexte für Richard Strauß schrieb . . .

a) Hofmannsthal

b) Zuckmayer

c) Grillparzer

20. Außer von Brentano ist »Des Knaben

Wunderhorn« (Liedersammlung)
von . . .
a) Eichendorff
b) Novalis
c) Arnim

7. Kunst

1. Renoir gehörte zu den Malern, die das moderne Leben in der Großstadt malten. Die Stilgruppe heißt . . .
   a) Expressionismus
   b) Impressionismus
   c) Realismus

2. Die vier Apostel (1526), ursprünglich als Altarflügel, stammen von . . .
   a) Cranach
   b) Dürer
   c) Grünewald

3. In welchem Stil ist der Kölner Dom gebaut?
   a) Renaissance
   b) Romantik
   c) Gotik

4. Ein italienischer Renaissance-Maler, Mathematiker und Erfinder war . . .
   a) Tizian
   b) Raffael
   c) Da Vinci

5. Die Sixtinische Kapelle im Vatikan malte vor allem . . .
   a) Da Vinci
   b) Tizian
   c) Michelangelo

6. Die Mona Lisa (1502) malte . . .
   a) Verrachio
   b) Da Vinci
   c) Michelangelo

7. Welcher bedeutende flämische Künstler (1577-1640) malte u.a. das Bild »Kopf eines Kindes«?
   a) Rubens
   b) van Delft
   c) van Dyck

8. Wie heißt die deutsche Graphikerin und Bildhauerin, die vor allem soziale Themen beeindruckend darstellte?
   a) Waldorf
   b) Zille
   c) Kollwitz

9. Um 1888 wurde eine neue Pinseltechnik entwickelt. An der Punkt-Strich-Malerei erkennt man den Stil von . . .
   a) van Gogh
   b) Raffael
   c) Cézanne

10. Welcher Bildhauer bevorzugte Holz für seine Plastiken?
    a) Schkopau
    b) Barlach
    c) Moore

11. Ein bekanntes Werk von Franz Marc ist . . .
    a) Der blaue Reiter
    b) Frühlingspflügen in Iowa
    c) Der Turm der blauen Pferde

12. Der bekannteste Vertreter der abstrakten Kunst in Rußland um 1900 war . . .
    a) Kandinsky
    b) Rodin
    c) Degas

13. Aus dem sog. Jugendstil entwickelte sich auch das Plakat. Der »Erfinder«, der sich an den Japanern orientierte, war . . .
    a) Toulouse Lautrec
    b) Ferdinand Hodler
    c) Marees

14. Der bedeutendste Vertreter einer 1906 gegründeten Gruppe Dresdener Maler, der Kunstvereinigung »Die Brücke«, war der Maler . . .
    a) Kokoschka
    b) Nolde
    c) Klee

15. In welchem Stil wurde der Dom zu Speyer erbaut?
    a) romanisch
    b) gotisch
    c) barock

16. Die Glasmalerei erreichte in einer bestimmten Stilepoche ihren Höhepunkt, und zwar in der . . .
    a) romanischen Stilepoche
    b) gotischen
    c) byzantinischen

17. Die byzantinische Epoche hat insbesondere die Kunstart der . . . entwickelt und gepflegt.
    a) Fresken
    b) Mosaike
    c) Ornamentik

18. Im 16. Jahrhundert wurde ein Maler durch besonders ausdrucksvolle Altarbilder berühmt. Er hieß . . .
    a) Grünewald
    b) Holbein
    c) Cranach

19. Welcher Maler des 19. Jahrhunderts befaßte sich in seinen Bildern besonders liebe- und humorvoll mit dem Leben von Kleinstädtern und Sonderlingen?
    a) Liebermann
    b) Dix
    c) Spitzweg

20. Welcher französische Maler verwendete mit Vorliebe Motive aus der Inselwelt Polynesiens (Südsee)?
    a) Cèzanne
    b) Gauguin
    c) Magritte

8. Musik

1. Welcher Notendreiklang ergibt einen C-Dur-Akkord?
   a) C – D – G
   b) D – F – A
   c) C – E – G

2. Wer komponierte »Die Fledermaus«?
   a) Ralph Benatzky
   b) Leon Jessel
   c) Johann Strauß

3. Wieviel Noten hat eine Oktave?
   a) 10 Noten
   b) 8
   c) 12

4. Wer komponierte »Das Land des Lächelns«?
   a) Carl Millöcker
   b) Franz Lehar
   c) Johann Strauß

5. Wer komponierte den Liederzyklus »Die Winterreise«?
   a) Schubert
   b) Schumann
   c) Schulz

6. Wieviel Saiten hat eine »normale« Gitarre?
   a) 4 Saiten
   b) 6
   c) 8

7. Wer komponierte »Der Vogelhändler«?
   a) Emmerich Kalman
   b) Fred Raymond
   c) Carl Zeller

8. Wer komponierte »Fidelio«?
   a) Beethoven
   b) Bach
   c) Wagner

9. Wer komponierte die »Dreigroschenoper«?
   a) Rossini
   b) Brecht
   c) Weill

10. Woraus stammt »Die Christel von der Post«?
    a) Im Reich der Inkas
    b) Land des Lächelns
    c) Vogelhändler

11. Wer komponierte »Tosca«?
    a) Puccini
    b) Verdi
    c) Leoncavallo

12. Wer komponierte »Zar und Zimmermann«?
    a) Wagner
    b) Lortzing
    c) Beethoven

13. Wer komponierte »Porgy and Bess«?
    a) Paul Hindemith
    b) George Gershwin
    c) Werner Egk

14. Welches dieser Blechblasinstrumente ist ein Baßinstrument?
    a) Horn
    b) Trompete
    c) Tuba

15. Das Geburtsland des Jazz ist . . .
    a) Afrika

b) Lateinamerika
c) Nordamerika

16. Wie bezeichnet man eine Tonleiter, die sich aus Halbtonstufen zusammensetzt?
    a) melodische
    b) harmonische
    c) chromatische

17. Wer gestaltete seine Opern in Form von Musikdramen?
    a) Hindemith
    b) Lortzing
    c) Wagner

18. Welches ist eines der wirkungsvollsten Elemente der Jazzmusik?
    a) Rhythmus
    b) Synkope
    c) Staccato

19. Bei welchem modernen russischen Komponisten erfuhr vor allem der Rhythmus eine neuartige Behandlung?
    a) Schostakowitsch
    b) Prokofieff
    c) Strawinsky

20. Größter Meister der Barockmusik ist neben Bach auch . . .
    a) Haydn
    b) Mozart
    c) Händel

9. Sport

1. Wie setzt sich die nordische Kombination zusammen?
   a) Skisprung und Langlauf
   b) Taubenschießen und Abfahrtslauf
   c) Skispringen und Slalom

2. Wie heißen drei in unmittelbarer Folge vom gleichen Spieler im gleichen Spielabschnitt erzielte Tore beim Fußball?
   a) dreifaches Hipp-Hipp-Hurra
   b) dreifacher Rittberger
   c) Hattrick

3. Wieviel Stürmer hat eine Fußballmannschaft?
   a) alle bis auf den Torwart
   b) je nach Trainerauffassung und Taktik
   c) einen

4. Wie hoch ist das Netz beim Volleyballspiel?
   a) Damen 2,52 m / Herren 2,62 m
   b) Damen 2,24 m / Herren 2,43 m
   c) Damen 1,52 m / Herren 1,98 m

5. Welche Schneeart ist Ski-Anfängern am liebsten?
   a) Pappschnee
   b) Fierschnee
   c) Pulverschnee

6. Bei welcher Sportart beginnt das Spiel mit einem Hochball bzw. Hochwurf?
   a) Handball
   b) Tennis
   c) Basketball

7. Was umfaßt die Alpine-Dreier-Kombination?
   a) Abfahrtslauf, Slalom, Riesenslalom
   b) Abfahrtslauf, Slalom, Ski-Sprung
   c) Abfahrtslauf, Slalom, Langlauf

8. In welcher Sportart gibt es einen Penalty?
   a) Rugby
   b) Eishockey
   c) Hallenhandball

9. Wie heißt die Sportart, bei der zwei Kämpfer versuchen, sich auf den Rücken zu legen?
   a) Boxen
   b) Ringen
   c) Fechten

10. In welcher Sportart spricht man von einem Libero?
    a) Volleyball
    b) Handball
    c) Fußball

11. Bei welcher Sportart kann man »einen Krebs fangen«?
    a) Rudern
    b) Schwimmen
    c) Tennis

12. Wieviel Spieler zählen zu einer Rugbymannschaft?
    a) 11 Spieler
    b) 15
    c) 19

13. Körperloses Spiel ist höchstes Gebot

beim . . .
a) Wasserball
b) Basketball
c) Hallenhandball

14. Ein Box-Weltmeisterschaftskampf geht über wieviel Runden?
a) 10 Runden
b) 12
c) 15

15. Ein Rundstreckenrennen (vor allem bei Radsportlern) heißt:
a) Dex-Plieu
b) Kriterium
c) Omnium

16. Wodurch unterscheidet man die gegnerischen Spieler beim Wasserball?
a) an verschiedenfarbigen Badehosen
b) an farbigen Badekappen
c) an farbigen dünnen Handschuhen

17. Was unterscheidet den modernen Fünfkampf vom leichtathletischen Zehnkampf?
a) Kugelstoßen
b) Geländelauf
c) 110 m Hürdenlauf

18. Nach wie vielen Schlägen wechselt in der Regel beim Tischtennis der Aufschlag? Nach . . .
a) 5 Aufschlägen
b) 7
c) 10

19. In welcher Sportart gibt es eine spanische Eröffnung?
a) Krikett
b) Schach
c) Golf

20. Wieviele Feldspieler können beim Fußball in der Regel ausgewechselt werden?
a) 2 Spieler
b) 3
c) 4

10. Technik

1. Bimsstein ist leichter oder schwerer als Wasser?
a) schwerer
b) leichter

c) gleich schwer

2. Bei welchem Wetter pflanzt sich Schall schneller fort?
a) bei warmem
b) bei kaltem
c) gleich

3. Von der Sonne bis zur Erde braucht Licht . . .
a) 8 Minuten 13 Sek.
b) 1 Stunde 03
c) 2 Stunden 14

4. Welche Funktion hat ein Transformator?
a) Umspanner
b) Speicher
c) Gleichrichter

5. Das . . . ist ein Meßinstrument für den Luftdruck.
a) Hygrometer
b) Barometer
c) Thermometer

6. Was ist weiches Wasser?
a) ohne Kalkgehalt
b) mit starkem Kalkgehalt
c) mit geringem Kalkgehalt

7. Wieviel Stunden zeigen Sonnenuhren an?
a) 6 Stunden
b) 12
c) 24

8. Der/das . . . ist ein Meßinstrument für Erdbeben.
a) Quadrometer
b) Seismograph
c) Hygrometer

9. Welche Strahlen zeigt der Geigerzähler an?
a) Röntgenstrahlen
b) Radioaktive Strahlung
c) Sonnenstrahlen

10. Was ist ein Zyklotron?
a) Beschleuniger für Elementarteilchen
b) freiwerdendes Teilchen bei der Kernspaltung
c) Gezeitenmesser

11. Was versteht man unter einem Semaphor?

a) Meßinstrument im Flugzeug
b) Optischer Signalgeber (Schiffahrt)
c) Eisenbahnsignal

12. Wie wird beim Flugzeug die Geschwindigkeit geregelt?
a) durch Neigungsveränderung der Flugflächen
b) durch Gasgeben und Drosseln
c) durch Verstellen der Landeklappen

13. Nach welchem Prinzip wird Rohrpost befördert?
a) mit Druck- oder Saugluft
b) mit dem Prinzip der schiefen Ebene
c) mit Flüssigkeit

14. Können Diamanten verbrennen?
a) ja, ohne Rückstand zu Kohlendioxyd
b) nein, sie sind zu rein
c) nein, sie sind zu hart

15. Wie bezeichnet man die in Höhlen von unten nach oben »wachsenden« Tropfsteine?
a) Lapislazulis
b) Stalaktiten
c) Stalagmiten

16. Bernstein ist aus ... entstanden.
a) Abfallprodukten bei der Ölverarbeitung
b) Harz von Kiefern
c) Ablagerungen ähnlich wie Kohle

17. Wozu wird eine Pipette benutzt?
a) als Umrührstab
b) als Saugheber
c) als Meßinstrument

18. Die Braunsche Röhre findet Verwendung im/in der ...
a) Stereoanlage
b) Telefon
c) Oszillograph

19. Wie heißt das mechanische Teil, das eine Vor- und Rückwärtsbewegung eines Kolbens in eine Drehbewegung umsetzt?
a) Pleuelstange
b) Zylinder
c) Schiebemuffe

20. Hausstrom hat ... Hertz
a) 220

b) 50
c) 100

11. Biologie

1. Was enthält Düngemittel für einen wichtigen Stoff?
a) Stickstoff
b) Kohlenstoff
c) Sauerstoff

2. Welche Tiere haben Facettenaugen?
a) Säugetiere
b) Insekten
c) Fische

3. Welcher Teil der Zelle spielt bei der Fortpflanzung eine Hauptrolle?
a) Zellflüssigkeit
b) Zellmantel
c) Zellkern

4. Wie viele Chromosomen hat die menschliche Zelle?
a) 38 Chromosomen
b) 48
c) 58

5. Welcher Stoff sorgt dafür, daß ein Rasen grün ist?
a) Chlorophorm
b) Chlorophyll
c) Chlorathylen

6. Welche der folgenden Pflanzen gehören zu den einkeimblättrigen:
a) Primeln
b) Veilchen
c) Lilien

7. Welcher Teil des Auges ist für das Sehen hauptverantwortlich?
a) Netzhaut
b) Pupille
c) Linse

8. Die Mücke legt ihre Eier ab in/auf ...
a) Müll
b) Sand
c) Wasser

9. Wie viele Zähne hat der Mensch (normalerweise)?
a) 28 Zähne
b) 32
c) 42

10. Wieviel Liter Blut hat der Mensch?
    a) 4-5 l
    b) 5-6 l
    c) 6-7 l

11. Welcher Stoff ist am meisten in der Luft enthalten?
    a) Sauerstoff
    b) Stickstoff
    c) Kohlenstoff

12. Was verwendet man bei der Pockenimpfung als Impfstoff?
    a) Heilserum
    b) Gegengift
    c) Krankheitserreger

13. Welcher Fisch liefert den Lebertran?
    a) Wal
    b) Hai
    c) Kabeljau

14. Wo befindet sich das Hauptlaichgebiet der europäischen Flußaale?
    a) Nordsee
    b) Ostsee
    c) Golf von Mexiko

15. Was versteht man unter Ornithologie?
    a) Insektenkunde
    b) Paarungsverhalten
    c) Vogelkunde

16. Eine maßgebliche Änderung im Anlagenbestand eines Lebewesens bezeichnet man als . . .
    a) Mutation
    b) Modifikation
    c) Variation

17. Wo befindet sich der Adamsapfel?
    a) am Kehlkopf
    b) am Schienbein
    c) neben der Milz

18. Was ist Thyroxin?
    a) ein Schlangengift
    b) ein Hormon der Schilddrüse
    c) ein Nebennierenrindenprodukt

19. Wie heißt das innere Ohr?
    a) Labyrinth
    b) Trommelfell
    c) Schnecke

20. Wie heißt der Oberbegriff für Gallen- und Magensaft?
    a) Hormone
    b) Enzyme
    c) Sekrete

12. Physik

1. Was ist ein Ion?
   a) chemisches Element
   b) elektrisch geladenes Atom
   c) physikalische Maßeinheit für Elektrizität

2. Was ist ein Episkop?
   a) Gerät zum Projizieren von Bildern
   b) Untersuchungsgerät für Schallwellen
   c) Gerät zum Messen von Erdbeben

3. Was versteht man unter einem Faradayschen Käfig?
   a) historischer Blitzableiter
   b) geschlossene Hülle aus Blech oder Maschendraht, in die von außen kein elektrisches Feld eindringen kann
   c) physikalische Experimentierbox für Röntgenstrahlen

4. Erklären Sie den Unterschied zwischen konvex und konkav.
   a) konvex = nach außen gewölbt / konkav = nach innen
   b) umgekehrt
   c) beides falsch

5. Wie hoch ist die Temperatur des Drahtes in der Glühlampe?
   a) 2000 Grad Celsius
   b) 1000 Grad Celsius
   c) 100 Grad Celsius

6. Kann sich Schall im luftleeren Raum ausbreiten?
   a) ja
   b) nein
   c) kommt darauf an

7. Kann sich Schall in festen Stoffen ausbreiten?
   a) ja
   b) nein
   c) kommt darauf an

8. Was ist ein Kondensierungsprozeß?
   a) ein Verdichtungsprozeß
   b) ein Entladungsprozeß

c) ein Entstehungsprozeß

9. Wer ist der bessere Wärmeleiter?
   a) Glas
   b) Kunststoff
   c) Metall

10. Bei welcher Temperatur liegt der absolute Nullpunkt?
    a) bei etwa 0 Grad Celsius
    b) bei etwa minus 333 Grad Celsius
    c) bei etwa minus 273 Grad Celsius

13. Chemie

1. Auf welchem Grundstoff baut sich die organische Chemie auf?
   a) Kohlenstoff
   b) Wasserstoff
   c) Stickstoff

2. Woraus wird Benzin gewonnen?
   a) Erdöl
   b) Gas
   c) Mineralien

3. Was ist Quecksilber?
   a) ein Edelmetall
   b) ein Element
   c) ein Metall

4. Haben Flüssigkeiten ein Volumen und ein spezifisches Gewicht?
   a) ja
   b) nein
   c) teils/teils

5. Was versteht man unter Oxidation?
   a) Verbindung eines Stoffes mit Stickstoff
   b) Verbindung eines Stoffes mit Sauerstoff
   c) Verbindung eines Stoffes mit Kohlenstoff

6. Was sind Moleküle?
   a) Gruppe von Atomen
   b) Gruppe von Elementen
   c) Gruppe von Kühlstoffen

7. Was ist ein Atoll?
   a) kleines Atom
   b) niedriges ringförmiges Koralleneiland
   c) falsches Wort

8. Wann wird Lackmuspapier rot?
   a) in Kontakt mit Säure
   b) in Kontakt mit Basen
   c) in Kontakt mit Sauerstoff

9. Wie viele Elemente kennt die Chemie?
   a) weniger als 100
   b) unzählige
   c) etwa 100

10. Was ist eine Emulsion?
    a) scharfes Reinigungsmittel
    b) feinverteilte Lösung eines Stoffes in einer Flüssigkeit
    c) eine hochexplosive Mixtur

INTELLIGENZ-TESTAUFGABEN

»Viele Leute sind sich im klaren darüber, daß unsere gegenwärtigen Vorstellungen von Intelligenz unzureichend sind, aber bis wir eine neue und bessere Theorie entwickelt haben, werden wir uns weiterhin das Gerede über ›die Intelligenz‹ und über IQ-Tests anhören müssen«, schreibt der amerikanische Psychologie-Professor und Intelligenzforscher Howard Gardner.

Der Professor untertreibt. Wir müssen uns nicht nur das Gerede anhören, sondern für mehrere hunderttausend Menschen werden jedes Jahr fragwürdige und völlig veraltete sogenannte Intelligenztests zu Fallstricken für ihre berufliche Entwicklung und Zukunft. Da bleibt keine andere Wahl, als sich vorzubereiten. Zunächst:

1. Wortbedeutungen

In dieser Aufgabe geht es darum, das Lösungswort (a-d) herauszufinden, das dem ersten vorgegebenen Wort gleicht oder ähnlich ist.

Beispiel: **Regen**
   a) Wetter
   b) Gewitter
   c) Niederschlag
   d) Klima

Lösung: c (Niederschlag entspricht am ehesten der Wortbedeutung von Regen)

Für die folgenden 30 Aufgaben haben Sie 10 Minuten Zeit.

1. **Wagen**
   a) Risiko
   b) Mut
   c) Fahrzeug
   d) Fahrrad

2. **Perfektion**
   a) gescheit
   b) vollkommen
   c) richtig
   d) gelocht

3. **diskret**
   a) schweigsam
   b) still
   c) ruhig
   d) verschwiegen

4. **publizieren**
   a) veröffentlichen
   b) entwickeln
   c) versteigern
   d) vortragen

5. **mannigfaltig**
   a) faltenreich
   b) zahlreich
   c) maßvoll
   d) vielfältig

6. **Eingabe**
   a) Anliegen
   b) Gesuch
   c) Anmeldung
   d) Bericht

7. **absurd**
   a) unbedingt
   b) ungeschickt
   c) unwiederbringlich
   d) widersinnig

8. **subversiv**
   a) exzessiv
   b) widerlich
   c) umstürzlerisch
   d) intensiv

9. **unverzüglich**
   a) unversehens
   b) unerwartet
   c) sofort
   d) bedenkenlos

10. **unerläßlich**
   a) unwiderruflich
   b) unverkennbar
   c) zwingend

d) uneingeschränkt

11. rührig
a) regsam
b) strebsam
c) gefühlvoll
d) ergreifend

12. Fügung
a) Macht
b) Verhängnis
c) Zufall
d) Schicksal

13. Konvoi
a) Verbindung
b) Geleitzug
c) Überzeugung
d) Konvention

14. kolossal
a) außergewöhnlich
b) außerordentlich
c) erdrückend
d) gewaltig

15. irden
a) irren
b) menschlich
c) aus Ton
d) zur Erde gehörig

16. echt
a) aufrichtig
b) unverfälscht
c) ehrlich
d) anständig

17. Traktat
a) Vortrag
b) Quälerei
c) Abhandlung
d) landwirtschaftliche Maschine

18. Honorar
a) Angst
b) Horror
c) Bezahlung
d) Ehre

19. Gesinde
a) Mädchenname
b) Lumpenpack
c) Hausangestellte

d) Blumenstrauß

20. Fuge
a) Furche
b) Graben
c) landwirtschaftliches Gerät
d) Musikstück

21. autonom
a) selbständig
b) selbstverständlich
c) selbstherrlich
d) selbstbewußt

22. vereiteln
a) verraten
b) petzen
c) verleugnen
d) hintertreiben

23. vorurteilsfrei
a) sachlich
b) kühl
c) gerecht
d) einfach

24. ausmerzen
a) ausrotten
b) ausreißen
c) zerstören
d) verderben

25. bevormunden
a) erziehen
b) gängeln
c) belehren
d) zurechtweisen

26. gefügig
a) gutwillig
b) willfährig
c) gefällig
d) bereitwillig

27. Verquickung
a) Vermittlung
b) Verwechslung
c) Verschwendung
d) Verbindung

28. Vorwand
a) Hintergrund
b) Vorschein
c) Scheingrund
d) Notlüge

29. **Toleranz**
    a) Rücksicht
    b) Nachgiebigkeit
    c) Duldsamkeit
    d) Friedfertigkeit

30. **Abscheu**
    a) Widerwille
    b) Verachtung
    c) Vorbehalt
    d) Schüchternheit

LESE- UND ARBEITSHINWEISE

→ Zum Teil handelt es sich um einen Fremdwörtertest − im Anhang des Buches »Testtraining für Ausbildungsplatzsucher« (s. S. 173) finden Sie nahezu alle gängigen Fremdwörter in Tests.

2. Sprichwörter

Bei der nächsten Aufgabe geht es darum, Sprichworte mit ähnlicher Bedeutung zu erkennen. Beispiel:

Wie in den Wald hineingerufen wird, so schallt es heraus.
a) Wer rastet, der rostet.
b) Wie man sich bettet, so liegt man.
c) Alte Liebe rostet nicht.
d) In einen Eimer geht nicht mehr, als er fassen kann.

Richtige Lösung: Nur das Sprichwort b hat eine ähnliche Bedeutung wie das fett gedruckte Sprichwort.

Für 15 Aufgaben haben Sie 6 Minuten Zeit.

1. **Wer sich in Gefahr begibt, kommt darin um.**
   a) Wer einmal lügt, dem glaubt man nicht.
   b) Was Jupiter darf, darf der Ochse noch lange nicht.
   c) Vorsicht ist besser als Nachsicht.
   d) Wer sich unter die Kleie mischt, den fressen die Schweine.

2. **Wie die Alten sungen, so zwitschern die Jungen.**
   a) Wer A sagt, muß auch B sagen.
   b) Reden ist Silber, Schweigen ist Gold.
   c) Junge fideln, wie Alte die Geigen gestimmt haben.
   d) Jung gewohnt, alt getan.

3. **Sorge dich nicht um die Wiege, ehe dein Kind geboren ist.**
   a) Ein ungelegtes Ei ist ein ungewisses Huhn.
   b) Ein blindes Huhn findet auch ein Korn.
   c) Frisch gewagt ist halb gewonnen.
   d) Ehrlichkeit währt am längsten.

4. **Kleinvieh macht auch Mist.**
   a) Kommt Zeit, kommt Rat.
   b) Wer A sagt, muß auch B sagen.
   c) Steter Tropfen höhlt den Stein.
   d) Rom ist nicht an einem Tag erbaut worden.

5. **Ein Unglück kommt selten allein.**
   a) Glück und Glas, wie schnell zerbricht das.
   b) Unglück kennt keine Moral.
   c) Wenn Unglück dir geschadet, denk nicht, es sei nun satt.
   d) Jeder ist seines Unglückes Schmied.

6. **Was ein Häckchen werden will, krümmt sich beizeiten.**
   a) Altes Holz brennt am besten.
   b) Es ist noch kein Meister vom Himmel gefallen.
   c) Was Hänschen nicht lernt lernt Hans nimmermehr.
   d) Gut Ding braucht Weile.

7. **Wer zuletzt lacht, lacht am besten.**
   a) Ende gut, alles gut.
   b) Jeder möchte alt werden, aber nicht alt sein.
   c) Die Mode kommt, die Mode geht.
   d) Unverhofft kommt oft.

8. **Ein gesprungener Topf hält lange aus.**
   a) Die Zeit heilt alle Wunden.
   b) Gut Ding braucht Weile.
   c) Was lange währt, wird endlich gut.
   d) Wer immer klagt, stirbt nicht so bald.

9. **Wer zuerst kommt, malt zuerst.**
   a) Morgenstunde hat Gold im Munde.
   b) Was du heute kannst besorgen, verschiebe nicht auf morgen.
   c) Nur der schnellste Hund fängt den Hasen.
   d) Trinke, sobald du am Brunne bist.

10. **Ohne Fleiß kein Preis.**
    a) Es ist nicht alle Tage Sonntag.
    b) Wer Heu machen will, wartet, bis die Sonne scheint.
    c) Wie man den Acker bestellt, so trägt er.
    d) Man lebt nicht immer im Schlaraffenland.

11. **Überdruß kommt auch von Überfluß.**
    a) Übereilen bedeutet manchmal Verweilen.
    b) Glück ist wie der Wind, es kommt und geht geschwind.
    c) Mach den Bissen nicht größer als das Maul.
    d) Nichts ist schwerer zu ertragen, als eine Reihe von guten Tagen.

12. **Ein Baum fällt nicht beim ersten Hieb.**
    a) Rom ist nicht an einem Tag erbaut worden.
    b) Eine Schwalbe macht noch keinen Sommer.
    c) Einer allein, das ist nicht fein.
    d) Wer nur einen Teil hört, hört keinen.

13. **Man muß das Eisen schmieden, solange es heiß ist.**

  a) Man muß eine Gelegenheit beim Schopfe packen.
  b) Selbst getan, ist bald getan.
  c) Bei gutem Wind ist gut Segeln.
  d) Durch Zufall kann auch ein Krüppel einen Hasen fangen.

14. **Ein Esel macht dem anderen den Hof.**
  a) Ein Esel schimpft den anderen Langohr.
  b) Tauben und Krähen fliegen nie zusammen.
  c) Man muß mit den Wölfen heulen.
  d) Gleich und gleich gesellt sich gern.

15. **Jung gewohnt, alt getan.**
  a) Wie die Alten sungen, so zwitschern jetzt die Jungen.
  b) Wie die Saat, so die Ernte.
  c) Es muß der Junge lernen, was der Alte können will.
  d) Es ist noch kein Meister vom Himmel gefallen.

3. Wortanalogien

Es werden drei Worte vorgegeben, bei denen zwischen dem ersten und zweiten eine gewisse Beziehung besteht. Aufgabe ist es, zwischen dem dritten und einem allein passenden Wahl- und Lösungswort eine ähnliche Beziehung herzustellen.

Beispiel:
Dach verhält sich zu Keller wie Decke zu . . . ? . . .
a) Teppich   b) Leuchter   c) Wand   d) Boden
Lösung: d — Dach verhält sich zu Keller wie Decke zu Boden.

  Noch ein Beispiel:
Faulheit verhält sich zu Fleiß wie Tapferkeit zu . . . ? . . .
Lösungsvorschläge:
a) Mut   b) Feigheit   c) Kühnheit   d) Treue
Lösung: b — Faulheit verhält sich zu Fleiß wie Tapferkeit zu Feigheit.

Für 30 Aufgaben haben Sie 10 Minuten Zeit.

1. Nichts verhält sich zu alles wie hohl zu . . . ? . . .
   a) schwer   b) leer   c) halbvoll   d) gefüllt

2. Ernst (verhält sich zu) heiter (wie) weinen (zu) . . . ? . . .
   a) beweinen   b) trauern   c) lachen   d) witzeln

3. Bild — Rahmen / Buch — . . . ? . . .
   a) Buchrücken   b) Bücherbrett   c) Buchinhalt   d) Bucheinband

4. Gehen — laufen / Wind — . . . ? . . .
   a) blasen   b) Sturm   c) Wetter   d) pfeifen

5. Eingang — Tür / Flasche — . . . ? . . .
   a) Hals   b) Bier   c) Korkenzieher   d) Korken

6. Notwendigkeit — Luxus / Stuhl — . . . ? . . .
   a) Bar   b) Hocker   c) Tisch   d) Sessel

7. Schlendern — gehen / sprechen — . . . ? . . .
   a) lallen   b) plaudern   c) schwafeln   d) stottern

8. Stoffwechsel − Natur / Verbrennung − ...?...
   a) Maschine   b) Kraft   c) Motor   d) Antrieb

9. Gerade − Viereck / Kurve − ...?...
   a) Fläche   b) Abbiegung   c) Kugel   d) Kreis

10. Wind − Sturm / rinnen − ...?...
    a) strömen   b) tröpfeln   c) einsickern   d) brausen

11. Ton − Melodie / Farbe − ...?...
    a) Brillanz   b) Kunstobjekt   c) Gemälde   d) Farbkasten

12. Molekül − Atom / Pfund − ...?...
    a) Menge   b) Last   c) Zentner   d) Gramm

13. Gramm − Gewicht / Stunde − ...?...
    a) Minuten   b) Zeit   c) Uhr   d) Tag

14. Wasser − Erosion / Alter − ...?...
    a) Jugend   b) Kindheit   c) Falten   d) Lebenszeit

15. Chronisch − akut / dauerhaft − ...?...
    a) ständig   b) öfters   c) zeitweilig   d) langwierig

16. Flut − Damm / Regen − ...?...
    a) Tropfen   b) Schirm   c) Wasser   d) feucht

17. Liberal − radikal / gemäßigt − ...?...
    a) gleichgültig   b) verständnisvoll   c) extrem   d) engagiert

18. Seite − Buch / Satz − ...?...
    a) Wörter   b) Buchstaben   c) Kapitel   d) Inhalt

19. Zunge − sauer / Nase − ...?...
    a) salzig   b) brenzlig   c) kosten   d) schmecken

20. Haus − Treppe / Fluß − ...?...
    a) Schiff   b) Wasser   c) Ufer   d) Schleuse

21. Ziffer − Buchstaben / Zahl − ...?...
    a) Wörter   b) Sätze   c) Summen   d) Rechnungen

22. Schneiden − kleben / Trennung − ...?...
    a) Spaltung   b) Verbindung   c) Teilung   d) Lösung

23. Verlangen − gierig / wachsen − ...?...
    a) sprießen   b) Entwicklung   c) Wucherung   d) Vergrößerung

24. Töne − Musik / Wörter − ...?...
    a) Stimmen   b) Sprachen   c) Klänge   d) Ausdruck

25. Freude − Erfolg / Müdigkeit − ...?...
    a) Arbeit   b) Pause   c) Reise   d) Traum

26. Diät − Gewicht / Medikament − ...?...
    a) Arzt   b) Rezept   c) Gesundung   d) Schmerz

27. Zorn − Affekt / Trauer − ...?...
    a) Begeisterung   b) Verärgerung   c) Stimmung   d) Verzweiflung

28. Zahlen − Werte / Wörter − ...?...
    a) Sprachen   b) Bedeutungen   c) Sätze   d) Klänge

29. Karikatur − Portrait / schildern − ...?...
   a) deuten   b) Kritik   c) beleidigen   d) übertreiben

30. Viereck − Pyramide / Kreis − ...?...
   a) Zylinder   b) Kugel   c) Kegel   d) Kuppel

Bei den folgenden Wortgleichungen fehlt das Anfangs- und Endwort. Die Sätze sind aus den vorhandenen Lösungsmöglichkeiten so zu ergänzen, daß sie einen Sinn erhalten.

Beispiel:
...?... verhält sich zu Blindheit wie Ohr zu ...?...

a) Auge   1 hören
b) Sehfähigkeit   2 Gehör
c) Brille   3 Taubheit
d) Blindenhund   4 Schwerhörigkeit
Lösung: a3 (Auge verhält sich zu Blindheit, wie Ohr zu Taubheit)

31. ...?... verhält sich zu Länge wie Gramm zu ...?...
    a Entfernung   1 Waage
    b) Geschwindigkeit   2 Gewicht
    c) Zentimeter   3 abwiegen
    d) Abstand   4 Kilo

32. ...?... verhält sich zu niemand wie alles zu ...?...
    a) manche   1 mehr
    b) jeder   2 immer
    c) viele   3 nichts
    d) einige   4 nie

33. ...?... verhält sich zu Kreis wie Würfel zu ...?...
    a) Kegel   1 Quadrat
    b) rund   2 sechs
    c) Kugel   3 Rechteck
    d) Kuppel   4 Rhombus

34. ...?... verhält sich zu Herz wie Takt zu ...?...
    a) Pumpe   1 Dirigent
    b) Pulsschlag   2 Komposition
    c) Gesundheit   3 Musik
    d) Leben   4 Musiker

35. ...?... verhält sich zu Krankheit wie Schweiß zu ...?...
    a) Arzt   1 Erfolg
    b) Tablette   2 Anstrengung
    c) Fieber   3 Lob
    d) Thermometer   4 Chef

LESE- UND ARBEITSHINWEISE
→ Viele Aufgaben aus der Testrealität finden Sie auch in den Büchern »Das neue Test-Trainings-Programm« und »Testtraining für Ausbildungsplatzsucher« (hier auch hilfreiche Lösungsstrategien, s. S. 173)

4. Unmöglichkeiten

Vier Behauptungen werden aufgestellt. Drei davon sind richtig und eine ist falsch. Oder: drei davon sind falsch und nur eine ist richtig. Aufgabe ist es, die eine richtige oder die eine falsche Behauptung herauszufinden.

1. Beispiel: Es ist völlig unmöglich, daß ein Huhn . . .
   a) gackert
   b) Eier legt
   c) Milch gibt
   d) Körner pickt

Welche der Behauptungen ist entweder als einzige richtig oder falsch? Als einzige falsch ist c, alle anderen Aussagen sind richtig. Lösung also: c.

2. Beispiel: Es ist völlig unmöglich, daß ein Zebra . . .
   a) kleiner ist als ein Pferd
   b) kariert gestreift ist
   c) in einem Stall lebt
   d) als Reittier dient

Als einzige Behauptung ist hier b richtig, alle anderen Aussagen sind falsch (es ist ja nicht unmöglich, daß ein Zebra kleiner ist als ein Pferd usw.). Lösung also: b.

Für 18 Aufgaben haben Sie 10 Minuten Zeit.

1. Es ist völlig unmöglich, daß ein Mensch . . .
   a) keinen Vater hat
   b) keine Mutter hat
   c) ewig lebt
   d) keine Kinder hat

2. Es ist völlig unmöglich, daß man durch einen Lottogewinn . . .
   a) Millionär wird
   b) ewige Gesundheit erwirbt
   c) wie ein Vogel fliegen lernen kann
   d) immer lebt

3. Es ist völlig unmöglich, daß bei starkem Westwind . . .
   a) sich das Wetter ändert
   b) Rauchschwaden nach Westen abziehen
   c) eine dunkle Wolkenbildung erfolgt
   d) Niederschläge erfolgen

4. Es ist völlig unmöglich, daß ein Sohn . . .
   a) klüger ist als sein Vater
   b) jünger ist als sein Vater
   c) größer ist als sein Vater
   d) älter ist als sein Vater

5. Es ist völlig unmöglich, daß eine Mutter . . .
   a) den gleichen Vornamen hat wie ihre Tochter
   b) älter ist als ihre Tochter
   c) jünger ist als ihre Tochter
   d) hübscher ist als ihre Tochter

6. Es ist völlig unmöglich, daß ein Kind . . .
   a) eine andere Hautfarbe hat als die Eltern
   b) klüger ist als seine Eltern
   c) älter ist als seine Eltern
   d) eine andere Sprache spricht als die Eltern

7. Es ist völlig unmöglich, Flüssigkeiten . . .
   a) zu färben
   b) verdampfen zu lassen
   c) in einem Sieb zu transportieren
   d) kristallisieren zu lassen

8. Es ist völlig unmöglich, daß eine Sackgasse . . .
   a) vor einem Wald endet
   b) länger als 2000 Meter ist
   c) durchfahren werden kann
   d) mit Steinen gepflastert ist

9. Es ist völlig unmöglich, Arbeiten zu verrichten, ohne . . .
   a) Ausdauer
   b) Unterstützung
   c) Anweisungen
   d) Kraftaufwand

10. Es ist völlig unmöglich, daß Schall sich ausbreitet . . .
    a) in Gasen
    b) in geschlossenen Räumen
    c) in leeren Räumen
    d) in Flüssigkeiten

11. Die Summe zweier positiver Zahlen ist
    unmöglich . . .
    a) gleich 0
    b) durch 7 teilbar
    c) kleiner als 2
    d) größer als 2 000 000

12. Bei Gegenverkehr ist es wirklich unmög-
    lich, daß . . .
    a) einem LKWs entgegenkommen
    b) man selbst überholt wird
    c) Autos am Straßenrand parken
    d) Kraftfahrzeuge nur in eine Richtung
       fahren

13. Auf dem Lande kann ein Fisch unmög-
    lich leben, weil er . . .
    a) an der Luft austrocknen würde
    b) nur Flossen hat
    c) nur Kiemen besitzt
    d) das Wasser liebt

14. Ein Atomkraftwerk kann unmöglich . . .
    a) einen Unfall haben
    b) abgestellt werden
    c) billligen Strom produzieren
    d) ohne Sicherungsvorkehrungen aus-
       kommen

15. Elektrischer Strom kann auf keinen
    Fall . . .
    a) gefährlich sein
    b) in Gas umgewandelt werden
    c) in Wärme umgewandelt werden
    d) in Energie umgewandelt werden

16. In Afrika ist es völlig unmöglich, . . .
    a) Jaguare zu jagen
    b) Ski zu fahren
    c) Orangen zu pflücken
    d) den längsten Fluß der Erde zu finden

17. Unter keinen Umständen kann man in
    der Antarktis . . .
    a) Pinguine antreffen
    b) russische Forscher antreffen
    c) Eisbären antreffen
    d) amerikanische Forscher antreffen

18. In einem Kühlschrank ist es
    unmöglich, . . .
    a) Rum gefrieren zu lassen
    b) Nahrung zu gefrieren
    c) Eis schmelzen zu lassen
    d) Eis herzustellen

LESE- UND ARBEITSHINWEISE

→ Bei Schwierigkeiten mit diesem Aufgabentyp empfehlen wir: »Testtraining für Ausbildungsplatzsucher« (s. S. 173)

5. Logisches Denken

Beantworten Sie die folgenden Fragen unter Berücksichtigung der Informationen, die Sie bekommen. Beispiel:

Welche Lampe ist die hellste?
Lampe A ist dunkler als Lampe B
B ist heller als C
C ist gleichhell wie D
B ist heller als D
D ist heller als A

Lösung: B
Es kann auch vorkommen, daß keine eindeutige Aussage möglich ist.

Für 8 Aufgaben haben Sie 5 Minuten Zeit.

1. **Wer ist der Klügste?**
   C ist klüger als A

A ist dümmer als B
C ist dümmer als B

2. **Wer ist der Stärkste?**
   J ist stärker als C
   F ist schwächer als R
   R ist schwächer als C

3. **Was ist die hellste Farbe?**
   Weiß ist heller als Gelb
   Schwarz ist heller als Gelb
   Blau ist dunkler als Schwarz
   Weiß ist heller als Blau
   Grau ist dunkler als Blau

4. **Wer ist der Größte?**
   D ist größer als A
   C ist kleiner als B
   F ist größer als E
   G ist kleiner als B
   D ist genauso groß wie B

5. **Welches Auto ist am langsamsten?**
   Das Auto C ist schneller als das Auto A
   B ist langsamer als K
   A ist langsamer als C
   C ist genauso schnell wie B

6. **Wer ist am klügsten und schönsten?**
   Karl ist klug, aber nicht schön.
   Alfred ist klüger und schöner als Detlef.
   Bernd ist genauso klug wie Detlef, aber nicht schöner als Fred.
   Fred ist fast so schön wie Alfred.
   Detlef ist weniger schön als Fred.
   Hans ist nicht so klug wie Karl, aber etwas klüger als Detlef.

7. **Wer ist am wenigsten erfolgreich?**
   Anja ist erfolgreich, Kathrin auch.
   Angela ist erfolgreicher.
   Bärbel ist nicht erfolgreicher als Angela, aber erfolgreicher als Anja.
   Dagmar ist nicht so erfolgreich wie Kathrin.
   Marion ist fast am erfolgreichsten, wenn da nicht Angela wäre.
   Kathrin ist ebenso erfolgreich wie Anja.

8. **Wer von den Damen belegt Platz 3?**

Jetzt geht es darum, zu überprüfen, ob Schlußfolgerungen, die aufgrund bestimmter Behauptungen gezogen werden, formal richtig oder falsch sind. Die »reale Wirklichkeit« spielt dabei überhaupt keine Rolle, was die Sache erschwert und − wie so oft in Tests − Verwirrung stiftet. Zwei Beispiele:

Behauptungen: Alle Häuser sind Fische. Alle Fische sind Katzen.
Schlußfolgerung: Deshalb sind alle Häuser Katzen.
a) stimmt   b) stimmt nicht
Lösung: a

Alle Häuser sind Fische. Alle Fische sind Katzen.
Deshalb sind alle Katzen Häuser.
a) stimmt   b) stimmt nicht

Lösung: b

Für die folgenden 12 Aufgaben haben Sie 8 Min. Zeit.

9. Einige Bäume sind Hunde. Alle Hunde lieben Ameisen.
   Also lieben alle Bäume Ameisen.
   a) stimmt   b) stimmt nicht

10. Alle Katzen können fliegen. Alle Reißzwecken sind Katzen.
    Also können alle Reißzwecken fliegen.
    a) stimmt   b) stimmt nicht

11. Einige Krokodile sind Lokomotiven. Einige Lokomotiven spielen Karten.
    Also spielen einige Krokodile Karten.
    a) stimmt   b) stimmt nicht

12. Keine zwei Baumarten sehen gleich aus. Tannen und Eichen sehen genau gleich aus. Also
    sind Tannen und Eichen nicht zwei Baumarten.
    a) stimmt   b) stimmt nicht

13. Niemand mit toter Hose kann Barmixer sein. Alle Ameisen haben tote Hosen.
    Also kann keine Ameise Barmixer sein.
    a) stimmt   b) stimmt nicht

14. Alle Geier sind Kunstsammler. Manche Kunstsammler sitzen in Käfigen. Also sitzen manche
    Geier in Käfigen.
    a) stimmt   b) stimmt nicht

Welche der jeweils angegebenen Folgerungen a-e ist richtig? Es können auch mehrere Lösungen
richtig sein oder auch gar keine.

15. Nur schlechte Menschen betrügen oder stehlen.
    Elfriede ist gut.
    a) Elfriede betrügt
    b) Elfriede stiehlt
    c) Elfriede stiehlt nicht
    d) Elfriede betrügt und stiehlt
    e) Elfriede betrügt nicht

16. Alle Flugzeuge können nicht fliegen.
    Alle Flugzeuge haben Beine.
    a) Flugzeuge ohne Beine können fliegen
    b) Manche Flugzeuge haben keine Beine
    c) Alle Flugzeuge, die Beine haben, können nicht fliegen
    d) Flugzeuge können nicht fliegen, weil sie Beine haben
    e) Flugzeuge haben Beine und können nicht fliegen

17. Manche Menschen sind Europäer.
    Europäer haben drei Beine.
    a) Manche Menschen haben drei Beine
    b) Europäer, die Menschen sind, haben manchmal drei Beine
    c) Menschen mit zwei Beinen sind keine Europäer

d) Europäer sind Menschen mit drei Beinen

e) Europäer mit zwei Beinen sind manchmal Menschen

18. Affen sind grüne Schachteln.
    Affen trinken Schnaps.
    a) Alle grünen Schachteln trinken Schnaps
    b) Alle grünen Schachteln sind Affen
    c) Manche grünen Schachteln trinken Schnaps
    d) Affen, die Schnaps trinken, sind grüne Schachteln
    e) Grüne Schachteln sind keine Affen

19. Jedes Quadrat ist rund.
    Alle Quadrate sind rot.
    Manche Ecken sind rund.
    a) Es gibt Quadrate mit roten Ecken
    b) Es gibt Quadrate mit runden Ecken
    c) Es gibt runde rote Ecken
    d) Ecken in Quadraten sind rund und rot
    e) Rote Quadrate haben runde Ecken

20. Alle Geraden sind gebogen.
    Jeder Kreis hat vier Ecken.
    Alle Ecken sind Geraden.
    a) Jeder Kreis hat vier gebogene Geraden
    b) Alle Geraden sind gebogene Ecken
    c) Es gibt Ecken, die gebogene Geraden sind
    d) Alle Kreise haben vier gebogene Ecken
    e) Manche Geraden sind gebogene Kreise

6. Buchstabenreihen

Vier Buchstabengruppen werden vorgegeben. Wie sieht die fünfte Buchstabengruppe aus, damit sie die Reihe logisch sinnvoll fortsetzt?

1. Beispiel:	AAAA	BBBB	CCCC	DDDD	....	Lösung: EEEE
2. Beispiel:	ABCV	BCDW	CDEX	DEFY	....	Lösung: EFGZ

Für die ersten 9 Aufgaben haben Sie 10 Minuten Zeit.

Teil A

1. CCBB FFEE IIHH LLKK ....
2. NNON AABA PPQP CCDC ....
3. ACEG BDFG CEGI DFHJ ....
4. IMMJ JNNI LOOM MPPL ....
5. DCBA HGFE LKJI PONM ....
6. ABDE CDFG EFHI GHJK ....
7. SSTS RRSR QQRQ PPQP ....
8. LNMO QSRT VXWY ACBD ....
9. FEDC EDCB KJIH JIHG ....

Welche zwei Buchstaben ergänzen die folgenden Buchstabenreihen jeweils sinnvoll?

Für die folgenden 5 Aufgaben haben Sie 5 Minuten Zeit.

Teil B:
1. a   b   c   d   e   f   g   h   i   j   ?   ?
2. c   e   g   i   k   m   o   q   s   u   ?   ?
3. x   a   y   b   z   c   a   d   b e   ?   ?
4. c   d e   e   d   c   f   g   h h   ?   ?
5. i   x   k   v   m t   o   r   q p   ?   ?

LESE- UND ARBEITSHINWEISE
→ siehe auch Zahlenreihen in diesem Buch

7. Graphische Aufgaben zum logischen Denken

Nun erfolgt die Überprüfung Ihres logischen Denkvermögens in Form von graphischen Aufgaben, wie sie in sog. Intelligenztests häufig vorkommen.

A.
Sie sehen ein Rechteck mit zwei mal neun Feldern. Im linken Feld die Aufgabe, im rechten Feld die Lösungsvorschläge. Im linken Feld: 8 Symbole sind eingezeichnet, ein Feld ist frei und soll von Ihnen mit dem allein richtigen Symbol aus den Lösungsvorschlägen a-h ergänzt werden.

Also: Welches Symbol a-h paßt als einziges in das neunte freie Kästchen auf der linken Seite und ergänzt die anderen sinnvoll/logisch? Sollte kein Lösungsvorschlag zutreffen, ist j anzukreuzen.

Hier ein Beispiel:

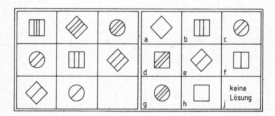

Lösung: f.

Für 5 Aufgaben haben Sie 10 Minuten Zeit.

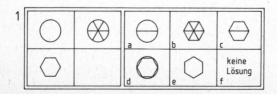

2

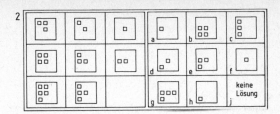

3

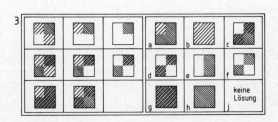

4

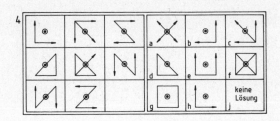

5

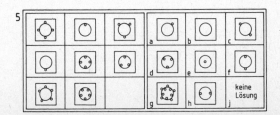

B.

Welcher Dominostein aus der rechten Lösungsgruppe a-f paßt in die linke Dominogruppe? Gesucht wird der Stein, der durch seine Punktzahl oben und unten die linke Dominogruppe logisch sinnvoll ergänzt. Dazu 2 Beispiele:

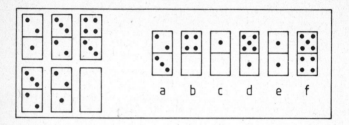

Lösung: c, weil das obere Feld eine 1 haben muß und das untere 0 Punkte (Prinzip: oben immer + 1, unten − 1).

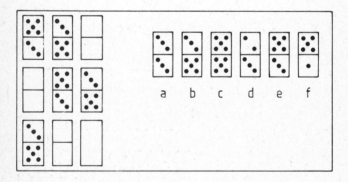

Lösung: e (die Zahlen 0, 3 und 5 werden oben und unten in einem bestimmten Rhythmus dargeboten).

Für die folgenden 12 Aufgaben haben Sie 10 Minuten Zeit.

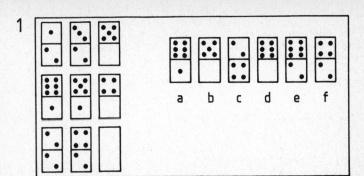

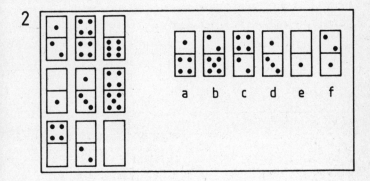

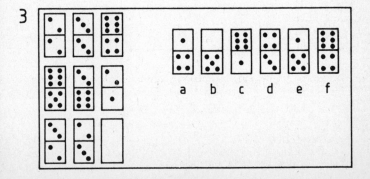

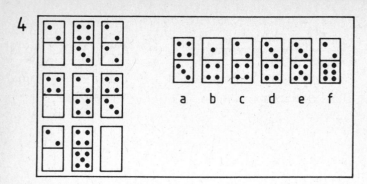

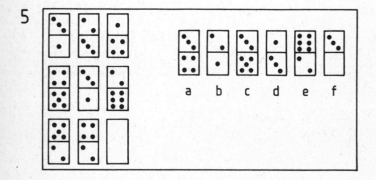

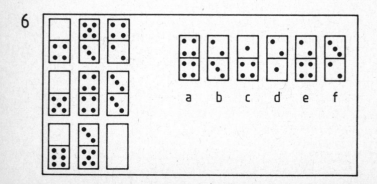

7

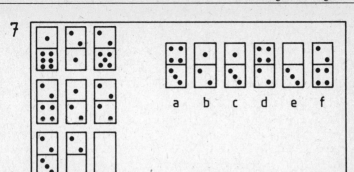

8

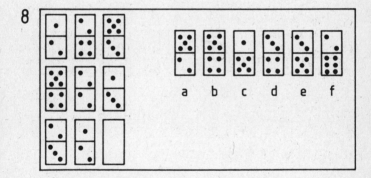

9

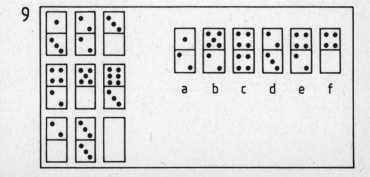

10

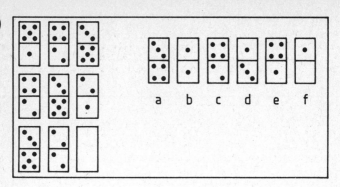

11

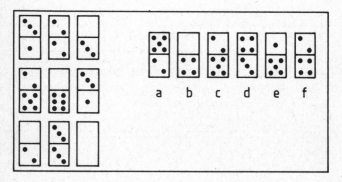

12

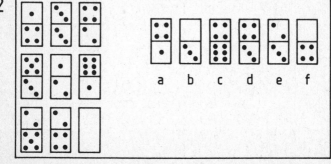

C.

Hier werden Zahlen durch bestimmte Symbole ersetzt. Einzelne Symbole entsprechen einer einstelligen Zahl (0–9), zwei nebeneinanderstehende Symbole entsprechen einer zweistelligen Zahl (10–99), usw. Die Aufgabe besteht darin, herauszufinden, welche Zahl für ein bestimmtes Symbol eingesetzt werden muß, damit die Aufgabe richtig gelöst werden kann. Dazu zwei Beispiele:

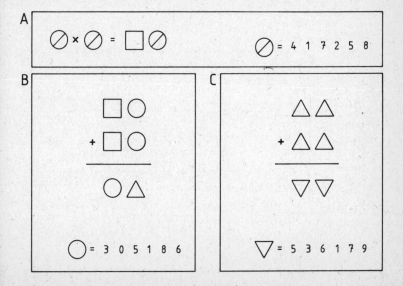

Lösung: 1 (nur eine Zahl mit 1 multipliziert bleibt gleich).

Lösung: 8 (2+2+2+2=8).

Für die folgenden 15 Aufgaben haben Sie 10 Minuten Zeit.

D

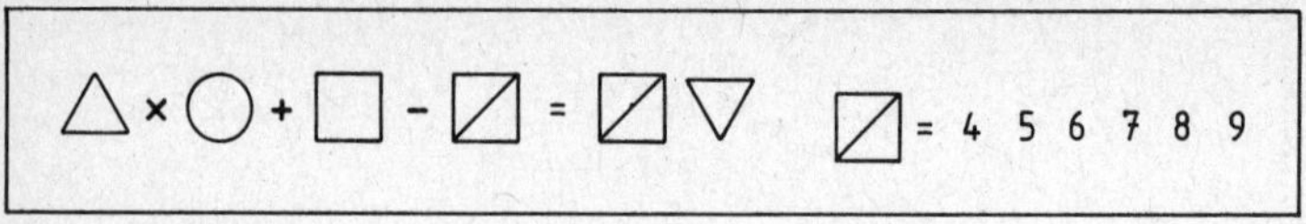

$\triangle \times \bigcirc + \square - \boxslash = \boxslash \triangledown \qquad \boxslash = 4\ 5\ 6\ 7\ 8\ 9$

E

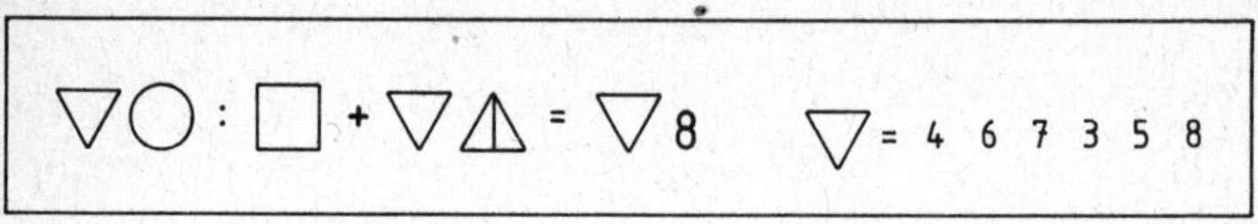

$\triangledown \bigcirc : \square + \triangledown \triangle = \triangledown 8 \qquad \triangledown = 4\ 6\ 7\ 3\ 5\ 8$

F

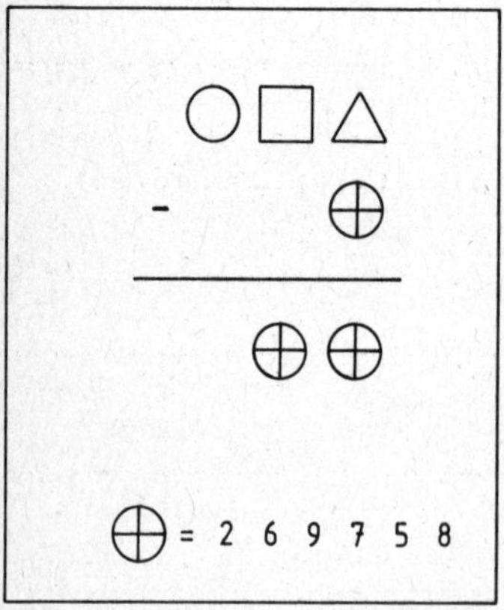

$$\bigcirc \square \triangle$$
$$- \qquad \oplus$$
$$\overline{\qquad\qquad}$$
$$\oplus \oplus$$

$\oplus = 2\ 6\ 9\ 7\ 5\ 8$

G

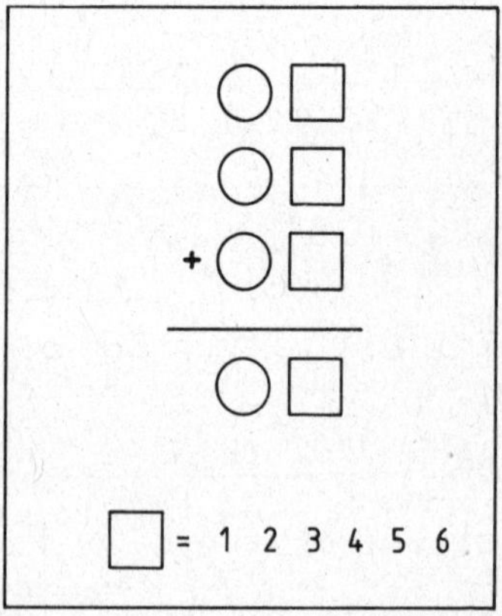

$$\bigcirc \square$$
$$\bigcirc \square$$
$$+ \bigcirc \square$$
$$\overline{\qquad\quad}$$
$$\bigcirc \square$$

$\square = 1\ 2\ 3\ 4\ 5\ 6$

H

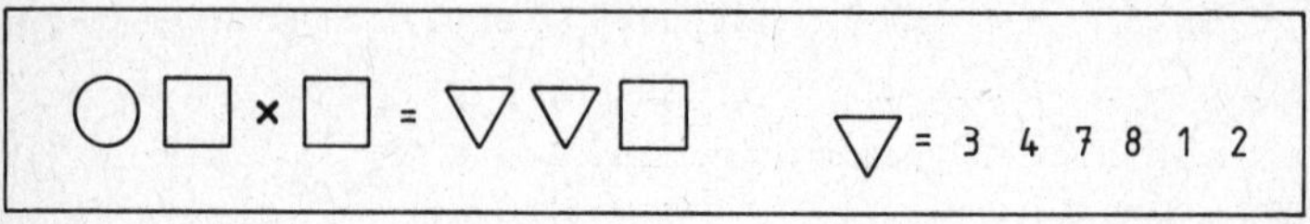

$\bigcirc \square \times \square = \triangledown \triangledown \square \qquad \triangledown = 3\ 4\ 7\ 8\ 1\ 2$

J

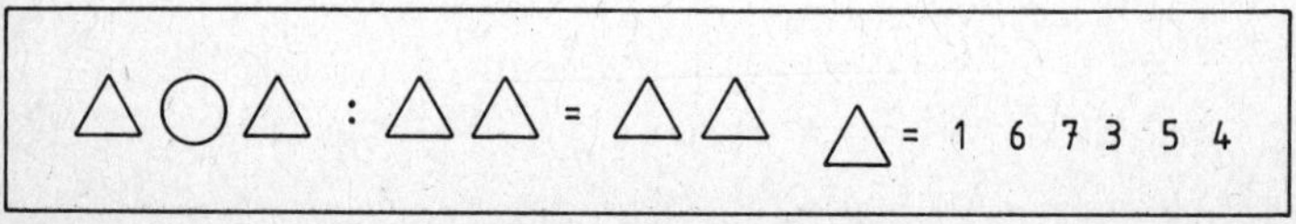

$\triangle \bigcirc \triangle : \triangle \triangle = \triangle \triangle \qquad \triangle = 1\ 6\ 7\ 3\ 5\ 4$

K

$$\bigcirc\bigcirc\bigcirc$$
$$\bigcirc\bigcirc\bigcirc$$
$$+\ \bigcirc\bigcirc\bigcirc$$
$$\overline{\square\ \square\ \square}$$

$\bigcirc$ = 9 7 4 5 3 6

L

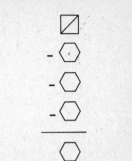

$$\boxed{\diagdown}$$
$$-\ \varhexagon$$
$$-\ \varhexagon$$
$$-\ \varhexagon$$
$$\overline{\varhexagon}$$

$\boxed{\diagdown}$ = 3 6 9 4 5 · 2

M

$\bigcirc\ \square\ \bigcirc\ \times\ \square\ =\ \square\ \triangledown\ \square$ $\bigcirc$ = 3 6 1 7 4 2

N

$\square\ \times\ \oplus\ \bigcirc\ =\ \square\ \bigcirc$ $\bigcirc$ = 2 7 6 0 3 8

P

$\square\ \varhexagon\ \square\ :\ \square\ =\ \bigcirc\ \square\ \bigcirc$ $\square$ = 7 5 6 8 4 2

Q

$\square\ \varhexagon\ :\ \varhexagon\ =\ \varhexagon$ $\varhexagon$ = 2 7 6 3 4 1

8. Räumliches Vorstellungsvermögen

A. Spiegelbilder

Die folgenden Figuren lassen sich durch einfaches Verschieben zur Deckung bringen – bis auf eine, die muß man erst umklappen, bis auch sie durch Verschieben zur Deckung mit den anderen Figuren gebracht werden kann. Welche Figur das ist, sollen Sie herausfinden. Bei der folgenden Beispielaufgabe ist das die Figur C.

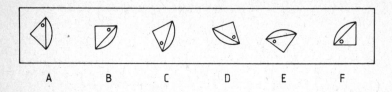

Für die folgenden 20 Aufgaben haben Sie 5 Minuten Zeit.

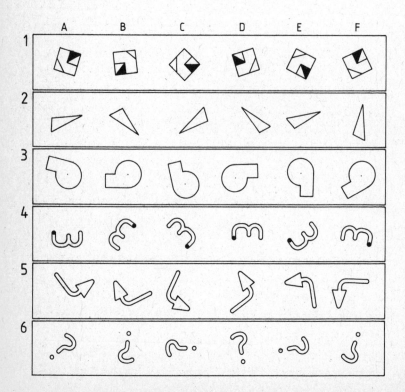

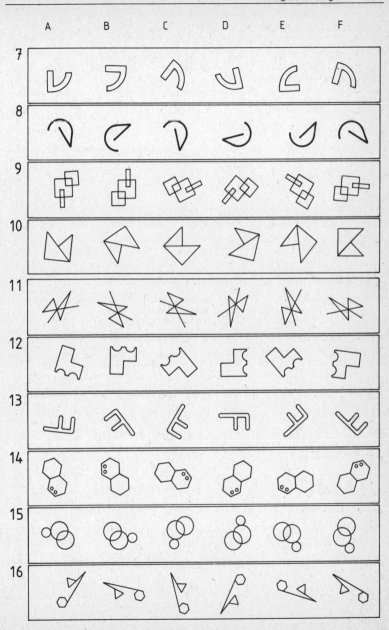

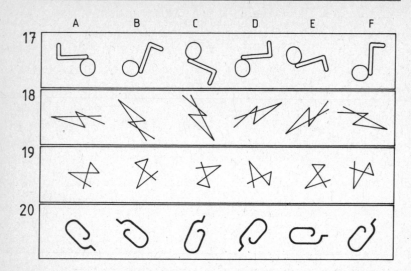

B. Abwicklungen

Auch wenn Ihnen dieses Wort schon einmal in einem anderen Zusammenhang untergekommen ist: Welcher der vier Körper links kann aus der Faltvorlage rechts gebildet werden? Die Faltvorlage stellt immer die Außenseite des Körpers dar. Dazu zwei Beispiele:

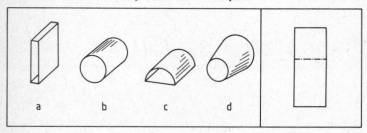

Lösung: c

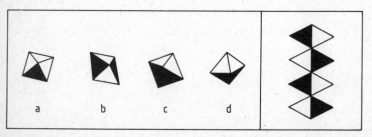

Lösung: b

Für die folgenden 15 Aufgaben haben Sie 10 Minuten Zeit.

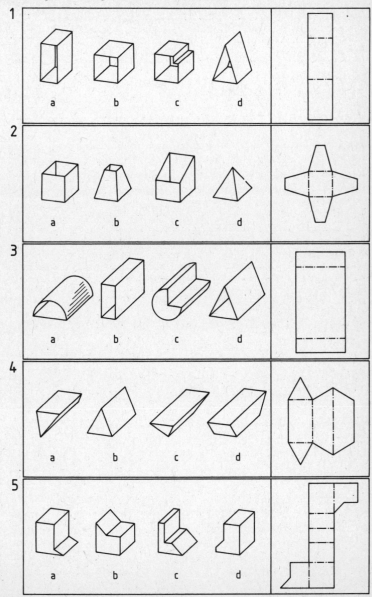

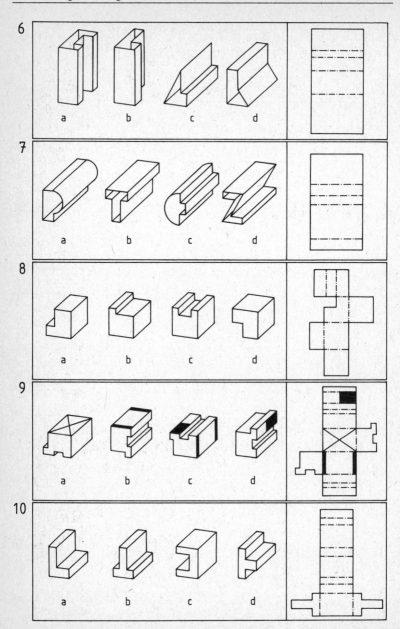

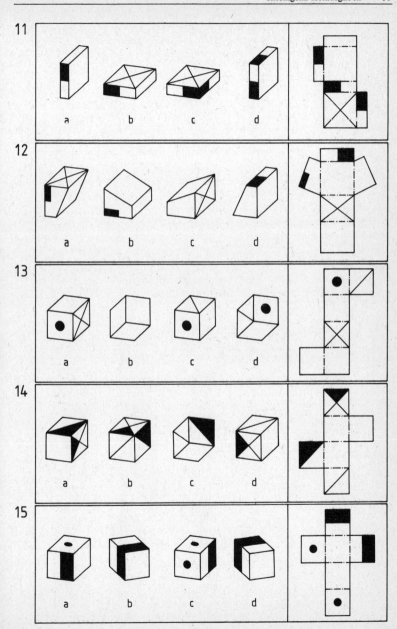

C. Würfelaufgaben

Ihnen werden 5 Musterwürfel vorgegeben (a,b,c,d und e). Auf jedem sind sechs verschiedene Zeichen, drei davon können Sie sehen. Finden Sie heraus, welcher Musterwürfel a-e sich in den Aufgabenwürfeln versteckt. Hierzu Beispiele.

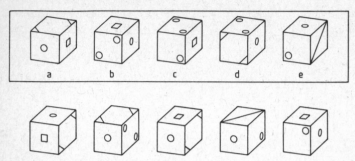

Lösungen (von links nach rechts): a, d, b, e, c.

Der erste Würfel (links) ist der Musterwürfel a, weil dieser nach links gedreht wurde und nach vorne gekippt. Bitte beachten Sie, daß der Würfel gedreht oder gekippt, aber auch gedreht und gekippt sein kann. Dabei kann auch maximal ein neues Zeichen (eine neue Seite) bei den Musterwürfeln sichtbar werden. Beachten Sie weiterhin, daß es sich um 5 verschiedene Würfel handelt, auch wenn die Musterwürfel zum Teil gleiche Zeichen/Symbole tragen. Für die folgenden 15 Aufgaben haben Sie 10 Minuten Zeit.

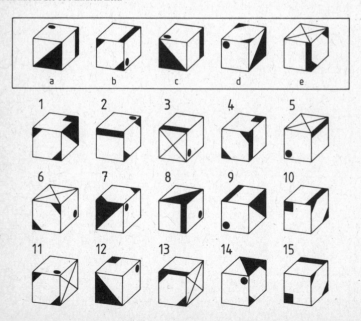

RECHEN-TESTAUFGABEN

Neben der Überprüfung der Rechtschreibkenntnisse sind Testaufgaben, die sich Ihren Rechen- und Mathematikkünsten widmen, Hauptbestandteil in fast jedem Bewerbungstest.

1. Zahlenreihen
Die folgenden Zahlenreihen sind nach einer bestimmten Regel aufgebaut. Aufgabe ist es, das nächste Glied in einer Reihe herauszufinden. Pro Aufgabenblock haben Sie 15 Minuten Zeit.

1. Block

A	3	5	7	9	11	13	15	?
B	27	30	29	32	33	36	35	?
C	103	98	103	99	103	100	103	?
D	7	10	13	17	21	26	31	?
E	10	11	13	14	16	17	19	?
F	10	15	22	31	42	55	70	?
G	10	11	13	10	14	19	13	?
H	2	4	1	4	9	3	21	?
I	9	6	3	9	6	3	9	?
J	1	2	3	5	8	13	21	?

2. Block

A	3	4	6	9	13	18	24	?
B	4	5	6	8	10	13	16	?
C	54	52	26	24	12	10	5	?
D	18	20	40	42	84	86	172	?
E	100	50	52	26	28	14	16	?
F	10	20	40	30	60	120	110	?
G	33	30	15	45	42	21	63	?
H	20	5	9	36	40	10	14	?
I	12	9	27	30	10	7	21	?
J	18	20	10	14	6	12	6	?

3. Block

A	15	10	13	8	11	6	?
B	5	3	6	2	7	1	?
C	5	2	6	2	8	3	?
D	8	15	24	35	48	63	?
E	4	5	7	4	8	13	?
F	39	13	6	30	10	3	?
G	5	4	7	6	10	9	?
H	32	16	21	7	12	3	?
I	18	9	36	28	112	105	?
J	5	12	10	10	16	13	?

4. Block

A	114	57	60	30	34	17	22	?
B	8	7	7	5	10	7	21	?
C	84	21	63	65	64	16	48	?
D	34	33	66	22	18	90	15	?
E	5	6	7	9	12	17	25	?
F	6	8	16	15	13	26	27	?
G	17	14	7	21	18	9	27	?
H	12	19	17	17	23	20	20	?
I	24	26	11	15	3	9	0	?
J	12	3	34	7	56	11	78	?

2. Zahlenmatrizen

Zahlenmatrizen sind ähnlich wie Zahlenreihen zu bearbeiten. Man muß das Aufbauprinzip erkennen und die Fragezeichen knacken.

Beispiel:
1	2	3	4		
4	3	2	1		
1	2	?	4	Lösung: 3	
4	?	2	1		3

Für die folgenden 9 Aufgaben haben Sie 15 Minuten Zeit.

A			
2	4	6	8
3	5	7	9
1	3	?	7
?	6	8	?

B		
12	34	56
23	?	67
34	56	78

C		
16	64	68
12	48	?
8	32	36

D			
48	51	17	20
51	54	18	21
54	57	??	22
??	60	20	23

E		
5	3	6
2	?	1
8	0	9

F		
1	4	9
16	25	?
49	64	81

G		
52	55	58
67	64	61
?	73	76

H			
3	11	7	9
9	11	7	15
15	?	19	27
27	29	25	?

I			
156	148	37	39
64	56	14	16
24	16	?	6
12	4	1	?

3. Textaufgaben

Bitte lösen Sie die folgenden 26 Rechentextaufgaben (A-Z) in 45 Minuten:

A

Ein Motorrad verbraucht 6 Liter Benzin auf 100 km. Wieviel verbraucht es auf 250 km und wie viele km kann es mit einem 24 Liter fassenden Benzintank fahren?

B

Ein Maulwurf ist 4 Jahre alt. Nur 1/24stel von dieser Zeit hat er das Tageslicht gesehen. Wie viele Monate sind das?

C

Ein Malergeselle renoviert ein Zimmer von 18 qm an einem Arbeitstag in 8 Stunden. Der Azubi schafft in der gleichen Zeit nur 1/3 dieser Arbeitsleistung. Der Meister arbeitet noch schneller als der Geselle und liegt damit um 25% höher in der Arbeitsleistung. Wie hoch ist die Differenz der geleisteten Arbeit (renovierter Raum in qm) zwischen bestem und schlechtesten Ergebnis nach eineinhalb Arbeitstagen?

D

Teilt man eine Zahl x durch 3,4 und erhält als Ergebnis 9,2 muß die Zahl x lauten?

E

Ein Nahrungsmittelvorrat reicht für 12 Personen 16 Tage aus. Wie viele Tage könnten 6 Personen davon essen?

F

Ein Händler kauft für 10 500 DM Gewürzpartien. An jeder verkauften Gewürzpartie verdient er 100 DM. Nach Verkauf seines Gesamtbestandes hat er 14 000 DM eingenommen. Wie viele Gewürzpartien hatte er?

G

Eine Steinsetzerfirma benötigt für einen Platz mit 500 qm Fläche Pflastersteine. Die gängige Größe beträgt 10 x 20 cm. Wie viele Steine müssen bestellt werden?

H

Die Maße eines Hohlraums betragen 4 m Länge, 20 cm Breite und 15 cm Höhe. Wieviel Kubikdezimeter hat der Hohlraum?

I

Bei einem Ehepaar beträgt der Altersunterschied zwischen den beiden Partnern 5 Jahre. Ihr beider Lebensalter addiert beträgt 75 Jahre. Wie alt ist der ältere Partner?

J

Wenn ein Bürovorsteher dreimal so alt ist wie die jüngste Azubi-Mitarbeiterin und doppelt so alt wie die dienstälteste Sekretärin und alle drei Personen auf ein Gesamtlebensalter von 88 Jahren zurückblicken können, wie alt ist dann jeder einzelne?

K

Ein rechteckiges Grundstück hat eine Größe von 2193 qm, bei einer Front von 51 m Länge. Wie breit ist das Grundstück?

L

Eine Erbschaft von 52 000 DM soll unter zwei Erben so verteilt werden, daß der jüngere Erbe einen dreimal so großen Erbteil bekommt wie der ältere Erbe. Wie groß ist der kleinere Erbanteil in DM?

M

Die Reaktionszeit eines Busfahrers beträgt eine Sekunde. Wie viele Meter fährt der Bus, wenn der Fahrer mit einer Geschwindigkeit von 96 km/h fährt und plötzlich eine Gefahrensituation sieht, bevor er anfängt zu bremsen?

N

Zwei Skateboardfahrer sehen sich bei einem Kurztreffen um 14.55 Uhr. Sie tauschen für 5 Minuten ihre Erfahrungen aus und setzen ihren entgegengesetzten Weg fort. Wie groß ist die Entfernung zwischen ihnen nach 80 Minuten, wenn der eine 12 km, der andere Skateboardfahrer 7,5 km in der Stunde zurücklegt?

O

Ein Lottogewinn von 576 000 DM soll im Verhältnis von 4:5 aufgeteilt werden. Wie groß ist der kleinere Gewinn?

P

Von 30 Testaufgaben haben Sie 18 richtig. Wieviel Prozent sind das?

Q

1/3 dieser Testaufgaben war leicht, 1/6 schwer. Wieviel Prozent der Aufgaben waren weder schwer noch leicht?

R

Während sich ein großes Zahnrad 36mal dreht, muß sich ein kleineres 108mal drehen. Wenn sich das kleinere aber 432 mal gedreht hat, wie viele Male muß sich dann das größere Zahnrad gedreht haben?

S

Wenn von 100 geborenen Kindern 63 Jungen sind, wie viele Prozent Mädchen werden geboren?

T

Wie groß ist die monatliche Rate für die Bank bei einer jährlichen Zinslastbelastung von 9 1/2 % für eine Kreditsumme von 150 000 DM?

U

Wenn man aus einer Vollmilch 3% Fett gewinnen kann, wieviel Kilogramm Milch werden benötigt, um 1,5 kg Fett zu gewinnen?

V

Ein Schreibwarenhändler verkauft Schreibhefte. Für zwei verlangt er soviel, wie ihn drei gekostet haben. Wie hoch ist der Gewinn in Prozenten?

W

Ein Jaguar, ein Gepard und eine Hyäne fressen gemeinsam eine Antilope. Der Jaguar allein würde die Antilope in einer Stunde auffressen. Der Gepard bräuchte drei Stunden dafür und die Hyäne sogar sechs. Wieviel Zeit brauchen sie, wenn sie die Antilope zusammen fressen?

X

In einer Familie hat jeder Sohn dieselbe Anzahl von Schwestern wie Brüder. Jede Tochter hat aber zweimal soviele Brüder wie Schwestern. Wie viele Töchter und Söhne hat die Familie?

Y

Ein Motorrad fährt mit 60 km/h von X nach Y. In 5 Stunden wird es in Y eintreffen. Nach bereits 3 Stunden und 10 Minuten bleibt das Motorrad wegen einer Panne stehen. Wieviel Kilometer ist es vom Ziel Y entfernt?

Z

Ein Draht von 90 m Länge ist so zu zerschneiden, daß das eine Stück 2/3 der Länge des anderen beträgt. Wie lang ist das kürzere Stück Draht?

LESE- UND ARBEITSHINWEISE

→ Als Basislektüre für Rechen- und Mathetests empfehlen wir: »Testtraining für Ausbildungs-platzsucher« (s. S. 173)

RECHTSCHREIBUNGS-TESTAUFGABEN

Die Überprüfung der Rechtschreibkenntnisse gehört neben Rechentests zu den speziell bei jungen Bewerbern am häufigsten eingesetzten Bewerbungshürden. Grob zu unterscheiden sind:
- Diktate (ähnlich wie in der Schule)
- die Darbietung von schwierigen Worten, mit der Frage: Richtige oder falsche Schreibweise?
- die Vorgabe von vier verschiedenen Schreibweisen eines Wortes oder Kurzsatzes mit der Aufgabe, die einzig richtige Schreibweise anzukreuzen.

Generell gibt es auch hier zwei Hauptgruppen von Rechtschreibtests: Selbstgestrickte Verfahren und angeblich wissenschaftlich fundierte.

1. Diktat
Bitte streichen Sie in den folgenden Sätzen die Rechtschreibfehler an.

1. Wir wissen, das seid jahrzehnten viele Hundertmilionen Mark für Überflüssiges aufgewendedt werden.
2. Es ist also nichts Erstaunliches, wenn wir hören, das dem menschlichen Wollen enge Grenzen gesezt sind.
3. Die acht tausender des Himalayas wurden schon manchem Bergsteiger zum Verhengnis.
4. Dem Chemiker wurde angst und Bange, als er nach einigem überlegen merkte, etwas Neues entdeckt zu haben.
5. Der Automechaniker hatte den Wagen frühmorgens zum Reparieren abgeholt und am Abend wiederzurückgebracht.

2. Richtige Schreibweise
Ist das Wort richtig geschrieben? Wenn nein, bitte die richtige Schreibweise notieren!

1. allmehlich	10. atletisch	19. Rododendrohn
2. tödlich	11. Gelleee	20. Rytmus
3. wohlweißlich	12. Galopprennbahn	21. Portmonaie
4. Kannone	13. unversehens	22. Wagabund
5. Rhabarber	14. Theke	23. Wiederstand
6. Depäsche	15. Metode	24. Zyklohp
7. Gelantine	16. Filliale	25. Synpathie
8. Sattelit	17. Karosserie	
9. zusehends	18. Labürinth	

3. Rechtschreibung
Welche der Schreibweisen ist jeweils richtig?

1. a) Gutmüthigkeit
   b) Guthmütigkeit
   c) Gutmütigkeit
   d) Gutmüdigkeit
   e) Gutmüdichkeit

2. a) Musikapele
   b) Musikkappelle
   c) Musikappelle
   d) Musikkapelle
   e) Musikkappele

3. a) vielversprechent
   b) vielversprechendt
   c) vielversprechend
   d) vielversprächend
   e) viel versprechend

4. a) naturgemeß
   b) naturgemäs
   c) naturgemess
   d) naturgemäß
   e) naturgemäss

5. a) krehen
   b) krähän
   c) grähen
   d) kräen
   e) krähen

6. a) Karusel
   b) Karussel
   c) Karusell
   d) Karussell
   e) Karrussel

7. a) unentgeldlich
   b) unentgeldtlich
   c) unendgeldlich
   d) unendtgeldlich
   e) unentgeltlich

8. a) endgültich
   b) entgültig
   c) endtgültig
   d) endgültig
   e) endgültik

9. a) Tausendfüssler
   b) Tausentfüßler
   c) Tausendfüßler
   d) Tausentfüssler
   e) Tausend Füßler

10. a) Anäkdote
    b) Aneckdote
    c) Anegdote
    d) Anekdohte
    e) Anekdote

11. a) Indiskrätion
    b) Indiskrition
    c) Indiskretion
    d) Indeskrätion
    e) Indiskrähtion

12. a) Almohsen
    b) Allmose
    c) Almoosen
    d) Almoßen
    e) Almosen

13. a) Revormvorschlag
    b) Reformvorschlak
    c) Refornvorschlag
    d) Reformvorschlag
    e) Reform Vorschlag

14. a) Gewantheit
    b) Gewandtheit
    c) Gewandheit
    d) Gewandheidt
    e) Gewantheid

15. a) es geschah im Dunkel der nacht
    b) es Geschah im dunkel der Nacht
    c) es geschah im dunkel der Nacht
    d) es geschah im Dunkel der Nacht
    e) es geschar im Dunkel der Nacht

16. a) eine zartbesaitete Maidt
    b) eine zartbeseitete Maid
    c) eine zardtbesaitete Maid
    d) eine zartbeseidete Maid
    e) eine zartbesaitete Maid

17. a) sie kann gut Wäschewaschen
    b) sie kann gut Wäsche Waschen
    c) sie kann gut Wäsche waschen
    d) sie kann gut wäschewaschen
    e) sie kann gut wäsche waschen

18. a) ein einzelnes paar Socken
    b) ein einzelnes Paar Socken
    c) ein einzelnes Paarsocken
    d) ein Einzelnes Paar Socken
    e) ein Einzelnes paar Socken

19. a) eine grimmsche Märchenerzählung
    b) eine Grimmsche Märchen Erzählung
    c) eine Grimmsche Märchenerzählung
    d) eine Grimmsche Merchenerzählung
    e) eine Grimmsche Mährchenerzählung

20. a) eine unwiderstehliche Balettruppe
    b) eine unwiderstehliche Balletttruppe
    c) eine unwiederstehliche Balletttruppe
    d) eine unwiderstehliche Balletttruppe
    e) eine unwiderstähliche Balletttruppe

21. a) ein interessantes Dilemna
    b) ein interessantes Dilämma
    c) ein interessantes Dilemma
    d) ein interessantes Dilema
    e) ein interesantes Dilemma

22. a) mit allem drum und Dran
    b) mit allem drum und dran
    c) mit Allem drum und dran
    d) mit allem Drum und Dran
    e) mit allem Drum und dran

23. a) sie kamen gestern abend
    b) sie kamen gesternabend
    c) sie kamen Gestern abend
    d) sie kamen Gesternabend
    e) sie kamen gestern Abend

24. a) ein kuputter Fabrikschlod
    b) ein kaputer Farbrikschlot
    c) ein kaputter Fabrikschlot
    d) ein kapputter Fabrikschlot
    e) ein kaputter Fabrikschloht

25. a) ein mimosenhafter Telegrambote
    b) ein mimosenhafter Tellegrammbote
    c) ein mimosenhafter Telegrammbote
    d) ein mimosenhafter Tellegrambote
    e) ein mimosenhafter Telegrammbothe

KONZENTRATIONS-TESTAUFGABEN

Sehr häufig werden Tests eingesetzt, von denen sich die Anwender versprechen, etwas über Ihr allgemeines Konzentrations- und Leistungsvermögen zu erfahren. Ob das in der Streßsituation eines Einstellungstests überhaupt möglich ist, kann bezweifelt werden.

1. Buchstaben durchstreichen

In den hier wiedergegebenen Buchstabenreihen müssen alle d's, die zwei Striche haben, durchgestrichen werden. Dabei geht es um folgende d's:

d d d

d's die mehr oder weniger als zwei Striche haben (oben/unten), dürfen nicht durchgestrichen werden, ebensowenig wie alle b's und q's. Für die folgenden 20 Zeilen haben Sie 10 Minuten Zeit.

```
d b q d b q d q d q d q b b b d b d b d b d b d b d b d b d b
d b d b q d q d q d q d q d q b d d d d d b d d d d d d d b q d
d d d d d d d d d q d b q d d d d d d b q d b q d d d d d d d d
d b d d d d d q d q d q d d d d d b b d b d b q b q d b d d b q
d b d b d d d q q d d d d b d d d d d d d d d b d b d q q q
d b d b d b d b d q d q d q b d b d d d b d b d b d b q d d
d b d b d b d b d b d q d d d d d b d b d b d b d b d b d b
d q d q d q d q d b d q d q d q d b d q d q d q d d d d b d q d q
d b q d b q d q d q d q b b b d b d b d b d b d b d b d b d b
d b d b q d q d q d q d q b d d d d d b d d d d d d d b q d
d d d d d d d d d q d b q d d d d d d b q d b q d d d d d d d d
d b d d d d d q d q d q d d d d d b b d b d b q d b q d b d d b q
d b d b d d d q q d d d d b d d d d d d d d d b d b d q q q
d b d b d b d b d b d q d q d q b d b d d d b d b d b d b q d d
```

```
,   ,  ,,  ,   ,,       ,,      ,      ,,      ,,   ,,    ,  ,,      ,,    ,  ,,       ,  ,,
d b d b d b d b d b d b d b d b b d d d b d b d b d b d b d q d b
,   ,  ,,  ,       ,       ,       ,         ,        ,      ,  ,  ,  ,  ,  ,         ,      ,,  ,,  ,  ,
d b q d b q d q d q d q b b b d b d b d b d b d b d b d b d b d b
,   ,  ,  ,  ,  ,  ,  ,  ,     ,       ,     ,  ,  ,  ,       ,,  ,,  ,,  ,,  ,  ,
d b d b q d q d q d q d q b d d d d b d d d d d d d d b q d
,,     ,,      ,,  ,,      ,,   ,,   ,,   ,,      ,,   ,,   ,,   ,,      ,,   ,,   ,,  ,,
d d d d d d d d q d b q d d d d d d b q d b q d d d d d d d d
,  ,,  ,      ,,      ,,  ,  ,  ,  ,        ,            ,       ,  ,  ,  ,  ,  ,,
d b d d d d d q d q d q d d d d d b b b d b d b q d b q d b q
,,  ,,  ,  ,  ,,      ,  ,      ,         ,  ,  ,,  ,,  ,      ,  ,,  ,  ,,      ,  ,      ,         ,,  ,,
d b d b d d d q q d d d d d d b d d d d d d d d d b d b d b d b d q q q
,  ,,          ,,      ,,  ,  ,  ,,             ,  ,  ,  ,       ,  ,  ,       ,  ,  ,  ,  ,,
```

2. Konzentrations-Leistungs-Test

Diese Aufgaben sind nach folgendem Muster zu lösen: Die obere Zeile wird zuerst ausgerechnet. Das Ergebnis darf nicht aufgeschrieben werden, sondern muß »im Kopf behalten« werden. Nun ist die untere Zeile auszurechnen und auch dieses Ergebnis ist zu merken. Jetzt gilt folgende Regel: Stets ist die kleinere Zahl von der größeren abzuziehen und nur dieses Ergebnis ist aufzuschreiben. Es dürfen keine Nebenrechnungen aufgeschrieben oder sonst irgendwelche Notizen gemacht werden. Beispiel:

$2 + 8 - 7$
$4 + 5 - 2$ Ergebnis: 4

Obere Zeile: Ergebnis 3
Untere Zeile: Ergebnis 7

$7 - 3 = 4$ Nur die 4 darf als Lösung hingeschrieben werden.

Für die folgenden 10 Aufgaben haben Sie 2 Min. Zeit. In der Testrealität erwarten Sie weit über 200 Aufgaben dieses Typs und Sie müssen 30 – 45 Minuten daran arbeiten.

a. $5 - 2 + 9$ $4 + 8 + 6$	h. $8 - 6 + 5$ $4 + 9 - 7$	o. $2 + 5 - 4$ $4 + 7 - 9$	v. $8 + 4 - 9$ $3 + 8 - 5$
b. $9 - 5 + 7$ $4 + 3 + 6$	i. $4 - 3 + 6$ $5 + 7 - 3$	p. $6 + 8 + 7$ $2 + 4 - 6$	w. $2 + 8 - 7$ $6 - 5 + 9$
c. $2 + 8 - 7$ $6 - 5 + 9$	j. $8 + 6 - 4$ $7 - 5 + 7$	q. $4 + 8 + 6$ $7 - 9 + 8$	x. $8 - 6 + 5$ $4 + 9 - 7$
d. $8 - 3 + 7$ $9 - 5 + 3$	k. $7 + 9 - 3$ $8 - 5 + 3$	r. $5 + 9 - 4$ $6 - 2 + 8$	y. $4 + 8 + 6$ $7 - 9 + 8$
e. $2 + 6 + 7$ $5 - 3 + 7$	l. $9 - 7 + 8$ $4 + 9 - 2$	s. $4 + 5 + 2$ $8 - 6 + 9$	z. $9 - 5 + 7$ $4 + 3 + 6$
f. $8 + 4 - 9$ $3 + 8 - 5$	m. $5 - 2 + 8$ $7 + 9 - 6$	t. $8 - 3 + 7$ $9 - 5 + 3$	
g. $2 + 7 - 4$ $6 + 3 - 2$	n. $7 + 6 + 3$ $8 - 7 + 9$	u. $2 + 6 + 7$ $5 - 3 + 7$	

Nach dieser Rechenoperation fangen Sie mit folgender Variante von vorne an: Ist das Ergebnis der oberen Zeile größer als das Ergebnis der unteren Zeile, müssen Sie jetzt die untere Zeile von der oberen abziehen (wie gehabt). Ist das Ergebnis der oberen Zeile kleiner als das Ergebnis der unteren Zeile, müssen Sie es dazuzählen.

3. Buchstaben-Zahlen-Tabelle

Hier geht es um die Koordinierung von Zahlen und Buchstaben. Möglicherweise werden die Aufgaben sogar nur in zügigem Tempo hintereinander angesagt. Zum stillen Üben hier einige Beispiele, mit dem Vorschlag, sich doch selbst weitere Aufgaben gleichen Stils auszudenken.

	A J K L	V W X B	Z C H M	G F D R	Y S T Q
1	5 5 5 4	2 3 2 4	7 8 9 0	6 5 8 9	4 3 5 4
2	4 4 5 4	1 2 3 4	8 8 9 0	9 0 5 8	3 4 5 2
3	4 7 6 3	4 7 8 3	1 7 9 5	1 9 1 9	1 8 3 1
4	0 9 4 5	4 3 1 6	0 2 7 8	7 8 6 5	5 8 9 5
5	7 4 5 3	7 5 4 1	4 5 7 0	4 7 9 3	4 8 1 0
6	0 3 2 1	6 7 9 2	6 4 9 0	4 7 4 5	8 9 7 8
7	1 2 3 5	8 6 5 9	1 2 3 4	2 6 3 9	4 5 3 2
8	6 6 4 3	9 8 3 6	2 1 7 9	9 9 9 9	4 5 2 7
9	0 9 3 4	3 5 4 3	6 3 7 8	1 8 9 1	1 9 0 3

Aufgabe: Welche Zahl ist für 1A einzusetzen? (Lösung: 5). Für die folgenden 50 Aufgaben haben Sie 10 Min. Zeit.

1K = 5	1H =	5X =	C5 =	A7 =
1V = 2	3K =	9Z =	X9 =	W8 =
2M = ?	4L =	4V =	B5 =	H4 =
2Z = ?	9H =	5L =	J7 =	C1 =
8R = ?	7Q =	3S =	2T =	4Q =
6G = ?	3F =	3R =	4Y =	2T =
8C = ?	4D =	3X =	5Y =	1Q =
3J = ?	4B =	5R =	9S =	8G =
5J = ?	3W =	4L =	7Q =	3K =
5T = ?	8R =	7X =	9D =	1Y =

4. Buchstaben-Zahlen
Ganz ähnlich ist auch diese Aufgabe, die schon beim Öffentlichen Dienst-Test vorgestellt wurde. Vorgegeben sind eine Reihe von Buchstaben- und Zahlenkombinationen:

L	O	G	J	F	T	Z	C	B	K	P	Q	alle anderen Buchst.
6	4	2	9	0	3	2	8	1	8	9	5	X

Bitte schreiben Sie unter die folgenden Buchstabenreihen die entsprechenden Zahlen. Für das Aufgabenbeispiel haben Sie 2 Min. Zeit (Tip: nach diesem Muster eigene Übungsbeispiele basteln).

A	U	G	K	L	T	Z	C	F	J	B	E	P	T	B	V	X	Y	M	T	R	B	C
X	X	2																				

B K C D L O P N J O B M F D T R Z A L M O U L

5. Buchstaben einkreisen

Hier besteht die Aufgabe darin, in einem Buchstabensalat alle Buchstaben einzukreisen, die im Alphabet unmittelbar aufeinander folgen, z.B. so: g j (g h) k m (a b) d r z u (c(d)e) k p.

3 Min. Zeit.

h i j g d r t u c f c d e t n k l p q d r d t d u d b d e c m k l

a b k n x y h j f a b c l b v c x g h l n l f l m x a x e r z s t

f h k l u i r s e f j a b i p k o m b c g h i j r d c d s z z o k

r d x y h t g b d v c h i j k l o i u z t r e d s t z u i o p u o

r f g t z h u j i k o l z h t g g b f v d c s x a y j m h n g h p

6. Beobachten

Schauen Sie sich doch bitte mal diese drei Gesichter genauer an. Zwei sind gleich, das dritte unterscheidet sich von den beiden anderen deutlich.

Lösung: c (der Mund!)

Beachten Sie bitte, daß das gesuchte Gesicht sich von den anderen beiden deutlich unterscheiden muß. Etwas wurde verändert, hinzugefügt oder weggelassen. Minimale Unterschiede in der Zeichnung (z.B. Strichlänge oder Form) haben keine Bedeutung.

Für die folgenden 32 Aufgaben haben Sie 5 Minuten Zeit.

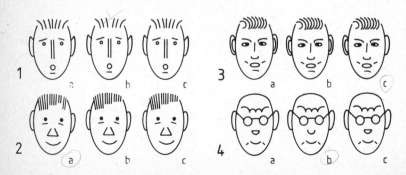

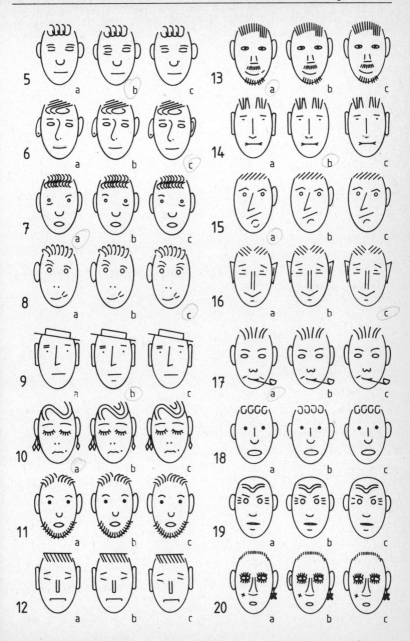

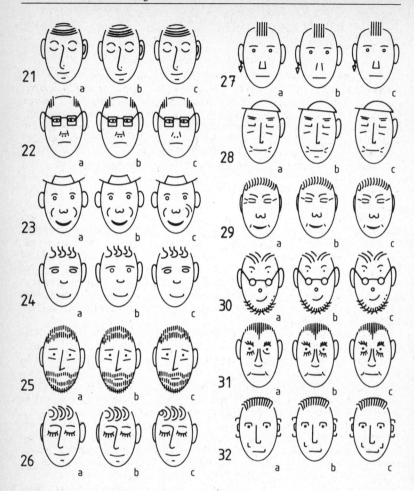

LESE- UND ARBEITSHINWEISE
in diesem Buch:
→ Büro-/Verwaltungs-/Öffentlicher Dienst-Testaufgaben
→ Piloten-Testaufgaben

ASSESSMENT-CENTER-TESTAUFGABEN

Der Managerkandidat steht mit Schweißperlen auf der Stirn am Zaun der Weide und schaut in Sorge auf das gute Dutzend ausgewachsener, noch friedlich grasender Bullen. Da bekommt er von dem Personalberater die Testaufgabe zugemutet, den Zaun zu überklettern und die Wiese zügig zu überqueren. Noch überlegt er, um dann mutig-entschlossen das von ihm Verlangte in die Tat umzusetzen – scheinbar ohne Hast, aber doch in recht angespannter Haltung. Er erreicht die andere Zaunseite und sieht sich noch einmal etwas ängstlich-zögernd um. Die Bullen haben die ganze Zeit über friedlich weitergegrast. Später erklärt ihm der Personalberater, daß es sich um eine außerordentlich friedliche Bullensorte handelt, und daß er als Kandidat in keinem Moment einer wirklichen Gefahr ausgesetzt war. Sein mutiges aber besonnenes Verhalten wird später im Gutachten des Personalberaters entsprechend gewürdigt.

Besonders Manager werden getestet – und wie… Nicht nur in der alltäglichen Berufsrealität, wo der materielle Erfolg (Verkaufszahlen etc.) ein permanentes Diagnose- und Testbarometer darstellt. Auch in sogenannten Fortbildungsseminaren werden Manager in mittleren Positionen in regelmäßigen Abständen von Arbeitgeberseite durch Personalchefs auf Herz und Nieren getestet.

Breiten Raum nehmen gerade bei Managern die Persönlichkeits-Tests ein. Hier wird auch vor dem Einsatz der berühmt-berüchtigten Rorschach-Klecksographien nicht zurückgeschreckt und angebliche Pausen oder Arbeitsessen werden kurzerhand zu Beobachtungs-Labors umfunktioniert.

Neben einigen in diesem Buch geschilderten außergewöhnlichen Testverfahren (z.B. Logik-Tests), sind es vor allem Assessment-Center-Tests (ACT's), die der Unternehmensspitze oder dem Personalberater helfen sollen, den sogenannten richtigen Manager auf den richtigen Platz zu hieven.

Assessment-Center – unter diesem Namen firmiert eine Art »neue Wunderwaffe«, ein Testverfahren, das auf die Deutsche Wehrmachtspsychologie zurückgeht und in den 30er Jahren zur Auslese des Offiziernachwuchses eingesetzt wurde.

Ein Assessment-Center, so könnte man sagen, ist eine Kombination verschiedener Verhaltens- und Arbeitsproben und kann sich über etwa einen halben bis zu mehreren Tagen erstrecken. Ausgeheckt in einer unsäglichen Zeit, reifte und entwickelte es sich in den USA und wird dort sehr häufig bei der Personalauswahl eingesetzt. Daß dies für den deutschen Eignungsdiagnostik-Markt nicht ohne Auswirkungen bleiben konnte, war abzusehen. Nun müssen sich also auch hierzulande Bewerber und Karrieristen assessmentcentern lassen.

Die Durchführungszeit beträgt in der Regel zwei Tage, an denen sechs bis zwölf Teilnehmer zwischen acht und zwölf Übungen bestreiten. Dabei werden die Teilnehmer von drei bis sechs Personen beobachtet. Da Zeit Geld ist, versuchen immer mehr Unternehmen, eine Art Mini-ACT innerhalb von wenigen Stunden mit Ausbildungsplatzbewerbern durchzuziehen.

Zu den am häufigsten eingesetzten Aufgabentypen gehören sogenannte Postkorb-Übungen (typische Aufgabenstellungen aus dem Berufsalltag, bzw. für junge Bewerber die schon fast klassische Verfrühte-Urlaubs-Rückkehr-Aufgabe mit überlaufendem Brief- und Müllkasten, s. Kapitel Aufsätze), Gruppendiskussionen mit und ohne Diskussionsleiter, Einzelpräsentationen (Kurzvorträge vor den Mitbewerbern) sowie Rollenspiele.

Nicht selten werden ACTs als Fortbildungsmaßnahme getarnt und sollen vor allem dem Zweck dienen, Führungsverhalten (was immer das sei), Durchsetzungsvermögen und Erfolgsverhalten bei den Getesteten vorherzusagen.

Sogar beim Öffentlichen Dienst werden Qualifizierungstests eingesetzt, um Bewerbern den Aufstieg zu (v)er(un)möglichen. Hier sollen Weiterbildungswillige, die auf neue Aufgaben und bessere Bezüge hoffen, ausgesiebt werden.

In der Hauptsache (so kann es einem jedenfalls vorkommen) geht es – wie in der Testpraxis generell – darum, die Getesteten einzuschüchtern und ihnen ihre Ohnmacht und Hilflosigkeit, manchmal auch Inkompetenz vor Augen zu führen. Das kann möglicherweise auf dem Hintergedanken basieren, eventuelle Kritik oder Veränderungswünsche zu disziplinieren. Ein auf diese Art und Weise »fortgebildeter« Manager, dem gerade vorgeführt wurde, daß er mit seinen ACT-Leistungen günstigstenfalls unteres Mittelmaß war, wird unter Umständen seine Gehalts- und Veränderungswünsche sicherlich noch einmal aufgrund dieser Testerfahrung überdenken.

Gewiß eine extreme Interpretation, aber auch dies sind Überlegungen von Berufspraktikern, die durch Testerlebnisse ausgelöst wurden und – was den generellen Anpassungsaspekt von Tests angeht – durchaus nachvollziehbar sind.

Nun ein Bewerberbericht über ein sehr typisches ACT-Verfahren:

Zu sechst waren wir in einer Höhle eingeschlossen. Das Wasser stieg unaufhaltsam, nur einer von uns konnte gerettet werden. Man gab uns 30 Minuten, um zu entscheiden, wer der Glückliche sein sollte. Als die Gruppe sich schließlich auf den Jüngsten geeinigt hatte, zog ich meine Pistole und erzwang mir den Weg in den Rettungskorb. Der Personalpsychologe beendete mit einer knappen Handbewegung das aus dem Stand von uns abverlangte Rollenspiel.

Mißtrauisch blickten mich meine Mitspieler im Konferenzraum der *Colonia*-Versicherung an: Ob der im wirklichen Leben auch so brutal ist?

Wir waren Bewerber um eine Ausbildung im Außendienst der *Deutschen Ärzteversicherung,* die zur *Colonia*-Gruppe gehört. Schon beim ersten Auswahlgespräch hatte man uns aufgefordert, an einem neuartigen Eignungstest teilzunehmen: dem »Assessment- Center«. Das Wort war mir bisher noch nie untergekommen.

Begonnen hatte dieser Testtag mit dem »Gebrauchtwagen-Test«: Jeder mußte anonym aufschreiben, wem aus der Gruppe er am ehesten einen Gebrauchtwagen abkaufen würde. Damit sollte getestet werden, wer besonders vertrauenswürdig wirkt. Aus Taktik stimmte ich für jemanden, den ich eher unsympathisch fand.

Später saß ich einem Mitbewerber gegenüber. Ich sollte herausfinden, ob er schon einmal seine Frau betrogen hatte. Mein Mitbewerber durfte nicht merken, worum es in dem Gespräch ging. Ich plauderte mit ihm über Partys und Alkohol. Nach einer Viertelstunde hob ich den Arm: Ich war mir ganz sicher – er hatte seine Frau noch nie betrogen. Er war übrigens überzeugt, daß ich in unserem Gespräch feststellen wollte, ob er ab und zu mal einen über den Durst trinkt.

Mittags gingen wir zum Essen in ein gutes Restaurant. Da saßen wir um den Tisch: sechs Bewerber um die 30, ein Personalpsychologe, vier Manager. Drei Gerichte standen zur Auswahl: ein rustikales Steak, eine Geflügelkeule und ein kompliziertes Fischgericht. Ich grübelte: War dieses Essen vielleicht auch ein Bestandteil des Tests?

In der Testauswertung am späten Nachmittag zeigten sich die Versicherungs-Manager sehr angetan von meinem Verhalten bei Tisch: Als einziger hatte ich Fisch gewählt, keine Gräte war mir im Halse stecken geblieben.

Die Prüfer waren beeindruckt von meiner Durchsetzungsfähigkeit und meinem »Biß«: Doch beide Eigenschaften machten sie mir auch zum Vorwurf: Ich hätte es darauf angelegt, mich um jeden Preis durchzusetzen − sie aber suchten jemand, der auch anpassungsfähig mit Geschäftspartnern umgehen konnte.

Trotzdem bekam ich ein Angebot − unter einer Bedingung: Die Manager wollten mich gerne mal zuhause besuchen, um mich in meinem »persönlichen Umfeld« zu erleben. Offensichtlich mochten sie sich auf die Ergebnisse ihres Assessment-Center doch nicht ganz verlassen.

Abends griff ich zum Telefon und zog meine Bewerbung zurück. Ich wollte nicht ihr Wolf im Schafspelz sein.

Bei einem eintägigen *SIEMENS*-Assessment-Center (Bewerbung als Industriekaufmann/frau − siehe auch unser Buch »Erlebnisse . . . «, s. S. 173) mußte man zunächst einen fünfminütigen Kurz-Vortrag über das eigene Hobby halten und bekam dann einen Zeichentrickfilm über zwei Schiffbrüchige gezeigt, die sich nach dem Sinken ihres Schiffes an einen Baumstamm klammernd gerade noch über Wasser halten konnten. Als die Verunglückten gleichzeitig zwei verschiedene Inseln sahen, zersägten sie den Baumstamm und jeder schwamm zu der Insel seiner Wahl.

Nach der anfänglichen Freude über die Rettung und die neugewonnene »Heimat« wollte jeder mehr Annehmlichkeiten und Luxus als sein Nachbar haben, und sie begannen mit einer Aufrüstung, die jeweils zur Zerstörung der Insel des anderen führte. Schließlich trieben sie wieder hilflos im Meer und mußten sich beide an einen Baumstamm klammern.

Im Anschluß an den Film mußten nun verschiedene Fragen diskutiert werden.

In einer weiteren Diskussionsrunde sollten sich die Teilnehmer in die Situation hineindenken, zu einer Firma zu gehören, die sich einen guten Ruf durch die Herstellung von Mittelklassefahrrädern erworben hat. Um den Fortbestand der Firma zu sichern, mußte man sich entscheiden, entweder qualitativ wertvolle, aber teure Fahrräder zu produzieren oder sich auf eine Billig- und Massenproduktion umzustellen. Dazu gab es schriftliches Hintergrundinformationsmaterial, Marktforschungsanalysen etc.

Den Abschluß dieses *SIEMENS*-ACT-Tages bildete ein Einzelbewerbergespräch, bei dem es unter anderem auch um die Einschätzung der eigenen Leistung bei der Bewältigung der vorherigen Aufgaben ging.

Am Beispiel der oben beschriebenen Entscheidungsaufgabe bezüglich einer Fahrradproduktion wollen wir Ihnen jetzt einige wichtige Beurteilungskriterien mit beispielhaften Lösungsstrategien verdeutlichen. Grob zu unterscheiden sind dabei Fragen bzw. Beobachtungskriterien wie:
− technisch-administrative Verhaltensweisen,
− defensiv reagierende und
− offensiv gestaltende Verhaltensweisen.

Detaillierter dazu folgende Übersicht:
− Werden alle verfügbaren Informationen bei der Entscheidungsfindung herangezogen?

Sind z.B. die schriftlichen Unterlagen sorgfältig studiert worden?
– Wird ein systematisches Vorgehen deutlich?
  Werden Probleme, Ursachen systematisch untersucht?
– Werden Alternativen entwickelt?
  Z.B. statt Entweder-Oder-Entscheidungen sinnvolle Mischformen bei der Produktion.
– Werden die Folgewirkungen berücksichtigt?
  Z.B. diejenigen, die durch die Umstellung der Produktion von einer Sorte von Fahrrädern auf eine andere entstehen können.
– Werden verschiedene Lösungsstrategien durchgespielt?
  Also die eine oder andere Produktionsumstellung.
– Ist die getroffene Entscheidung und der Weg dahin nachvollziehbar?
  Insbesondere für die Mitspieler und die begutachtenden Beobachter.
– Werden die von der Entscheidung unmittelbar Betroffenen in den Entscheidungsprozeß mit einbezogen?
  Z.B. die Befragung der mit der Produktion und mit dem Verkauf befaßten Personen (Arbeiter, Vertreter, Fachhändler).
– Wird der Entscheidungsprozeß für alle Mitarbeiter transparent gemacht?
  Ist ein Bemühen zu erkennen, für alle mit der Produktion, dem Vertrieb und Verkauf Beschäftigten die getroffene Entscheidung nachvollziehbar zu machen?
– Ist über mögliche Negativfolgen der Entscheidung nachgedacht worden, und wird die Bereitschaft sichtbar, die Gesamtsituation neu zu überdenken, wenn diese eintreten sollten?
  Sind Schwierigkeiten bei der Produktionsumstellung bedacht worden, und ist über eine mögliche Korrektur der getroffenen Entscheidung im Vorab nachgedacht worden?
– Wird die Entscheidung nicht unnötig aufgeschoben oder auf andere delegiert?
  Herrscht eine ängstliche Abwartehaltung im Sinne des »bloß nichts falsch machen« oder gibt es Versuche, die Entscheidung auf andere Mitspieler abzuwälzen?
– Werden Standpunkte und Meinungen den anderen Mitspielern gegenüber deutlich sichtbar gemacht?
  Wird Stellung bezogen oder hält man sich nach allen Seiten hin offen oder sogar raus?
– Ist bei der Entscheidung das eingegangene Risiko kalkulier- und vertretbar?
  Wird alles auf eine Karte gesetzt oder herrscht eine angemessene Risikobereitschaft?
– Werden gerechtfertigte und einmal bezogene Standpunkte auch gegen einen deutlichen Widerstand nicht leichtfertig aufgegeben?
  Wird eine gewisse Eigenständigkeit und Unerschrockenheit deutlich?

LESE- UND ARBEITSHINWEISE
in diesem Buch:
→ Persönlichkeits-Testaufgaben
→ Bank- und Wirtschafts-Testaufgaben (u.a. *West LB, Siemens*)
→ diverse weitere ACT-Beispiele in verschiedenen Kapiteln des Buches »Das neue Test-Trainings-Programm« (s. S. 173)

PERSÖNLICHKEITS-TESTAUFGABEN

Hier geht es nun weniger um Eignung oder Intelligenz, sondern darum, sich einen Eindruck über Ihren Charakter, Ihre Persönlichkeit zu verschaffen. Lassen wir einmal die Diskussion beiseite, was Charakter, Persönlichkeit, Temperament etc. eigentlich sind, und wenden wir uns diesen im Rahmen der Personalauslese im höchsten Maße unzulässigen und skandalösen Testverfahren und Praktiken zu.

1. Ein Testbeispiel

Achtung, wir warnen Sie ... Hier eine kleine Persönlichkeitstestprobe. Beantworten Sie bitte ohne langes Zögern folgende 9 Fragen:

1. Wenn man mein Vertrauen enttäuscht, dann
   a) bin ich bereit, sofort zu verzeihen
   b) teils/teils
   c) werde ich sehr böse

2. Von Freunden im Stich gelassen zu werden, ist mir
   a) ziemlich häufig
   b) manchmal
   c) kaum jemals passiert

3. Ich fände es interessanter, in einer Fabrik verantwortlich zu sein für
   a) die Auswahl und Einstellung neuer Mitarbeiter
   b) dazwischen
   c) für Maschinen oder die Buchhaltung

4. In einem kleinen, engen Raum, zum Beispiel in einem überfüllten Aufzug, habe ich schnell das Gefühl, eingesperrt zu sein.
   a) gelegentlich
   b) selten
   c) nie

5. Ich würde mein Leben, wenn ich es noch einmal zu leben hätte
   a) mir genauso wünschen
   b) weiß nicht
   c) ganz anders planen

6. Wenn ich die Wahl hätte, wäre ich lieber
   a) ein Wissenschaftler in der Forschung
   b) teils/teils
   c) ein Manager mit vielen Besprechungen

7. Ich rede mit den Leuten
   a) nur in dem Fall, wenn ich etwas zu sagen habe
   b) teils/teils
   c) damit die sich wohl fühlen können

8. Wenn man mir freundlicher begegnet, als ich eigentlich erwartet habe, zweifle ich an der Echtheit dieser Freundlichkeit.
   a) stimmt
   b) teils/teils
   c) stimmt nicht

9. Wenn Leute eine moralisch überlegene Haltung demonstrieren, regt mich das auf.
   a) nein
   b) teils/teils
   c) ja

Haben Sie gemerkt, worum es geht? Drei »Persönlichkeitsmerkmale« sind es, die hinter diesen Fragen stehen:

1. A Sachbezogenheit (kühl und reserviert) gegenüber
   B Kontaktorientierung (aufgeschlossen und warm)
   Frage 3: Antwort a ist kontaktbezogen, c ist sachbezogen.
   Frage 6: Antwort a ist sachbezogen, c kontaktbezogen
   Frage 7: Antwort a ist sachbezogen, c kontaktbezogen.

Haben Sie sich zweimal oder mehr für einen der beiden Faktoren entschieden, ist Ihr Persönlichkeitsbild festgenagelt. Sie sind dann also z.B. ein eher kühler, bei dreimal A ein eiskalter Sachmensch . . .

2. A Vertrauensbereitschaft (vertrauensvoll) gegenüber
   B Skeptische Haltung (mißtrauisch)
   Frage 1: Antwort a ist vertrauensvoll, c mißtrauisch
   Frage 8: Antwort a ist mißtrauisch, c vertrauensvoll
   Frage 9: Antwort a ist vertrauensvoll, c mißtrauisch

3. A Emotionale Störbarkeit (neurotisch) gegenüber
   B emotionale Stabilität (gelassen)
   Frage 2: Antwort a ist neurotisch, c stabil
   Frage 4: Antwort a ist neurotisch, c stabil
   Frage 5: Antwort a ist stabil, c neurotisch

Sollten Sie bei diesen 9 Fragen mehr als zweimal die Antwortmöglichkeit b angekreuzt haben (teils/teils, dazwischen, manchmal etc.), laufen Sie Gefahr, als Lügner und Vernebler dazustehen, der den Test nicht offen beantworten will.

Wir haben Sie ja gewarnt, und wenn Sie diesen kleinen Demonstrationstest als eine Art didaktisches Beispiel verstehen, ohne an das Ergebnis auch nur im entferntesten zu glauben, ist ja alles halb so schlimm. In der Testrealität jedenfalls wird im Prinzip bei der Auswertung so vorgegangen, daß man Ihnen die Ankreuzungen entsprechend auslegt und interpretiert. Dabei sollten Sie wissen, daß es keinesfalls immer eindeutig einen »guten« und anstrebenswerten gegenüber einem »schlechten« und zu vermeidenden Persönlichkeits-Faktor gibt.

Es ist schwer, generelle Empfehlungen auszusprechen, aber Sie sollten darauf achten, die Fragen nicht zu extrem in eine Richtung anzukreuzen.

Beim Ausfüllen von Personalfragebögen, die deutlich mehr wissen wollen als Name, Anschrift und Bankverbindung, sollten Sie hemmungslos von Ihrer Vorstellungskraft

Gebrauch machen und sich in die Rolle des Arbeitgebers/Personalmenschen versetzen, der Ihre Antworten liest. Hier handelt es sich um einen versteckten Persönlichkeitstest. Wie bereits gesagt: Es ist schwer, generelle Tips zu geben. Sicherlich hat ein im Außendienst arbeitender Versicherungsvertreter andere »Ideal«-Persönlichkeitsmerkmale als ein Mitabeiter in einer technischen Forschungsabteilung. Beim Ausfüllen eines solchen Persönlichkeits-Tests im Gewand eines Personalfragebogens kommt es darauf an, im Sinne der vermutlich vom Auftraggeber erwünschten Antwort anzukreuzen.

Manche Personalberatungsfirmen haben verschiedene Persönlichkeits-Tests leicht umgearbeitet oder neu zusammengestellt und versuchen nun, auf diese Art und Weise eine Vorauswahl von Bewerbern zu treffen.

2. Drei Persönlichkeitsmerkmale

Hauptsächlich geht es in Persönlichkeits-Tests um drei Persönlichkeitsmerkmale, aufgrund derer man glaubt, entscheiden zu können, ob Sie für eine bestimmte Position der richtige Bewerber sind:

– Emotionale Stabilität
– Kontaktfähigkeit
– Leistungsbereitschaft

Was unter diesen drei Begriffen zu verstehen ist, entschlüsselt der folgende Test. Bitte kreuzen Sie spontan bei den folgenden Aussagen die jeweils für Sie Zutreffende an.

1. Für gewöhnlich plane ich meine Arbeit und realisiere zügig die einzelnen Arbeitsschritte.
   a) stimmt   b) teils/teils   c) stimmt nicht

2. Für mich gilt: Erst die Arbeit, dann das Vergnügen.
   a) stimmt   b) teils/teils   c) stimmt nicht

3. Ich lese lieber ein gutes Buch, als mich mit Bekannten zu treffen.
   a) stimmt   b) teils/teils   c) stimmt nicht

4. Bisweilen neige ich zum Grübeln und mache mir viele Gedanken.
   a) stimmt   b) teils/teils   c) stimmt nicht

5. Ich habe es gerne, wenn alles perfekt ist.
   a) stimmt   b) teils/teils   c) stimmt nicht

6. Lieber schreibe ich einen längeren Brief, als kurz zu telefonieren.
   a) stimmt   b) teils/teils   c) stimmt nicht

7. Ich weiß, was Tagträumereien sind.
   a) stimmt   b) teils/teils   c) stimmt nicht

8. Beim Fahrstuhlfahren, in engen Räumen oder wenn viele Menschen dicht zusammen sind, kriege ich schon mal Angst.
   a) stimmt   b) teils/teils   c) stimmt nicht

9. Es macht mir nichts aus, auf einer Party plötzlich im Mittelpunkt des Interesses zu stehen.
   a) stimmt   b) teils/teils   c) stimmt nicht

10. Mein Schlaf ist ungestört. Ich kann immer gut ein- und durchschlafen.
    a) stimmt   b) teils/teils   c) stimmt nicht

11. Wenn ich vor einer größeren Anzahl von Personen sprechen muß, werde ich leicht verlegen.
    a) stimmt   b) teils/teils   c) stimmt nicht

12. Ich bin sensibel und leide deswegen unter Wetterfühligkeit.
    a) stimmt   b) teils/teils   c) stimmt nicht

13. Ich frage mich, ob ich in meinem Leben wirklich immer alles richtig gemacht habe.
    a) stimmt   b) teils/teils   c) stimmt nicht

14. Mein Arbeitsstil ist eher spontan und impulsiv.
    a) stimmt   b) teils/teils   c) stimmt nicht

15. Ich glaube nicht, daß man aus eigener Kraft allein etwas erreichen kann.
    a) stimmt   b) teils/teils   c) stimmt nicht

16. Im Grunde bin ich ein eher vorsichtiger Mensch im Umgang mit anderen.
    a) stimmt   b) teils/teils   c) stimmt nicht

17. Auch wenn ich einmal krank bin, denke ich an die Arbeit.
    a) stimmt   b) teils/teils   c) stimmt nicht

18. Manchmal beneide ich andere um ihren Erfolg.
    a) stimmt   b) teils/teils   c) stimmt nicht

19. Wenn Unordnung herrscht, kann ich einfach nicht arbeiten.
    a) stimmt   b) teils/teils   c) stimmt nicht

20. Ehrgeiz ist für mich ein Fremdwort.
    a) stimmt   b) teils/teils   c) stimmt nicht

21. Das Erzählen von Witzen in einer Gesellschaft ist mir zuwider.
    a) stimmt   b) teils/teils   c) stimmt nicht

22. Ich kann von mir sagen, daß ich ein wirklicher Optimist bin.
    a) stimmt   b) teils/teils   c) stimmt nicht

23. Bisweilen bin ich erstaunt über meine starken Stimmungsschwankungen.
    a) stimmt   b) teils/teils   c) stimmt nicht

24. Lieber schaue ich bei einer Bahnfahrt aus dem Fenster, als mich mit meinen Mitreisenden zu unterhalten.
    a) stimmt   b) teils/teils   c) stimmt nicht

25. Bisweilen fällt es mir doch sehr schwer, mich auf meine Arbeit zu konzentrieren.
    a) stimmt   b) teils/teils   c) stimmt nicht

26. Wettkämpfe mag ich eigentlich nicht.
    a) stimmt   b) teils/teils   c) stimmt nicht

27. Ich habe einen sehr kleinen, aber ausgewählten Bekannten- und Freundeskreis.
    a) stimmt   b) teils/teils   c) stimmt nicht

28. Ich schiebe nur sehr selten und äußerst ungerne Arbeiten auf.
    a) stimmt   b) teils/teils   c) stimmt nicht

29. Anstatt auszugehen und unter Leute zu kommen, bevorzuge ich den ruhigen Abend im bequemen Sessel zu Hause.
    a) stimmt   b) teils/teils   c) stimmt nicht

30. Ich würde niemals anstreben wollen, eine wichtige oder berühmte Persönlichkeit zu sein.
    a) stimmt   b) teils/teils   c) stimmt nicht

Bevor wir Ihnen die Auswertung erläutern, bitten wir Sie, die Statements noch einmal durchzugehen. Ihre Aufgabe ist es jetzt, jede Frage einer der folgenden drei Persönlichkeitsdimensionen zuzuordnen:

1. Emotionale Stabilität / Labilität (E)
2. Kontakt- und Kommunikationsfähigkeit /-unfähigkeit (K)
3. Leistungsmotivation / eingeschränkte Lm. (L)

Schreiben Sie vor jedes Statement ein E, K bzw. L.

Zur Auswertung des Persönlichkeitstests: Die im Lösungsverzeichnis angegebenen Antwortzahlenwerte sind getrennt nach den Dimensionen E, K und L zu addieren. Die Interpretation finden Sie ebenfalls im Lösungsverzeichnis (s. S. 178).

Unser Ziel ist es nicht, Ihre Persönlichkeit zu »sezieren«. Es geht uns vielmehr darum, sie für eine Persönlichkeitstestsituation vorzubereiten und zu sensibilisieren. Wichtig ist vor allem, daß Sie den Hintergrund von Persönlichkeitstests besser erkennen können. Jedes einzelne Statement hat seinen Bedeutungshintergrund!

3. Persönliche Bewertungen
Bei den folgenden Persönlichkeits-Testaufgaben geht es um die Bewertung von Aussagen bzw. Reaktionen in bezug auf einen Konflikt oder ein Problem. Die Bewertung sollte jeweils durch die Noten 1 − 5 erfolgen (1 die beste, 5 die schlechteste Note).

1. Situation
Ihr Nachbar bringt Ihnen Ihre zuvor ausgeliehene Zeitung zerrissen zurück. Er sagt: »Das war meine Kleine!«

Antworten (jeweils mit 1 − 5 zu bewerten)

a. Aber das macht doch gar nichts
b. Hätten Sie nicht besser aufpassen können?
c. Ihnen leihe ich keine Zeitung mehr!
d. Ich hatte die Zeitung eh' schon gelesen

2. Situation
Ein Busfahrer klemmt einen Fahrgast zufällig in die Tür ein. Dieser schimpft: »Sie Idiot!«

Antworten
a. Sie sind doch selber schuld.
b. Wären Sie doch schneller eingestiegen!
c. Das tut mir wirklich leid, entschuldigen Sie bitte.
d. Ist Ihnen was passiert?

3. Situation
An einer Bushaltestelle unterhalten sich zwei Frauen schlecht über eine dritte. Eine andere Frau hört das und weiß, daß diese Frau im Krankenhaus liegt. Sie sagt: »Diese Frau, über die Sie sich gerade unterhalten, ist schwer krank und liegt im Krankenhaus.«

Antworten
a. Da sehen Sie es mal wieder!
b. Das wußten wir noch gar nicht.
c. Oh, das tut uns aber leid!
d. Wie geht es ihr denn?

4. Situation

Vor Ihnen im Kino sitzt eine Frau mit einem großen Hut. Ihre Sicht auf die Leinwand ist stark eingeschränkt. Was machen Sie?

Antworten

a. Ich neige den Kopf so, daß ich was sehe.

b. Ich bitte die Frau, ihren Hut abzunehmen.

c. Ich schimpfe auf sie, mache aber nichts.

d. Ich setze mich woanders hin.

5. Situation

Ein Cabriolet-Fahrer entschuldigt sich bei Ihnen mit den Worten: »Das tut mir leid.« Sie sind Fußgänger und der Fahrer hat Ihre Kleidung gerade beschmutzt, weil er zu scharf durch eine Pfütze gefahren ist. Was antworten Sie?

Antworten

a. Mir auch, Sie Vollidiot!

b. Ist schon in Ordnung.

c. Ihre Entschuldigung akzeptiere ich, aber zahlen Sie die Reinigung meiner Kleidung.

d. Macht nichts, ich war sowieso auf dem Weg zur Reinigung.

6. Situation

Sie sind Gast und haben gerade eine wertvolle Vase fallenlassen. Der Gastgeber erklärt Ihnen, daß dies die Lieblingsvase seiner Schwiegermutter war.

Antworten

a. Ist doch halb so schlimm, Scherben bringen Glück.

b. Verzeihung, ich kaufe eine neue.

c. Wie ist denn Ihr Verhältnis zu Ihrer Schwiegermutter?

d. Das tut mir schrecklich leid, wie kann ich den Schaden wieder gutmachen?

7. Situation

Ein Polizist stellt Sie als Autofahrer zur Rede, weil Sie mit 80 km/h an einer Schule vorbeigerast sind.

Antworten

a. Tut mir leid, aber ich habe es wirklich sehr eilig.

b. Sie irren, ich bin höchstens 60 gefahren.

c. Ein Verwandter liegt im Sterben und ich muß zu ihm (Ausrede).

d. Ich zahle und lassen Sie uns die Sache vergessen.

8. Situation

Sie sind der Verkäufer, dem eine Kundin erklärt, daß die neu gekaufte Uhr nun schon zum dritten mal stehengeblieben ist.

Antworten

a. Das muß an Ihnen liegen, sicherlich machen Sie was falsch.

b. Ich habe Ihnen doch gleich gesagt: Kaufen Sie eine bessere Qualität. Aber Sie wollten ja nicht hören.

c. Das tut mir leid, wir werden die Uhr einschicken.

d. Wollen Sie vielleicht eine andere Uhr?

9. Situation

Sie beklagen sich in einem Restaurant beim Ober über die Qualität des Essens. Der Kellner fragt

Sie, ob Sie nicht ein bißchen zu sehr übertreiben.

Antworten
a. Ich bin der Gast, ich habe alle Rechte.
b. Wie Sie meinen.
c. Bringen Sie mir bitte den Geschäftsführer.
d. Essen Sie den Saufraß doch selbst.

10. Situation
Ein(e) gute(r) Bekannte(r) erzählt Ihnen, daß er/sie heute abend mit Ihrem(r) Freund(in) tanzen geht. Angeblich hätten Sie keine Lust.

Antworten
a. Das stimmt und viel Spaß auch.
b. Und ich treffe mich heute abend mit Deiner(m) Freund(in).
c. Numerier schon mal Deine Knochen.
d. Da bin ich aber überrascht.

Dieser Test zielt im großen und ganzen auf die Richtung Ihrer Aggressivität ab: Geht sie nach außen oder nach innen oder gelingt es Ihnen, einen angemessenen Mittelweg zu finden? In seiner ursprünglichen Version müssen bei diesem Test leere Sprechblasen nach dem Vorbild von Comics mit einer frei zu wählenden Antwort versehen werden.

Auch wenn es keine richtigen oder falschen Lösungen (Antworten) gibt, sind doch Tendenzen zu beachten. Wer unangemessen aggressive Antworten positiv bewertet, fällt ebenso negativ auf, wie derjenige, der übertrieben alle Schuld gleich auf sich nimmt. In Ihrer Benotung wird dies deutlich. Wir wollen bei diesem Persönlichkeitstest kurz skizzieren, welche Antwortmöglichkeiten passend oder unpassend sind (s. Lösungsverzeichnis).

Wie bei allen Persönlichkeitstestverfahren, die im Berufsleben eingesetzt werden, sollte der Getestete sich Gedanken machen, welchen Eindruck er mit seinen Antworten hervorruft.

4. Persönlichkeitstests in der Praxis
Führungskräfte im Test bei der Personalberatungsfirma Kienbaum

Führend auf dem Gebiet der professionellen Personalauslese in unserem Land ist u.a. die Firma *Kienbaum* Personalberatung GmbH in Gummersbach (wo liegt denn das?). Dieser mögliche Standortnachteil wird auf Firmenbriefpapier und Anzeigen großzügig durch wohlklingende Städtenamen kompensiert, die auch klein Fritzchen das Wasser im Munde zusammenlaufen lassen (»Gummersbach, Düsseldorf, Berlin, Frankfurt a. M., Hamburg, Karlsruhe, München, Zürich, Wien, Los Angeles, San Francisco, Sao Paulo, Johannesburg«).

Zum Hintergrund: Gerne werden Personalauswahlprozesse bei Führungspositionen (mittleres Management, etwa ab 100 000 DM Jahresgehalt) an solche Professionals delegiert. Hintergrund könnten vielleicht die in letzter Zeit gehäuft auftretenden Mißgeschicke des firmeneigenen Personalchefs sein. Möglicherweise steckt aber auch eine andere Disziplinierungstaktik dahinter, die dazu veranlaßt, dem allzu mächtig werdenden Personalchef Grenzen aufzuzeigen. In jedem Fall damit verbunden geht es um die Verschiebung von Verantwortung.

Ein neuer Mitarbeiter mit einem Jahressalär von 100 000 DM und deutlich darüber kostet das Unternehmen tatsächlich einen Batzen Geld, wenn sich in ein, zwei Jahren herauskristallisieren sollte, daß man sich bei der Auswahl dieses Kandidaten »vergriffen« hat.

Auch zu schnell zu einem anderen Arbeitgeber wechselnde Führungskräfte hinterlassen bei ihrer alten Firma Narben und Irritationen. Einarbeitungszeit, mangelnde Motivation und Leistung, bis hin zu Fehlern und Ausgebranntsein oder der »inneren Kündigung« gelten als gravierende Störfälle im Personalgetriebe. Der personelle »Super-Gau« tritt ein, wenn teure Mitarbeiter, die »Mitwisser« sind, verschwinden, oder »entfernt« werden müssen (in der Fachsprache »Outplacement« genannt).

Wer übernimmt dafür − wenn das Kind in den Brunnen gefallen ist und Kosten von mehreren 100 Tausend Mark entstanden sind − die Verantwortung? Der Personalchef jedenfalls nicht gerne, und somit besteht ein weiterer Grund, diese spezielle Verantwortung nach »außen« (externe Lösung = Personalberatungsfirma) zu verlagern.

Externe Personalberatung kostet die beauftragende Firma zwischen 30 und 50% des Jahreseinkommens eines neu auszuwählenden Stelleninhabers. Bewahrheitet sich eine positive Prognose des Personalberatungsunternehmens bezogen auf einen Kandidaten, wird man auch weiterhin durch diese Firma sein kostbares, teures Personal aussuchen lassen.

Nun zu einem realen Beispielfall: Es geht um einen Manager (nennen wir ihn Herrn Z., Praktiker, ohne Studium, 43 Jahre alt), der sich von einer etwa 100 000-DM-Jahresgehalt-Position auf etwa 130 000 DM verbessern wollte. Die angestrebte Aufgabe beinhaltete Leitung und Verantwortlichkeit für etwa 50 Außendienstmitarbeiter, die ein wichtiges Umsatzpotential für den Auftraggeber (die Firma X) darstellen. Sieben Jahre war Herr Z. bereits bei »seiner« Firma X ganz erfolgreich tätig, so daß er sich bei seiner Bewerbung um die auch firmenintern angebotene Position gute Chancen ausrechnete.

Die Leitung der Firma X war aufgrund einiger »personeller Störfälle« (s.o.) stark verunsichert, ging auf Distanz zu ihrem eigenen Personalchef und beauftragte die Personalberatungsgesellschaft Kienbaum (übrigens ein Unternehmen mit beschränkter Haftung), das Führungspotential von Herrn Z. zu untersuchen. (Hätte man nicht nach sieben Jahren hausintern bei Firma X eigentlich etwas besser durchblicken müssen?)

Herr Z. wurde aufgrund des Auftrages seiner Firma an Kienbaum zu einem eintägigen, sogenannten »Einzel-Assessment« eingeladen (nette Umschreibung für eine Zwangsvorladung). Dabei handelt es sich nach Aussage von Kienbaum um ein in ihrem Hause entwickeltes Beurteilungsprogramm für Führungskräfte, die auf unterschiedliche Zieldimensionen und betriebliche Aufgabenfelder hin zu untersuchen sind.

Neben dem Einsatz von psychologischen Testverfahren und Gesprächen mit dem Kandidaten liegt der Schwerpunkt der Überprüfung in der Vorgabe von Management-Simulationen (ein anderer Ausdruck für ACTs, vgl. S. 75). Diese sollen Führungs- und Organisationsaufgaben darstellen, die charakteristisch für das kurz- oder mittelfristig angestrebte Aufgabenfeld des Kandidaten sind und Verhaltensbereiche messen, über die im auftraggebenden Unternehmen noch Informationsdefizite herrschen.

Das ganze wird angeblich in Relation gesetzt zu Ergebnissen, die andere Manager erzielt haben, die eine ähnliche Position bereits erfolgreich ausfüllen.

Der Auftraggeber erhält nach Abschluß der Prozedur ein Gutachten, das folgende Gliederungsschwerpunkte hat:

- Überblick über das Gesamtverfahren
- Eingesetzte Testverfahren
  - Biographischer Fragebogen
  - Postkorb-Übung
  - Computer-Simulation
  - Mitarbeiter-Gespräch
  - Präsentations-Übung
  - Verkaufsgespräch
  - Unternehmens-Analyse-Übung
  - Führungs-Rollenspiel
  - Abschließendes vertiefendes Interview
- Vorstellung der Manager-Simulations-Übungen (ACT)
- Ergebnisprofil
  - Intellektuelle Fähigkeiten
    - Interessenbreite
    - Weiterbildungsmotivation
    - Logisches Denken
    - Analysefähigkeit
  - Leistungsverhalten
    - Energie und Tatkraft
    - Leistungsmotivation
    - Streß-Widerstandsfähigkeit
    - Ausdauer und Beharrlichkeit
  - Interpersonelles Potential
  - Rhetorik
    - Einfühlungsfähigkeit
    - Kooperationsbereitschaft
    - Durchsetzungsfähigkeit
    - Überzeugungspotential
    - Gesprächsführung
  - Administratives Potential
    - Entscheidungskraft
    - Planung und Organisation
- Differenzierte Darstellung der Ergebnisse
- Führungspersönlichkeit
  - Psychologisches Verhaltensprofil

Sicherheitsdenken	– Handlungsorientiertheit
Individualismus	– Selbstdisziplin
Kooperationsfähigkeit	– Autonomie
Konventionalität	– Flexibilität
Gradlinigkeit	– Cleverness
Sorgfalt	– Kreativität
Skepsis	– Vertrauensbereitschaft
Robustheit	– Einfühlungsvermögen
Besonnenheit	– Risikobereitschaft
Zurückhaltung	– Initiative
Diplomatie	– Dominanz
Empfindsamkeit	– Ausgeglichenheit
Praktische Orientierung	– Theorieverständnis
Reserviertheit	– Kontaktbedürfnis

  - Manager-Profil

Praktische Lösungen	Planen und methodisch

suchen und verstehen	Probleme lösen
Tradition pflegen	Innovationen
und bewahren	erkennen, fördern
Entscheidungen absichern,	Entscheidungen
Kompromisse machen	vorbereiten, treffen, durchsetzen
Eigenständiges Abwickeln	Informationen austauschen,
von Aufgaben	Aufgaben delegieren
Signalisieren von Ver-	Kontrolle ausüben,
ständnisbereitschaft und	Ergebnisse überwachen
Toleranz	
Belastbarkeit bei wenig	Motivieren, Mitarbeiter
Sensibilität	positiv beeinflussen
Sachorientierung, im Kontakt	Repräsentieren,
vorsichtig	Kontakte aufbauen
Rücksichtnahme,	Konflikte erkennen
Gewähren lassen	und regeln

– Verhaltensinterpretation
– Zusammenfassende Bewertung

Herr Z. wurde unter anderem mit folgenden Aufgaben konfrontiert:

Die *Präsentations-Simulation* (lateinisch: Rollenspiel) stellte Herrn Z. vor die Aufgabe, sich anhand vorgegebener Materialien über verschiedene neue Wirkstoffe aus der Waschmittelforschung zu informieren. In einer Präsentations-Übung waren die wichtigsten Wirkstoffe vorzustellen und die vorher erarbeitete Information kurz und prägnant zu vermitteln.

Für die nächste Übung (Verkaufsgespräch) mußte sich Herr Z. in die Verkaufsargumentation für ein von ihm zu vertretenes teures ausländisches Waschmaschinenprogramm einarbeiten.

Im *Verkaufsgespräch* mit dem Inhaber eines Waschmaschinen-Fachhandels ging es darum, eine Vorentscheidung beim Geschäftsinhaber zu erwirken, die Angebotspalette zugunsten des von Herrn Z. vertretenen ausländischen, teuren Herstellers zu verändern. Die von seinem Gesprächspartner erhobenen Einwände – insbesondere wegen eines Nutzenvorteils der zur Zeit angebotenen Waschmaschinen – mußte Herr Z. durch eine systematische Gesprächsführung herausfinden, um zielgerichtet argumentieren zu können.

Das *Planspiel zur Unternehmensführung* versetzte Herrn Z. in die Rolle eines Unternehmensberaters, der ein mittelständisches Unternehmen auf Schwachstellen und Stärken hin zu analysieren hatte. Neben der Ist-Analyse mußte Herr Z. ein Konzept für die zukünftige Firmenpolitik erarbeiten.

In einem weiteren Planspiel war Herr Z. technischer Leiter einer Fertigungsabteilung von Waschmaschinen. Unter starkem Zeitdruck hatte er sich mit einem Gesprächspartner auseinanderzusetzen, den er kurze Zeit mit gezielten Fragen konfrontieren konnte. Eine präzise Analyse der Situation und eine daraus entwickelte Fragetechnik ermöglichen dem Prüfling erst, die vielschichtigen Fertigungs- und Personalprobleme zu bewältigen.

Weitere ACT-Aufgaben und Rollenspiele seien hier nur kurz skizziert:

– am Computer-Bildschirm war anhand von vielfältigen, sich verändernden Daten ein Herstellungsbetrieb zu managen;

– in einem Postkorb-ACT mußte Herr Z. Organisationstalent beweisen, wichtige von weniger wichtigen Informationen und Aufgaben unterscheiden und Delegationsfähigkeit unter Beweis stellen;
– in einem weiteren Rollenspiel ging es um ein Mitarbeiter- Führungsgespräch: Herr Z. sollte als verantwortlicher Leiter einen Mitarbeiter interviewen und motivieren, der deutlich unter seinem Leistungsoptimum arbeitet.

Auf etwa 40 Seiten des *Kienbaumschen* Gutachtens wird dem in der Regel psychologisch wenig vorgebildeten Leser (und Auftraggeber) vermittelt, man habe den Kandidaten Herrn Z. nach allen modernen Regeln der Kunst wissenschaftlich durchleuchtet.

Durch u.E. pseudowissenschaftliche Diagramme (eher erinnernd an die ebenfalls wissenschaftliche Absicherung suggerierende Fernsehwerbung für klinisch getestete Zahnpasta) wird das Gefühl vermittelt, der wahre Charakter und die wirklichen Fähigkeiten von Herrn Z. liegen nun offen auf dem Tisch.

Aus der Summe von Einwänden, die dem auch nur etwas kritischen Betrachter bei der Lektüre auffallen, sei hier lediglich folgendes angeführt: Die auf einer Skala polar angelegten Persönlichkeits- und Verhaltensdimensionen (siehe oben: psychologisches Verhaltensprofil) erinnern zwar an ähnliche wissenschaftliche Verfahren, es fehlt aber die Bildung logisch-sinnvoller Gegensätze.

Daß z.B. die alternative Verhaltensdimension zu Kreativität Sorgfalt sein soll, ist genau so wenig nachvollziehbar wie die Bildung des Gegensatzpaars Autonomie-Kooperationsfähigkeit. Gerade beim letzten Beispiel, welches suggeriert, es könnte sich hier vielleicht doch um zwei Gegensatzbegriffe auf einer Achse handeln, offenbart sich deutlich der ganze Mangel dieses fragwürdigen, sogenannten psychologischen Verhaltensprofils. Autonomie bedeutet nach allgemeinem Verständnis Selbständigkeit und Unabhängigkeit. Kooperation ist nun wirklich nicht das Gegenteil davon. Der Gegensatzbegriff zu Autonomie wäre wohl eher Unselbständigkeit und Abhängigkeitsbedürfnis.

Ist vielleicht Herr Z., der auf dieser 7 Punkte umfassenden Skala den höchsten Kooperationswert hat, nicht autonom? Hier wird Krokodil und Tasche alternativ verglichen und zu Gegensätzen erkoren (da hilft auch nicht die Assoziation »Krokodillederhandtasche«).

Beim Managerprofil geht es bei der Aufstellung von polar entgegengesetzten Verhaltensmerkmalen nicht weniger grob-landmännisch zu, wie jedermann in der obigen Liste leicht erkennen kann.

»Weder das Forschen im Privatleben noch das Bloßstellen der Persönlichkeit erlauben Rückschlüsse auf die Berufsleistung«, sagt der Psychologie-Professor Funke von der Universität Hohenheim, einem der wichtigsten deutschen Forschungszentren zum Thema Berufseignungsdiagnostik.

Genau das aber wird immer wieder versucht.

»So mußte ein Manager, der sich bei einem Test der Personalberatung *Kienbaum* forsch und zupackend gab, hernach allerlei Verquastes über sich lesen: ›In den Selbstaussagen des psychologischen Fragebogens beschreibt sich Herr . . . im Kontaktverhalten unvoreingenommen und tolerant, als jemand mit einer optimistischen Grundeinstellung. Das sich selbst zugeschriebene extreme Kontaktbedürfnis weist im Zusammenhang mit einer hohen Cleverness-Ausprägung auf die Betonung guter informeller Kontakte hin, birgt aber bei aller Kontaktfreude die Gefahr einer gewissen Oberflächlichkeit . . . Die sich hier selbst attestierte extrem hohe Praktikerhaltung birgt zudem die Gefahr eines eingeschränkten Interessenspektrums und einer kurzfristigen Denkweise in sich.‹ Die Schlußbemerkung in dem 35seitigen Gutachten: ›Kritisch anzumerken im Hinblick auf eine erfolgreiche Ausübung der Zielposition ist die unkonventionelle, auf sich bezogene Lebenseinstellung, die dazu führen kann, daß Herr ... trotz seines hohen Einfühlungsvermögens sich nicht adäquat auf unterschiedliche Situationen und Personen einstellen wird.‹«   (*stern* 8/1990)

Der so abgeurteilte Manager hatte es gewagt, im Cordanzug statt im dunkelblauen oder grauen Nadelstreifen zum Testtermin zu erscheinen.

LESE- UND ARBEITSHINWEISE
→ Persönlichkeitstest-Verfahren, in: »Das neue Testtrainings- Programm« (s. S. 173)
→ Assessment-Center-Testaufgaben (Führungskräfte/Manager), in diesem Buch

TECHNIK-TESTAUFGABEN

Die nächsten 36 Aufgaben sollen Ihr technisches Verständnis überprüfen. Hart am Testalltag orientiert, helfen Ihnen diese Aufgaben bei der Vorbereitung. Im Gegensatz zur sonst üblichen Praxis können falsche Lösungen in der Testrealität u. U. mit Minuspunkten bestraft werden. Also Vorsicht beim Raten.

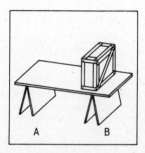

Beispiel: Eine Tischplatte liegt auf zwei Gestellen (A und B) und wird durch eine schwere Kiste belastet. Schwierige Frage: Welches Gestell trägt mehr Last?
a) das Gestell A
b) das Gestell B
c) beide gleich

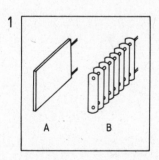

1. Von welchem der beiden Heizkörper wird mehr Wärme abgegeben?
   a) Heizkörper A
   b) Heizkörper B
   c) beide gleich

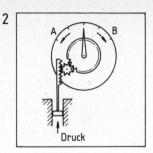

2. Wenn sich der Druck erhöht, bewegt sich der Zeiger in welche Richtung?
   a) Richtung A
   b) Richtung B
   c) weder noch

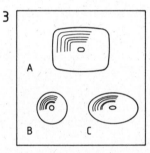

3. Sie sehen drei verschiedene Lautsprecher. Welcher eignet sich am Besten zum Übertragen von tiefen Tönen?
   a) Modell A
   b) Modell B
   c) Modell C

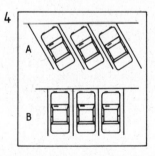

4. Welche Anordnung von Parkmöglichkeiten ist auf einer Länge von 100 Metern platzsparender?
   a) A
   b) B
   c) beide gleich

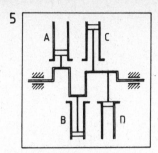

5. Eine Kolbenstellung ist falsch gezeichnet. Welche?
   a) A
   b) B
   c) C
   d) D

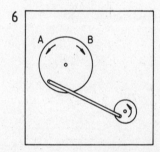

6. Wenn sich das kleine Rad in Pfeilrichtung dreht, bewegt es das große . . .
   a) in Richtung A
   b) in Richtung B
   c) hin und her

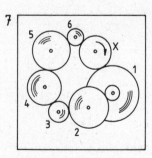

7. Welche Antriebsräder drehen sich in dieselbe Richtung wie X?
   a) 1 und 2
   b) 3 und 4
   c) 3 und 6
   d) die Zahnräder können sich nicht drehen

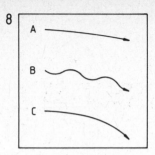

8. Ein Modell-Segelflugzeug ist schwanzlastig. Wie ist seine Flugbahn?
   a) A
   b) B
   c) C

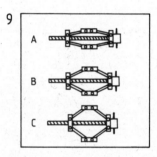

9. Abgebildet sind drei Stellungen eines Wagenhebers. Welche erfordert beim Heben die größte Kraft?
   a) A
   b) B
   c) C

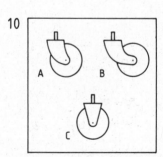

10. Sie sehen drei Entwürfe für Räder eines Drehstuhls. Mit welchem Rad ist der Drehstuhl am beweglichsten?
    a) A
    b) B
    c) C

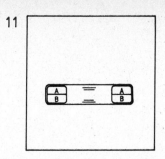

11. Sie sehen zwei Autoscheinwerfer. Welche Scheinwerferhälften sind bei Abblendlicht heller?
    a) A
    b) B
    c) beide gleich hell

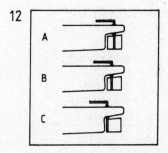

12. Mit welcher Schiffs-Steuereinrichtung ist das Schiff leichter zu lenken?
    a) A
    b) B
    c) C

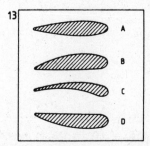

13. Vier Tragflächenprofile stehen zur Auswahl. Mit welchem hebt ein startendes Flugzeug früher vom Boden ab?
    A B C D

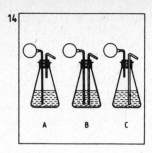

14. Drei Spritzflaschenkonstruktionen werden vorgestellt. Welche ist richtig konstruiert? Falls keine funktioniert, Lösung D.
    A B C D

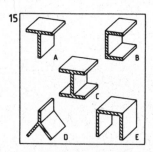

15. Fünf Stahlträgerprofile stehen zur Auswahl. Welches Profil verspricht, die stärksten Belastungen auszuhalten?
    A B C D E

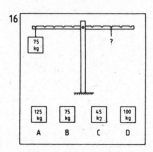

16. Welches Gewicht muß an die vorgegebene Stelle gehängt werden, um die Waage wie gezeichnet ins Gleichgewicht zu bringen?
    A B C D

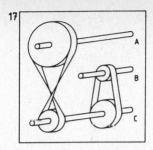

17. Welche der drei Achsen A, B, C dreht sich am schnellsten? Sollten sich alle Achsen gleich
schnell drehen, so lautet die Lösung D.
A B C D

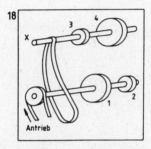

18. Wie muß der Treibriemen gespannt sein, damit die Achse X die meisten Umdrehungen pro
Minute machen kann?
A: Zwischen 2 und 4
B: Zwischen 1 und 3
C: Zwischen 2 und 3
D: Zwischen 1 und 4

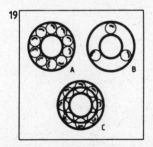

19. Welches der drei vorgestellten Kugellager wird sich am besten drehen? Sollten sich alle gleich
gut drehen, so muß die Lösung D lauten.
A B C D

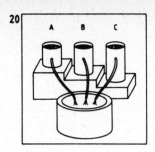

20. Aus welchem Schlauch der drei abgebildeten Gefäße A, B, C fließt das Wasser mit dem stärksten Druck heraus? Sollte es keinen Unterschied geben, so muß die Lösung D lauten.
A B C D

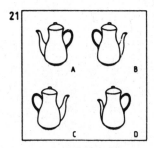

21. Welche der vier Kannen ist unzweckmäßig konstruiert?
A B C D

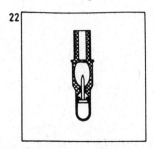

22. Hier wird ein Fahrradventil schematisch dargestellt. Welche Situation herrscht?
A: Nach dem Aufpumpen
B: Nicht erkennbar
C: Während des Pumpens

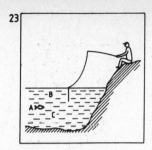

23. Der Angler sieht beim Angeln den Fisch. Wo befindet sich der Fisch wirklich? In der Position A, B oder C?
    A B C

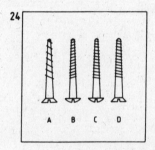

24. Welche der vier Holzschrauben ist zweckmäßig konstruiert?
    A B C D

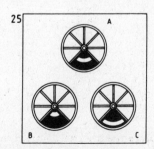

25. Welches der drei Schwungräder ist zweckmäßig konstruiert?
    A B C

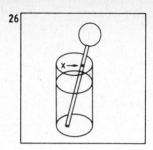

26. Was passiert, wenn man die Glaskugel einige Minuten in der Hand gehalten hat?
    A: Die Flüssigkeit steigt in dem Glasrohr bei X
    B: Die Flüssigkeit verändert nicht ihre Höhe
    C: Die Flüssigkeit sinkt

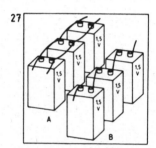

27. Hier geht es um die größtmögliche Spannung. Welche Anordnung liefert sie? A, B oder ist die Spannung bei beiden Systemen gleich (Lösung C)?
    A B C

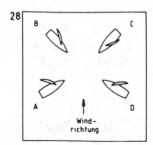

28. Wenn die Windrichtung wie angegeben ist, welche Segelstellung ist dann falsch?
    A B C D

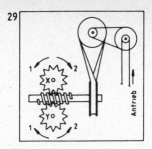

29. Wieder einmal geht es um die Richtung. In welche Richtung drehen sich die Zahnräder X und Y?

A: Beide in Richtung 1
B: Beide in Richtung 2
C: Rad X in Richtung 1, Rad Y in Richtung 2
D: Rad X in Richtung 2, Rad Y in Richtung 1

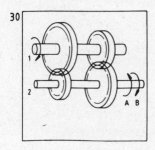

30. In welche Richtung dreht sich die untere Achse (2), wenn sich die obere Achse (1) wie angegeben dreht?

A: In Richtung A
B: In Richtung B
C: Überhaupt nicht

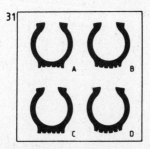

31. Vier Autoreifenprofile sind zu betrachten. Welcher wurde mit zu hohem Luftdruck gefahren?
A B C D

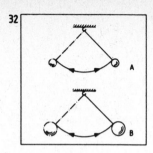

32. Zwei Pendel sind zu begutachten. Welches Pendel hat die geringere Schwingungsdauer? A oder B, oder sind beide in der Schwingungsdauer gleich (Lösung C)?
    A B C

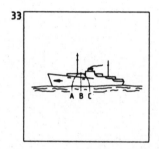

33. Aus dem schnell fahrenden Schiff wird eine Flaschenpost hinausgeworfen. Wie sieht die Flugbahn aus?
    A B C

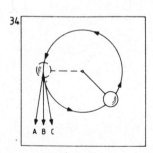

34. In welche Richtung fliegt die Kugel, wenn man sie am markierten Ort losläßt?
    A B C

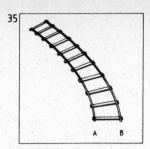

35. Ein Stück Eisenbahngleis, das eine Kurve beschreibt. Welcher Schienenteil A oder B ist stärker abgenutzt oder sind beide gleich stark abgenutzt (Lösung C)?
A B C

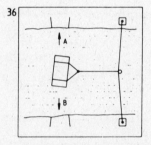

36. Eine Seilfähre verbindet die Ufer A und B. In welche Richtung bewegt sie sich? Nach A, B oder ist die Richtung nicht erkennbar (= C)?
A B C

TEIL 2

Während wir uns in Teil 1 mit Testaufgaben zu einzelnen Gebieten (Intelligenz, Rechnen, Rechtschreibung, Persönlichkeit usw.) beschäftigt haben, stehen jetzt zwei große Arbeitsfelder im Mittelpunkt: Hier werden ausführlich die speziellen Testaufgaben für die Bereiche *Büro, Verwaltung und Öffentlicher Dienst* sowie *Banken und Wirtschaft* vorgestellt.

Natürlich greifen auch diese Arbeitgeber auf die in Teil 1 präsentierten und von Ihnen geübten Testaufgaben zurück. Dennoch werden je nach beruflicher Ausrichtung spezielle Testverfahren zusätzlich eingesetzt. Mit diesen besonderen Verfahren machen wir Sie jetzt vertraut. Ein ausführlicher Report-Teil ergänzt und gibt einen Überblick, was in der nicht-schriftlichen Testsituation (Vorstellungsgespräch, Gruppendiskussion usw.) auf Sie zukommen kann.

Zum Abschluß einer der Top- und Traumberufe: *Pilot*. Auch wenn Sie nicht vorhaben, sich in dieser Branche zu bewerben, können Sie mit Hilfe dieses Kapitels Ihre Test-Bewältigungsstrategien weiter üben.

BÜRO-/VERWALTUNGS- UND
ÖFFENTLICHER-DIENST-TESTAUFGABEN

Strebt man einen Arbeitsplatz im Büro, in der Verwaltung und generell an Schreibtischen im Öffentlichen Dienst an, ist ein Test so gut wie sicher. Das gilt sowohl für Azubis als auch für Bewerber, die bereits Mitarbeiter im Öffentlichen Dienst sind, aber in der Hierarchie ihres Arbeitgebers aufsteigen wollen.

Zwei Verfahren empfehlen sich als sogenannte »Büro-Eignungstests« und machen Glauben, sie könnten vorhersagen, ob jemand erfolgreich in einer Bürotätigkeit sein wird oder nicht. Wer kann da schon auf der Seite des Ausbildungsplatz- bzw. des Arbeitsplatzvergebers widerstehen? Also finden sich zumindest Auszüge aus diesen beiden Tests sehr häufig in den sogenannten Einstellungs- und Eignungstestbatterien wieder.

Zusätzlich sollten Sie sich aber unbedingt mit den gängigen Verfahren zur Überprüfung Ihrer Rechtschreib- und Rechenkünste vertraut machen (s. S. 61). Sehr wahrscheinlich sind auch Testaufgaben aus dem Konzentrations-Leistungs-Bereich (s. S. 69).

Hier eine Übersicht zu den in diesem Kapitel behandelten und am häufigsten eingesetzten Testaufgabentypen:

1. Allgemeinwissensfragen
2. Konzentration und Sorgfalt – überprüft an einer Adressenliste
3. Konzentration und Sorgfalt – überprüft an einer Zahlenliste
4. Rechen-Schätzaufgaben
5. Ordnung, Konzentration und Sorgfalt – Listen zusammenstellen
6. Summen überprüfen
7. Rechtschreibung
8. Zeichensetzung
9. Textaufgaben
10. Organisations-Aufgabe
11. Rechnen und Logik
12. Organisations-Aufgabe (Zeitmanagement)
13. Konzentration und Sorgfalt – überprüft an einer Arbeitsaufgabe

Abschließend folgen noch zwei beispielhafte Testabläufe.

Wenn Sie alle diese Aufgaben durchgearbeitet haben, empfehlen wir, sich auch mit dem folgenden Kapitel von Bank- und Wirtschafts-Testaufgaben zu beschäftigen, da hier Überschneidungen bestehen.

1. Allgemeinwissen

Gerade im Öffentlichen Dienst, aber auch bei anderen Bürojobs, steht am Anfang der sog. Testbatterie (= Serie von Testaufgaben) ein Allgemeinwissens-Test. Für 13 Aufgaben haben Sie 10 Minuten Zeit.

1. Die Bundesrepublik besitzt die Staatsform . . .
   a) Präsidialdemokratie
   b) Demokratische Volksrepublik
   c) Parlamentarische Demokratie
   d) Diktatur

2. Wer unterschreibt zuletzt und endgültig bei der Ausfertigung eines Bundesgesetzes?
   a) der Bundesratspräsident
   b) der Bundespräsident
   c) der Bundeskanzler
   d) der Bundestagspräsident

3. Wer war Professor Theodor Heuss?
   a) erster Präsident der Weimarer Republik
   b) erster Kanzler der Bundesrepublik
   c) erster Präsident der Bundesrepublik
   d) erster Präsident der Bundesversammlung

4. Welches der folgenden Verkehrsaufgaben obliegt nicht der Bundespost?
   a) Expreßgutverkehr
   b) Fernsprechverkehr
   c) Paketverkehr
   d) Briefverkehr

5. Welcher Kontinent ist am bevölkerungsreichsten?
   a) Afrika
   b) Asien
   c) Amerika
   d) Europa

6. Wohin fließt die Donau?
   a) Mittelmeer
   b) Schwarzes Meer
   c) Kaspisches Meer
   d) Nordsee

7. Nennen Sie die ersten drei Bundespräsidenten:
   a) Adenauer, Erhardt, Heuss
   b) Heuss, Lübke, Heinemann
   c) Heuss, Lübke, Ollenhauer
   d) Heuss, Heinemann, Scheel

8. Wie ist die richtige Reihenfolge der bisherigen Bundeskanzler nach 1945? Nennen Sie die richtige Buchstabenkombination.
   a Adenauer   b Brandt   c Erhard   d Kiesinger   e Schmidt   f Kohl
   a) a,d,c,b,e,f
   b) a,b,c,d,e,f
   c) a,c,d,b,e,f
   d) a,d,c,b,e,f

9. Welches ist die wichtigste gesetzliche Grundlage der rechtsstaatlichen Ordnung in der Bundesrepublik?
   a) das Grundgesetz
   b) das Besatzungsstatut
   c) die Weimarer Verfassung
   d) der Staatsvertrag

10. Was verstehen Sie unter Pressekonzentration?
   a) Zusammenschluß von bisher selbständigen Zeitungen zwecks Markt- und Meinungsbeherrschung
   b) Versuchte Meinungsbeeinflussung durch Großunternehmen
   c) Zensur der Zeitungen durch die Staatsaufsicht
   d) Verzicht auf alle politischen Leitartikel

11. Welcher Fluß liegt nicht an der ihm zugeordneten Stadt?
   a) München − Donau
   b) Emden − Ems
   c) Hannover − Leine
   d) Berlin − Spree

12. Von wem ist das Drama »Die Räuber«?
   a) Goethe
   b) Schiller
   c) Brecht
   d) Arnim

13. Von wem stammt die Dreigroschenoper?
   a) Bertolt Brecht
   b) Carl Zuckmayer
   c) Thomas Mann
   d) Paul Lincke

LESE- UND ARBEITSHINWEISE
→ Allgemeinwissens-Testaufgaben, in diesem Buch

2. Adressen prüfen

Sie bekommen eine Original-Adressenliste und deren Abschrift. Die Abschrift muß mit dem Original verglichen werden, die Fehler sind zu unterstreichen und pro Abschriftzeile insgesamt auszuzählen.

Beispiel:

Original		Telefon	
1. Christa Möller	1 Berlin, Im Strehling 2	83425	
2. Manfred Schwarz	8 München, Mondweg 10	48213	

Abschrift			Fehler
1. Christa Müller	1 Berlin, Am Strehling 2	83425	2
2. Manfred Schwerz	5 München, Mondweg 10	48218	3

Für die folgende Adressenliste haben Sie 15 Minuten Zeit.

Original

Frank Kassler	4120 Brandenburg 47, Schleyweg 6	T: 87 87 97
Fritz Kasperrow	1458 Nennbusch 6, Walterstr. 87	T: 4 08 47 23
Franzika Mehnings	5400 Bochum 35, Warnemünder Str. 24	T: 3 67 85
Elke C. Wrangel	7012 Pers 457, Neubuger Landstr. 56	T: 8 72 71
Karl Ludwig Snörs	3773 Maienhausen, Am Karlsbad 2	T: 7 21 56 80
Sybille Schneider	2300 Hausen, Uferwasser Weg 45	T: 9 01 56 81
Sonja S. Müllers	9056 Müllershausen, Waldstr. 5	T: 90 15 68 67
Petra Schnellenbach	765 Meinheim 45, Friedsaalstr. 5	T: 38 98 90

Fa. K.B. Vautenloh	340 Sülze 2, Heißenstr. 163	T: 8 76 54 96 23
Fa. Max Kühlenbrot	1230 Bachelach, Heilsbrunnen 34	T: 4 57 23 13
Franz Mainzbergs	7767 Nymphenburg 4, Herrmanstr.1b	T: 12 32 14
Fa. Heinz Brinkmann	5639 Jellingsdorf 23, Hamstr. 34	T: 56 37 28
Manfred H.C. Börner	7561 Hexenfurth 2, Bahnhofsstr. 34	T: 08 18 91
Gustav Gründermann	1000 Berlin 41, Calvinstr. 29	T: 0 30 12 56 77
Dr. Grnot H. Binder	1000 Berlin 44, Robert Lück Weg 54	T: 2 31 56
Prof. Dr. H. Siebel	1002 Berlin 894, Kellerweg 361	T: 12 33 34 34
Hannemann AG Neuß	5402 Neuß 2, Am Hamelbruch 23	T: 4 33 45 62 34
Fa. S. Kulperts	890 Bellen 3, Kruppstr. 144	T: 0 23 45 76 12
Prof. Hennigsstein	9898 Nenn 1, Innerer Weg 21c	T: 6 75 65 76 59
Harald Landsert	881 Bremenau 56, Weißstr. 59	T: 0 12 45 76 65
Dr. Heinz P. Knall	6700 Brenner 1, Knießstr. 651h	T: 03 76 98 89
Kaiser & Sohn	6665 Hahnendorf 4, Bachgasse 44	T: 11 25 63 76
Dr. Alt & Partner	8121 Keulenbach 3, Am Feldrand 23	T: 9 89 81
Postspar e.V.	2756 Oldenbourg 12, Feldsweg 114d	T: 08 93 84
Tierschutz Verein	7620 Bad Gastein 4, Heinzelstr. 6	T: 07 62 31
Lampenschirm GmbH	5578 St. Gallen 32, Am Stoppeln 5	T: 09 71 48
Fa. Kohl & Partner	765 Bad Luisenau 2, Hertzstr. 30	T: 93 53 69
Sebastian Schaf	1200 Groß Nauen, Bergdorfweg 165	T: 0 34 14 15
Friederich Growohl	45 Bad Schnellenbach, Perlstr.1	T: 03 41 22
Werner Brostewohl	6600 Mühlbach a.R. 18, Saalweg 19	T: 04 57 82
Sabine Gahnburg	1250 Bergedorf a.M.13, Franzstr.7	T: 12 32 31
Marion Reinsdammer	2300 Sinndelfink 1, Am Lachs 3	T: 23 45 62 13
Monika Schellowski	2300 Sinndelfink 2, Harnbach 1	T: 24 53 34 51
Delia Kanakowski	5681 Brandenburg 2, Grandring 32	T: 0 24 21 35
Dr. Karla Zeis	1000 Berlin 33, Thomasiusstr. 29	T: 0 30 22 89
Frank Michael Lehm	896 Potsdamm, Karl Marx Platz 2	T: 0 43 62 18
Fa. S. Lottenow	2470 Wienbad 4, Maienberger Str.40	T: 78 98 94
Hans Dieter Böhm AG	3476 Biel 13, Herrmannzeile 147	T: 07 86 02 01
Prof. Maria Docht	222 Bernstein 4, Waidmannsheil 13	T: 6 76 78
Selmer & Co GmbH	2000 Hambur 13, Weserstrand 6	T: 08 33 44 51
Fa.Franzenhuber OHG	22 Weiler 1, Calvinstr. 35	T: 0 38 56 23 89
Hannes K. Beckerow	567 Bad Lippenau, Mandelzeile 5	T: 3 46 72 70
Christian H. Welle	8880 Brahmstedt, Manichowskistr. 27b	T: 8 96 75
Dr.Petra Pannowitz	7500 Heidelberg 22, An der Lahn 3a	T: 06 76 74
Fa. Rudi C. Walle	3561 Harschburg 1, Brausestr. 34c	T: 06 81 42
Fa. Dieter Schnee	1246 Keilendorf 5, Berliner Str. 145	T: 61 97
Ärzte Vereinigung	3490 Busenhausen 4, Fordstr. 29a	T: 5 62 39 12
Wirtschaftsdienste	780 Werl 2, Robert-Glück-Str. 2	T: 0 23 15 78
Schlosserei Skiele	2350 Berndow 7, Monumentenstr. 3	T: 0 35 27 88
Wäscherei Weiß	7700 Miendorf 4, Döllersweg 25d	T: 0 86 67 56
Anita G. Pranglie	8950 Karlshorst 3, Wegschneiderstr. 2	T: 86 45
Sabine K. Horney	342 Magdeburg 23, Heinzenhuber Weg 5	T: 90 67
Bäckerei Schnelle	3562 Gießen 45, Hahnkampweg 286f	T: 0 23 56 71
Gernot F. Browney	6500 Sydow, Am Marktplatz 33	T: 0 34 56 99 00
Richard W. Zäcker	5300 Bonn 53, An den Weißen Reben 34	T: 0 12 07
Helmut K. Hohl	4500 Oggersheim, Straße des 3. Oktobers	ohne
Graf F. Lammsdorf	6705 Duisburg 3, Liberalenweg 19	T: 0 95 98 12
Gustavo Arretti	7500 Freibourg 1, Jesuiten Allee 23	T: 0 31 87
Abschrift		
Frank Kassler	4210 Brandenburg 47, Schleyweg 6	T: 87 87 97

Fritz Kasper	1458 Nennbusch 6, Walterstr. 87	T: 4 08 47 23
Franzika Mehnings	5400 Bochum 25, Warnemünder Str. 24	T: 3 67 95
Elke C. Wrangel	7012 Pers 457, Neubuger Landstr. 56	T: 8 72 71
Karl Ludwig Snör	3773 Maienhausen, Am Karlsbad 2	T: 7 21 56 80
Sybille Schneider	2300 Hausen, Uferwasser Weg 45	T: 9 01 56 81
Sonja Müllers	9056 Müllershausen, Waldstr. 5	T: 90 15 68 67
Petra Schnellenbach	765 Meinheim 45, Friedsalstr. 5	T: 389 89 0
Fa. K.B. Vautenloh	340 Sülze 2, Heißenstr. 163	T: 8 76 54 96 23
Fa. Max Kühlenbrot	1230 Bachelach, Heilsbrunnen 34	T: 4 57 23 13
Franz Mainzbergs	7767 Nymphenburg 4, Herrmanstr.1b	T: 12 32 14
Fa.Heinz Brinckmann	563 Jelingsdorf 23, Hammstr. 34	T: 56 37 28
Manfred H.C. Börner	7561 Hexenfurth 2, Bahnhofsstr. 34	T: 08 18 91
Gustav Gründermann	1000 Berlin 41, Calvinstr. 29	T: 0 30 12 56 77
Dr. Gernot H.Binder	1000 Berlin 44, Robert Lück Weg 54	T: 2 31 56
Prof. Dr. H. Siebel	1000 Berlin 894, Kellerweg 36	T: 12 33 34 34
Hannemann Neuß	5402 Neuß 2, Am Hamelbruch 231	T: 4 33 45 62 34
Fa. S. Kulpert	890 Bellen 3, Kruppstr. 144	T: 0 23 45 76 13
Prof. Hennigsstein	9898 Nenn 1, Innerer Weg 21c	T: 6 75 65 76 59
Harald Landsert	881 Bremenau 56, Weißstr. 59	T: 0 12 45 76 65
Dr. Heinz P. Knall	6700 Brenner 1, Knießstr. 651h	T: 03 76 98 89
Kaiser u. Sohn	6665 Hahnendorf4, Bachgasse 44	T: 11 25 63 76
Dr. Alt & Partner	8121 Keulenbach 2, An Feldrand 23	T: 9 89 81
Postspaar e.V.	2756 Oldenbourg 12, Feldsweg 114d	T: 08 93 84
Tierschutz Verein	7620 Bad Gastein 4, Heinzelstr. 6	T: 07 62 31
Lampenschirm GmbH	5578 St. Gallen 32, Am Stoppeln 5	T: 09 71 48
Fa. Kohl & Partner	123 Bad Luisenau 1, Hertzstr. 30	T: 93 53 69
Sebastian Schaaff	1200 Groß Nauen, Bergdorfweg 165	T: 0 34 14 23
Friederich Growohl	45 Bad Schnellenbach, Perlstr.1	T: 03 41 22
Werner Brostewohl	6600 Mühlbach a.R. 18, Saalweg 19	T: 04 57 82
Sabine Gahnburg	1250 Bergedorf a.M.13, Franzstr.7	T: 12 32 41
Marion Reinsdammer	2300 Sinndelfink 1, Am Lachs 3	T: 23 45 61 32
Monika Schellowski	2300 Sinndelfink 2, Harnbach 1	T: 24 53 34 51
Dellia Kanakowski	5681 Brandenburg 2, Grandring 32	T: 0 24 21 35
Dr. Karla Zeiss	1000 Berlin 33, Thomasiusstr. 92	T: 0 30 22 89
Frank Michael Lehm	896 Potsdamm, Karl Marx Platz 2	T: 0 43 62 18
Fa. S. Lottenow	2470 Wienbad 4, Maienberger Str.40	T: 78 98 94
Hans Dieter Böhm AG	3476 Biel 13, Herrmannzeile 147	T: 98 96 02 01
Prof. Maria Doch	222 Bernstein 4, Waidmannsheil 13	T: 6 76 78
Selmer & Co GmbH	2000 Hambur 13, Weserstrand 6	T: 08 33 44 51
Fa.Franzenhuber OHG	22 Weiler 1, Calvinstr. 35	T: 0 38 56 23 89
Hannes K. Beckerow	567 Bad Lippenau, Mandelzeile 5	T: 3 46 72 70
Christian H. Welle	6662 Brahmstedt, Manichowskistr. 27b	T: 8 96 75
Dr.Petra Pannowitz	7500 Heidelberg 22, An der Lahn 3	T: 06 76 74
Fa. Rudi C. Walle	3561 Harschburg 1, Brausestr. 34c	T: 06 81 42
Fa. Dieter Schnee	1246 Keilendorf 5, Berliner Str. 145	T: 61 97
Ärzte Vereinigung	3490 Busenhausen 4, Fordstr. 29a	T: 5 62 39 12
Wirtschaftsdienste	780 Werl 2, Robert-Glück-Str. 2	T: 0 23 15 78
Schlosserei Skiele	2350 Berndow 7, Monumentenstr. 3	T: 0 35 27 88
Wäscherei Weiß	7700 Miendorf 4, Döllersweg 25d	T: 0 86 67 54
Anita G. Pranglie	8950 Karlshorst 3, Wegschneiderstr. 3	T: 86 45
Sabine K. Horney	342 Magdeburg 23, Heinzenhuber Weg 5	T: 90 67
Bäckerei Schnelle	3562 Gießen 54, Hahnkampweg 286f	T: 0 23 56 71

Gernot F. Browney	6500 Sydow, Am Marktplatz 33	T: 0 34 56 99 11
Richard W. Zäcker	5300 Bonn 53, An den Weißen Reben 43	T: 0 12 07
Helmut K. Hohl	4500 Oggersheim, Straße des 3. Oktobers	ohne
Graf F. Lambsdorf	6705 Duisburg 3, Liberalenweg 19	T: 0 95 98 12
Gustavo Arretti	7500 Freibourg 1, Jesuiten Allee 23	T: 0 31 87

3. Zahlensuche

Bei der folgenden Aufgabe geht es darum, alle (aus zwei Zeilen bestehende) Zahlenblöcke herauszusuchen, die folgende Bedingungen erfüllen:

    obere Zeile von 0,1500 bis 0,3350,
    untere Zeile > 230.

	A	B	C	D	E	F
	0,1234	2,4571	0,5680	0,1555	0,2156	0,3320
	(231)	(137)	(245)	(222)	(450)	(231)

Lösung: E,F

Die Lösungen sind entsprechend der Position in das Lösungsschema einzutragen. Für 18 Aufgaben haben Sie 15 Minuten Zeit.

	A	B	C	D	E	F	G
1.	0,0124	1,5260	0,8970	0,9572	0,1502	0,7821	9,6700
	(245)	(234)	(126)	(675)	(235)	(450)	(564)
2	0,1578	1,2456	0,3451	0,1450	0,8760	0,4563	0,8712
	(345)	(267)	(904)	(762)	(267)	(156)	(450)
3	0,1995	0,2950	0,2456	0,1670	0,2458	0,5470	0,2245
	(135)	(945)	(456)	(229)	(192)	(235)	(210)
4	0,4672	0,2178	0,1645	0,1296	0,6281	0,7239	0,2980
	(256)	(230)	(674)	(236)	(456)	(330)	(506)
5	0,2003	0,1560	0,1452	0,1672	0,1990	0,2147	0,2001
	(845)	(103)	(506)	(220)	(206)	(298)	(245)
6	0,1750	0,7810	0,3450	0,1240	0,2361	0,6712	0,1265
	(556)	(348)	(453)	(249)	(335)	(863)	(437)
7	0,1602	0,1279	0,2107	0,1456	0,1562	0,1376	0,7619
	(215)	(349)	(317)	(268)	(654)	(159)	(560)
8	0,2789	0,5623	0,2935	0,3250	0,3103	0,2956	0,3345
	(229)	(658)	(123)	(569)	(437)	(216)	(231)
9	0,3456	0,3210	1,2354	0,2459	0,3102	0,1925	0,2376
	(298)	(215)	(564)	(209)	(158)	(211)	(391)
10	0,2568	0,3127	0,2547	0,1934	3,2458	1,2983	0,2884
	(175)	(213)	(192)	(298)	(545)	(875)	(739)
11	0,1995	0,2950	0,2456	0,1670	0,2458	0,5470	0,2245
	(135)	(945)	(456)	(229)	(192)	(235)	(210)

12	0,4672 (256)	0,2178 (230)	0,1645 (674)	0,1296 (236)	0,6281 (456)	0,7239 (330)	0,2980 (506)
13	0,2003 (845)	0,1560 (103)	0,1452 (506)	0,1672 (220)	0,1990 (206)	0,2147 (298)	0,2001 (245)
14	0,1750 (556)	0,7810 (348)	0,3450 (453)	0,1240 (249)	0,2361 (335)	0,6712 (863)	0,1265 (437)
15	0,1602 (215)	0,1279 (349)	0,2107 (317)	0,1456 (268)	0,1562 (654)	0,1376 (159)	0,7619 (560)
16	0,2789 (229)	0,5623 (658)	0,2935 (123)	0,3250 (569)	0,3103 (437)	0,2956 (216)	0,3345 (231)
17	0,3456 (298)	0,3210 (215)	1,2354 (564)	0,2459 (209)	0,3102 (158)	0,1925 (211)	0,2376 (391)
18	0,2568 (175)	0,3127 (213)	0,2547 (192)	0,1934 (298)	3,2458 (545)	1,2983 (875)	0,2884 (739)

Lösungsschema (mit zwei Beispielen)

	A	B	C	D	E	F	G
1	○	⊗	○	○	⊗	○	○
2	○	○	○	○	○	○	○
3	○	○	○	○	○	○	○
4	○	○	○	○	○	○	○
5	○	○	○	○	○	○	○
6	○	○	○	○	○	○	○
7	○	○	○	○	○	○	○
8	○	○	○	○	○	○	○
9	○	○	○	○	○	○	○
10	○	○	○	○	○	○	○
11	○	○	○	○	○	○	○
12	○	○	○	○	○	○	○
13	○	○	○	○	○	○	○
14	○	○	○	○	○	○	○
15	○	○	○	○	○	○	○
16	○	○	○	○	○	○	○
17	○	○	○	○	○	○	○
18	○	○	○	○	○	○	○

4. Schätzaufgaben

Die folgenden 12 Rechenaufgaben sollen Sie mehr schätzen als ausrechnen. Deswegen haben Sie auch nur sehr wenig Zeit (5 Minuten).

A 45675 + 15385 + 39040 =
  a) 99900   b) 110100   c) 89955   d) 100100   e) 153742

B 75239 − 12724 − 29846 =
  a) 39437   b) 32750   c) 32669   d) 18799   e) 21345

C 314739 + 2058524 + 192573 + 98702 + 4072639 =
   a) 23 456 641   b) 9 752 242   c) 6 737 177   d) 3 524 620

D 720 + 2400 + 280 + 1000 =
   a) 5900   b) 6200   c) 4500   d) 4400   e) 2560

E 425248 − 138546 − 217489 − 16079 =
   a) 100 456   b) 99 314   c) 53 134   d) 23 542   e) 12 651

F 1123 x 103 =
   a) 115 669   b) 1 115 671   c) 11 575   d) 99 523   e) 123 456

G 99 x 11 + 11 −
   a) 1181   b) 1001   c) 1 118   d) 11 110   e) 1100   f) 991

H 752 x 752 + 496 =
   a) 73 560   b) 500 750   c) 710 561   d) 566 000

I 368 : 16 =
   a) 12   b) 14   c) 19   d) 21   e) 23   f) 27   g) 31

J 4000 : 125 =
   a) 295   b) 310   c) 320   d) 425   e) 565   f) 332   g) 299

K 12% von 245 575 =
   a) 2 956   b) 12 459   c) 35 795   d) 29 469   e) 2 455

L 134/275 : 365/100 =
   a) 130 400 / 1 005   b) 13 400 / 100 375   c) 1 340 / 1035

5. Sortiertest

Sie haben eine Liste mit Institutionen, die durch eine Ziffer gekennzeichnet sind (z.B. das Verkehrsamt mit der Ziffer 2). Eine weitere Liste zeigt ein alphabetisches Namen-Codierschema, in das die Familiennamen der zweiten Liste untergebracht werden sollen. Das Ergebnis ist wiederum eine Ziffer, die zusammen mit der Ziffer für die Institution einen Zahlencode ergibt.

Die Aufgabe besteht also darin, nach den beiden ersten Listen (Institutionen, alphabetische Codierung) nun die Namens- und Institutionsliste in Form von Zahlencodes umzusetzen.

Z.B.: Franz Alt = 00 / Rundfunkanstalt = 27
(Lösung für 1 somit 0027)

Bearbeitungszeit: 10 Minuten.

Institutionen

0 = Rathaus	11 = Marktplatz	22 = Schloß
1 = Altersheim	12 = Krankenhaus	23 = Museum
2 = Verkehrsamt	13 = Feuerwehr	24 = Galerie
3 = Pressezentrum	14 = Eissportstadion	25 = Denkmal
4 = Polizeirevier	15 = Studentenheim	26 = Tierheim
5 = Realschule	16 = Gesundheitsamt	27 = Rundfunkanstalt
6 = Turnhalle	17 = Gewerbeaußendienst	28 = Psychiatrie
7 = Schwimmstadion	18 = Finanzamt	29 = Gefängnis
8 = Sportplatz	19 = Postamt	30 = Waisenhaus
9 = Kaufhaus	20 = Zoo	
10 = Markthalle	21 = Park	

Namens- und Institutionenliste

1. Franz Alt / Rundfunkanstalt   Lösung: Codierung 0027
2. Peter Pan / Psychiatrie   2228
3. Marion Gunther / Postamt *1219*
4. Bärbel Schmidt / Waisenhaus *2530*
5. Karl Dall / Zoo *0520*
6. Eduard Zimmermann / Polizeirevier *3004*
7. Heinz Schneider / Denkmal *2525*
8. Marc Knopf / Eissportstadion *1714*
9. Elli Mücke / Altersheim *1901*
10. Frida Bums / Krankenhaus *0312*
11. Klara Schumann / Studentenheim *2515*
12. Hans Glück / Rathaus *120*
13. Charlotte Weber / Tierheim *2926*
14. Fritz Langhans / Gesundheitsamt *1816*
15. Rainer Teufel / Feuerwehr *2813*
16. Peter Kuzwick / Park *1221*
17. H. O. Mühlenbaum / Studentenheim *1915*
18. Dr. Nullenbach / Schloß *2122*
19. Prof. Dagmar Rautenbug / Finanzamt *2418*
20. Karl Heinz Bello / Galerie *0224*
21. Andrea Schneider / Realschule *2555*
22. Anton Adler / Verkehrsamt *0029*
23. Friedrich Pleitgen / Presseamt *2223*
24. Hannelore Rolle / Turnhalle *2406*
25. Anita Bolle / Kaufhaus *0209*
26. Walter Watzlav / Schwimmstadion *2907*
27. Hanna Ernst / Markthalle *0910*
28. Oma Frida / Altersheim *1101*
29. Werner Hauß / Polizeirevier *1304*
30. Kai U. Hassel / Gewerbeaußendienst *1317*

Alphabetisches Namen-Codierschema

00 = Aa – Am	11 = Fn – Fz	22 = O – P
01 = An – Az	12 = Ga – Gz	23 = Q
02 = Ba – Bo	13 = Ha – Ho	24 = R – Sa
03 = Bp – Bz	14 = Hp – Hz	25 = Sb – Se
04 = C	15 = I – J	26 = Sf – St
05 = Da – Dn	16 = Ka – Kl	27 = Su – Sz
06 = Do – Dz	17 = Km – Kz	28 = Ta – Tz
07 = Ea – Ek	18 = L	29 = U – W
08 = El – Ep	19 = Ma – Mz	30 = X – Z
09 = Eq – Ez	20 = Na – Nm	
10 = Fa – Fm	21 = Nn – Nz	

6. Summen prüfen

Bei dieser Aufgabe ist die Richtigkeit von Additionen zu überprüfen. Sie sollen vier 2-stellige Zahlen jeweils von links nach rechts in der Zeile addieren und das Ergebnis, das am Rand notiert ist, überprüfen, sowie von oben nach unten beide Zahlen addieren und das vorliegende Ergebnis überprüfen. Sind alle Zahlen richtig zusammengezählt, können sie die Aufgabe abhaken. Falsche Ergebnisse sind durchzustreichen.

Beispiele:

12	17	=	29
15	11	=	26
27	28		

Alle Additionen sind richtig

68	14	=	72
23	55	=	77
91	68		

Die Ergebnisse 72, 77 und 68 sind durchzustreichen

Für diese Testbeispielaufgaben haben Sie 2 Min. Zeit.

1.

67	13	=	80
51	43	=	93
127	56		

2.

34	61	=	95
18	44	=	61
52	104		

3.

9	82	=	91
28	29	=	59
47	111		

4.

33	44	=	67
66	26	=	92
99	70		

5.

13	33	=	46
25	41	=	66
38	74		

6.

51	9	=	70
22	47	=	69
83	56		

7.

92	4	=	96
7	63	=	80
98	67		

8.

29	11	=	50
30	37	=	67
59	49		

9.

41	12	=	43
14	21	=	35
55	32		

10.

22	44	=	66
19	47	=	65
43	91		

7. Rechtschreibungskorrekturen

Bei dieser Aufgabe sollen Sie herausfinden, welche Wörter richtig und welche falsch geschrieben sind. Ein r neben dem Wort bedeutet, daß es richtig geschrieben ist. Sollte das Wort falsch geschrieben sein, schreiben Sie das Wort richtig daneben. Sie haben 2 Min. Zeit.

1. Porzellanfigur
2. viel Böses
3. Fillialleiter
4. Meßaperat
5. nach schlagen
6. Tage lang
7. verpulfern
8. alles liebe
9. Quahl
10. offerieren
11. bößartig

21. Eidechsenweibchen
22. Athlet
23. Puplikumserfolg
24. Luksus
25. Ackord
26. Fahradwerkstadt
27. Bibliothekarin
28. Kohlweißlinge
29. Chausseebaum
30. Rubrik
31. Wiederstand

12. des abends
13. Teeke
14. Telegrambote
15. Marokkaner
16. Ilustrierte
17. Notitzblock
18. Risiko
19. Perückenteil
20. zum Essen

32. unentgeltlich
33. Spülmaschine
34. Schlämmkreide
35. Skizze
36. Sawanne
37. Petroleum
38. Portemonnaie
39. Reflex
40. Molekül

8. Zeichensetzung

Hier müssen Sie sich entscheiden, ob an der vorgegebenen Stelle ein Komma zu setzen ist oder nicht (Zeit: 2 Min.).

Beispiel: Ich glaube ( ) daß der Sommer dieses Jahr ( ) schön werden wird.

Lösung: Ich glaube (,) daß der Sommer dieses Jahr (0) schön werden wird.

Für die folgenden 20 Aufgaben haben Sie 4 Minuten Zeit.

1. Für eine verbindliche Antwort ( ) wäre ich Ihnen äußerst zu Dank verpflichtet.
2. Er sattelte das Pferd ( ) und ritt nach Hause.
3. Er sang ( ) und sang ( ) immer tiefer ( ) bis es nicht mehr weiter ging.
4. Bei Vertragsabschluß ( ) ist es am sichersten ( ) alle Vereinbarungen schriftlich festzuhalten.
5. Im Zusammenhang mit der steigenden Kriminaliät ( ) nehmen die Verdächtigungen ( ) insbesondere was Ausländer anbetrifft ( ) beträchtlich zu.
6. Der Mannheimer Drehorgelmann ( ) von Hause aus mit der Rechtschreibung auf Kriegsfuß ( ) machte sein Instrument zu ( ) schloß den Wagen ein ( ) und fühlte den unwiderstehlichen Drang ( ) ein Bier trinken zu müssen ( ) oder wenigstens ( ) in einem Gasthaus einzukehren.
7. »Ich darf es nicht vergessen« ( ) dachte der Mann bei sich, bevor er endlich einschlief ( ) und schon klingelte das Telefon.
8. Sie ist keine zartbesaitete Maid ( ) dachte er ( ) und nahm noch eine Beruhigungstablette ( ) bevor er sich weiter mit ihr unterhielt.
9. Ohne es zu wollen ( ) kam er des Rätsels Lösung fast schon auf dic Spur ( ) als cr durch das Telefon abgelenkt wurde.
10. Er fuhr ( ) ohne zu gucken ( ) geradewegs ( ) mit seinem schönen neuen Fahrrad ( ) in die Hecke.
11. Für eine baldige Zusage ( ) wäre ich Ihnen sehr verbunden.
12. Aus diesem Grund sind gerade deshalb Pinguine geeignete Testobjekte für das Studium von Ausmaß ( ) Dauer und Bedingungen der Kältegewöhnung.
13. In der Bundesregierung hält sich leider niemand ( ) nicht einmal der ( ) Bundeskanzler ( ) für kompetent ( ) um eine derartige Prognose zu wagen.
14. Seine einzige Unterstützung bestand in dem Funkgerät ( ) falls dieses überhaupt funktionieren würde.
15. Am Aktienmarkt überwogen die Gewinne ( ) was namentlich für die Autopapiere und Chemiewerte galt.
16. Bei Vertragsabschluß ist es am besten ( ) alle gewünschten Zusätze schriftlich sich bestätigen zu lassen.
17. Die unmittelbare Nähe des Meeres ( ) garantierte immer eine frische Brise ( ) und versprach bei starker Hitze Kühlung.

18. In Zusammenhang mit den steigenden Produktionszahlen ( ) können auch die inländischen Unternehmen ( ) allen voran unsere Firma ( ) größere Aufträge verbuchen.
19. Wir hoffen ( ) mit diesem Buch sehr ( ) ein deutlicheres Bewußtsein für die Lage der Auszubildenden geschaffen zu haben.
20. Wir hoffen sehr ( ) nun allseits ( ) Unterstützung zu finden.

9. Textaufgaben (Rechnen)

Auch hier die obligatorischen Textaufgaben. Drei sollen uns genügen (Zeit: 2 Min.).

1. Die Telefongebühr für 20 Sekunden Sprechzeit mit dem Ausland kostet DM -,50. Wie teuer wird ein Gespräch von 5 Minuten Dauer sein?

2. Wenn in einem Jahr in einem Ort 900 Kinder geboren werden und 495 davon Jungen sind, wieviel Prozent sind das?

3. Der Sohn verdient 15 % weniger als der Vater und die Tochter verfügt über ein 10 %-iges Mehreinkommen als der Vater. Wie groß ist das Familien-Gesamteinkommen unter Berücksichtigung, daß der Vater DM 800,- verdient?

10. Dienstplan

Ein Taxibetrieb beschäftigt 25 studentische Taxi-Aushilfsfahrer. Jede/r von ihnen ist nur einmal in der Woche in der Lage, eine Schicht zu leisten. Es gibt zwei Schichten: Tagsüber und nachts. Stellen Sie einen Dienstplan auf, der berücksichtigt, daß zehn Taxifahrer keinen Tagesdienst und acht keinen Nachtdienst machen können. Einige Taxifahrer können Tages- und Nachtdienst machen. Der Tagesdienst soll mit zwei Fahrern besetzt werden, der Nachtdienst mit drei.

Der Wochenplan, den sie aufstellen sollen (von Montag bis Freitag) muß alle Namen der Taxifahrer einmal berücksichtigen, wobei niemandem zugemutet werden darf, der keinen Tages- bzw. Nachtdienst macht, einen solchen übernehmen zu müssen.

Für diese Aufgabe gibt es keine Beispielanleitung. Nachstehend die Liste der Namen (mit dem Vermerk T = kein Tagesdienst bzw. N = kein Nachtdienst möglich).

Zeit: 8 Min.

Anna	T	Karl	N
Andreas	N	Karin	T
Birgit		Katrin	N
Bernd	T	Ludwig	T
Berta		Mailin	
Detlev	N	Nora	N
Doris	N	Palja	
Dagmar		Robert	T
Erik	T	Susanne	N
Else		Sonja	
Fritz	N	Sabine	T
Gabi	T	Renate	T
Heinz	T		

11. Gleichmäßiges Verteilen und Ordnen

Auf 10 Karteikästen soll eine große Menge von Karteikarten gleichmäßig verteilt werden. Dabei sind die Karteikarten nach den Anfangsbuchstaben der Kundennamen geordnet in die Karteikästen abzulegen. Bei einer Vorabdurchsicht haben Sie feststellen können, daß einzelne Buchstaben des Alphabets (die Anfangsbuchstaben der Kunden) prozentual unterschiedlich oft vertreten sind (siehe Aufstellung). Der Buchstabe Q zum Beispiel ist überhaupt nicht vertreten. Wie müssen die restlichen 25 Buchstaben des Alphabets auf 10 Karteikästen verteilt werden, wenn man die Bedingung wahren will, daß jeder Karteikasten die gleiche Menge von Karteikarten aufnimmt?

Von den Kundennamen, die auf Karteikarten stehen und in die 10 Kästen zu sortieren sind, beginnen jeweils:

   2,5 %   mit den Anfangsbuchstaben   D,F,H,I,J,K,N,P,R,T,V,W
3,33 %   mit den Anfangsbuchstaben   Z,X,Y
   5 %   mit den Anfangsbuchstaben   M,B,E,C,L,O,S,U
  10 %   mit den Anfangsbuchstaben   A,G

Achten Sie auf die Bedingung, daß jeder Karteikasten die gleiche Menge an Karteikarten enthalten muß (Zeit: 8 Min.).

Bitte die Lösungen hier eintragen:

                                    Buchstaben
   1. Karteikasten
   2.
   3.
usw.

12. Wegeplan

Sie haben von der Zentrale Ihrer Firma aus Ihre 6 Filialen (A,B,C,D,E,F) über ein aktuelles Sonderangebot zu informieren. Leider ist Ihr Telefon- und Telexanschluß in der Firmenzentrale kaputt. Einige der Filialen sind telefonisch nicht erreichbar, andere haben ein Telefon (alle mit T gekennzeichneten Filial-Betriebe). Sie müssen mit einem Auto die Filialen ohne Telefon abfahren. Die Wegezeiten stehen fest (siehe Zeichnung, Telegramm geht nicht!). Die Zeiten für das Überbringen der Nachricht – ob persönlich oder am Telefon – ebenso (3 Minuten). In welcher Reihenfolge gehen Sie vor und wieviel Zeit brauchen Sie, bis Sie wieder in Ihr Büro zurückgekehrt sind?

Bearbeitungszeit für diese Aufgabe: 8 Min.

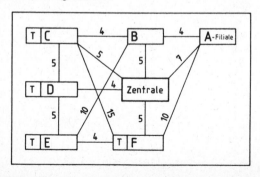

13. Post-Aufgabe

Vom Mittelpunkt der Welt, also von Hannover aus, sind verschiedene Postsachen (Briefe, Telegramme, Pakete) zu verschicken. Die Aufgabe besteht darin, die Post- bzw. Frachtgebühr anhand von Tabellen zu ermitteln. Durch unterschiedliche Beförderungsarten (z.B. Eilzustellung) wird alles etwas komplizierter. Hinzu kommt noch, daß just in dem Augenblick, in dem Sie an die Arbeit gehen, eine Tarifänderung ins Haus steht. Aber sehen Sie selbst:

Beförderungsgegenstände	Tarifwert		Bestimmungsorte	
Drucksache	1		A	10 km von Hannover aus
Postkarte	2		B	20 km
Brief	3		C	50 km
Telegramm	4		D	100 km
Päckchen (bis 2000 g)	5		E	150 km
Paket (bis 5000 g)	6		F	180 km
(über 5 kg – 10 kg)	7		G	200 km
(über 10 kg – 15 kg)	8		H	400 km
			I	900 km
			J	1000 km

Kilometer-Tarife				
Entfernung	Tarifwert		Beförderungsart	Tarifwert
0 – 10 km	1		Luftpost	3
über 10 – 50 km	2		Eilzustellung	5
über 50 – 100 km	3		Auslandszuschlag	4
über 100 – 500 km	4			
über 500 – 1000 km	5			
über 1000 km	6			

Tarife

Tarifwerte	bis 31.12.	ab 1.1.	
1	0,50 GE	0,70 GE	(= Gebühreneinheit)
2	0,90	1,00	
3	1,20	1,50	
4	2,20	2,50	
5	2,50	2,80	
6	3,00	3,40	
7	3,50	3,90	
8	4,00	4,50	
9	4,70	5,00	
10	5,10	5,60	
11	5,90	6,10	
12	6,80	7,10	
13	7,50	7,90	
14	8,10	8,50	
15	8,90	9,70	
16	10,00	10,40	
17	10,50	10,80	
18	12,50	13,00	

19	15,00	18,00
20	18,50	18,90
21	19,20	19,60
22	20,40	20,90
23	21,70	22,00
24	22,20	22,60
25	22,90	23,10

1. Beispiel:

Ein Brief soll am 31.12. von Hannover aus nach D geschickt werden. Wie hoch ist die anfallende Gebühreneinheit?

Brief	Tarifwert 3	
nach D 100 km	+ 3	= 6 am 31.12. = 3,00 GE

2. Beispiel:

Ein Telegramm soll am 1.1. von Hannover nach I geschickt werden.

Telegramm	Tarifwert 4	
nach I 900 km	+ 5	= 9 am 1.1. = 5,00 GE

Für 10 Aufgaben (wie hoch ist jeweils die GE?) haben Sie 3 Min Zeit.

1. Ein Brief soll per Luftpost nach E am 30.12. geschickt werden.
2. Ein 1100 g schweres Päckchen soll ins Ausland nach H geschickt werden (vor dem 1.1.).
3. Ein Paket muß per Eilzustellung am 30.12. in C sein. Es wiegt 4,9 kg.
4. Eine Postkarte wird am 2.1. ins Ausland nach J geschickt.
5. Ein Telegramm soll nach H ins Ausland am 31.12. geschickt werden.
6. Ein 5,5 kg schweres Eilzustellungs-Paket soll per Luftpost ins Ausland am 5.1. nach J versandt werden.
7. Eine Drucksache soll mit Auslandszuschlag am 2.1. nach E geschickt werden.
8. Ein Luftpost-Eilzustellungspäckchen von 800 g soll ins Ausland geschickt werden, am 3.1. nach H.
9. Am 1.1. soll eine Postkarte nach B per Eilzustellung den Empfänger erreichen.
10. Ein Eilzustellungs-Luftpostpaket (15 kg) soll am 30.12. ins Ausland nach G versandt werden.

14. Zwei Beispielabläufe

Hier legen wir Ihnen zwei ganz konkrete Beispiele vor, wie Tests bei einer Bewerbung für den gehobenen und mittleren Dienst in einer Stadtverwaltung in Nordrhein-Westfalen und in einer großen Hansestadt aussehen können:

1. Auffassen, Wortschatz (2 Aufgabenreihen mit je 40 Aufgaben vom Typ »Gegensätze«)

Beispiel: kalt
    a) schwarz
x b) heiß
    c) hart
    d) klein
    e) dünn

2. Logisch-kritisches Denken (2 Aufgabenreihen mit je 40 Aufgaben vom Typ »Analogien«)

Beispiel: Vogel: fliegen = Fisch: ?
    a) braten
    b) füttern

x   c) schwimmen
    d) fressen
    e) sehen

3. Erkennen und Herausheben des Wesentlichen (2 Aufgabenreihen mit je 40 Aufgaben »Wortgruppen«)

Beispiel: Was paßt nicht hinein?
    a) Januar
    b) März
    c) Mai
x   d) Dienstag
    e) Juli

4. Praktisches Rechnen (2 Aufgabenreihen mit je 22 Textaufgaben) (inhaltlich verständlich und rechnerisch lösbar für Schüler ab 9. Schuljahr mit »befriedigend« und besser im Schulzeugnis)

Beispiel: Vermindert man eine Zahl um ihren vierten Teil, so erhält man 15. Wie heißt die Zahl?
    a) 18
    b) 16
    c) 12
x   d) 20
    e) 15

5. Denken mit Zahlen (2 Aufgabenreihen mit je 30 Aufgaben vom Typ »Zahlenreihen fortsetzen«)

Beispiel: 8   9   10   11   12   13   ?   ?
Lösung: 14   15

6. Merkfähigkeit (Gedächtnis im sprachlichen Bereich, 4 Aufgabenreihen mit je 25 Wörtern werden auswendig gelernt und nach den Arbeitsproben reproduziert)

7. Arbeitsproben
   Tempo und Sorgfalt

   a) Namenvergleich − Zahlenvergleich (durch 2 Aufgabenreihen mit je 100 Namen- und Zahlenvergleichen wird Arbeitstempo und Sorgfalt der Arbeitsausführung überprüft)
      Beispiel:

Heinrich Müller	Heinrich Müller
Edmund Gause	Edmand Gause
Ludwig Wintering	Ludwig Wintering
Erich Schmitz	Erich Schmiz
Friedrich Abelen	Fridrich Ab elen
829482	829482
28491837	28491237
4917236	4917236
618391	617391
20192837	20193837

   b) Zahlenschlüssel (durch 2 Aufgabenreihen mit je 120 Buchstaben/Zahlen und Zahlen/Buchstabenübersetzungen nach vorgegebenem Code wird das Arbeitstempo abermals festgestellt (Gegenkontrolle zum ersten Tempo-Test)

Beispiel:
A	D	E	I	L	N	R	S	T	U
1	2	3	4	5	6	7	8	9	0

E I N R A S T L I E D R U E
3 4 6 usw.

Die vorstehende Testreihe wird regelmäßig bei nahezu allen Bewerbergruppen eingesetzt. Die Auswertung erfolgt jeweils unter Berücksichtigung der Laufbahn-, Vorbildungs- und Altersgruppe.

Für die verschiedenen Laufbahngruppen stehen zusätzliche Tests zur weiteren Differenzierung zur Verfügung.

Nun folgt ein Aufsatz und eine Überprüfung von Textverständnis, Rechtschreibung und Interpunktion, sowie Sauberkeit und Ordnung bei der Erledigung von schriftlichen Aufgaben. Für diesen Testblock sind zwei Stunden Zeit vorgesehen.

Dann folgt ein einstündiger Mathe-Test mit Aufgaben wie diesen:

1. Berechne:
$$\frac{0,4 \times 1/4 + 0,3 \times 2/3}{1\ 2/5 + 0,6} =$$

2. Drei Zahlen haben das Verhältnis 2 : 3 : 4.
   Ihre Summe hat den Wert 45.
   Wie heißen die drei Zahlen?

3. Subtrahiert man vom 6fachen einer gesuchten Zahl die Zahl 12, so erhält man das 3fache der gesuchten Zahl.
   Wie heißt die gesuchte Zahl?

4. Die Differenz aus dem 7fachen einer gesuchten Zahl und der Zahl 4 ist gleich der Summe aus dem 5fachen dieser gesuchten Zahl und der Zahl 2. Wie heißt die gesuchte Zahl?

5. *Nach* einer Preiserhöhung von 25 % kostet ein Küchengerät DM 100,00:
   Berechne den Preis des Gerätes *vor* der Preiserhöhung!

6. Berechne die Lösungsmenge L folgender Gleichung in der Grundmenge Q:
   $(x + 3)^2 - 4 = 0$

7. Von einer Zahlenfolge mit einem bestimmten Bildungsgesetz sind die ersten vier Glieder gegeben. Wie lautet das 5. Glied der Folge?

   a) $- 2; 3/4; - 4/9, 5/16;$
   b) $2 ; 4/3; 6/5; 8/7;$

Nun ein weiteres Beispiel für Testpraxis und Testbatterien im Öffentlichen Dienst (Verwaltung) − diesmal in einer großen Hansestadt. Eine Bewerberin berichtet:

1. Chiffrieren

Man legte uns einen Zettel vor, auf dem etwa 7 Buchstaben mit jeweils einer dazugehörigen Zahl angegeben waren.

r	s	t	u	v	w	x
5	9	8	6	4	3	7

Nun wurden uns Buchstabenreihen ausgehändigt. In vorgegebener Zeit sollte man die oben stehenden Nummern unter die Buchstaben schreiben.

r u t s r w u x t w s x r v w u ...
5 6 8 9 5 3 6 7 8 ...

2. Sinnvolle Sätze bilden

Aus Wortblöcken sollten (durch Unterstreichen) sinnvolle Sätze gebildet werden, wobei aus jedem Wortblock nur ein Wort ausgewählt werden durfte. Die Schwierigkeit dieser Aufgabe wurde dadurch erhöht, daß die Zahl der Wortblöcke von 4 auf 8 gesteigert wurde, so daß die Sätze immer komplizierter wurden und man leicht den Überblick verlor. (Umfang: 4 Seiten)

Eltern	brauchen	gelb	Fabriken.
Fische	bin	dunkel	Schule.
Ich	lieben	morgens	Wasser.
Die Welt	gibt	sauberes	Bleistift.

Dienstag	regnen	leider	wieder	oft	das	Test.
Nachts	scheint	kaum	weil	gar nicht	die	Arbeit.
Gestern	baute	lustig	dadurch	einmal	den	Blut
Heute	kochte	endlich	noch	ruhig	ein	Sonne.

3. Lückendiktat

In einen Lückentext sollten wir die uns diktierten Worte eintragen (etwa 20 Worte)

z.B.

Appetit	aufs neue	Fischgräten
parallel	interessieren	Paketbote
Widerschein	Enthusiasmus	seit kurzem
Clown	Niveau	Näheres folgt

4. Aufsatz

Uns wurden vier Themen zur Auswahl gestellt. Über eines dieser Themen durften wir eine Stunde lang schreiben, z.B.:
- Ist Konkurrenzdenken positiv oder negativ zu bewerten?
- Arbeiten in der Verwaltung
- Freizeit sinnvoll gestalten
- Gesetze und Verfassung – Fesseln oder Freiheitsgarantie?

LESE- UND ARBEITSHINWEISE

In diesem Buch:
→ Tabellen-Interpretations-Aufgaben
→ Rechen-Testaufgaben
→ Rechtschreibungs-Testaufgaben

BANK- UND WIRTSCHAFTS-TESTAUFGABEN

Wie sehen Tests bei Bankinstituten und in der Industrie für Kauf- und Wirtschaftsfach-leute aus? Natürlich sind sie nicht alle gleich. Dennoch kann man eine Globalbeschrei-bung geben: Allgemeinwissen (insbesondere über Wirtschaft und Finanzen), eine gute Portion Mathe, vor allen Dingen Rechentextaufgaben (Dreisatz), Rechtschreibüber-prüfung, Kurzaufsatz oder auch ein ca. einstündiger Aufsatz.

Hinzu kommen häufig Aufgaben zum logischen Denken und Abstraktionsvermö-gen, wie

– graphische Reihen sinnvoll ergänzen,
– Herausfinden, welches Element in eine graphische Reihe nicht hereinpaßt,
– Wortgleichungen,
– Gemeinsamkeiten,
– Zahlenreihen, aber auch
– Wort- und Sprachverständnis wie
– Wortbedeutungen und
– Satzergänzungen.

Manche Banken lassen Bildergeschichten interpretieren, andere legen umfangreiche Statistiken und Tabellen vor und stellen dazu konkrete Fragen. Verstärkt scheint sich der Trend durchzusetzen, auch Persönlichkeitstests durchzuführen, häufig in der Tar-nung eines Personalfragebogens. Immer beliebter wird die Testform des Assessment-Centers (s. S. 75).

Aber auch berufsspezifische Wissens-Testfragen werden den Bewerbern gestellt, z.B.:

– Was versteht man unter dem Begriff »Inflation«?
– Wie heißen die Währungen der folgenden Länder: GB, I, USA, UdSSR, YU, NL, E, DK, F?
– Wer ist die Hüterin der DM?

Schauen Sie sich dazu gut die Aufgaben zum Allgemeinwissen (Wirtschaft, Staat und Politik) an, ebenso wie die sog. Intelligenztestaufgaben (hier finden Sie alle oben beschriebenen Aufgabengebiete). Großen Raum nehmen in Bank- und Wirtschafts-kreisen die Konzentrations- und Belastungs-Testaufgaben ein. Auch dieses Kapitel sollte vorbereitend gut durchgearbeitet werden. Unter Umständen bekommen Sie es auch noch mit Büro-Tests zu tun.

Mit diesem Kapitel wollen wir Ihnen einen authentischen Einblick in die gesamte Bewerbungssituation bei Arbeitgebern aus Bank- und Wirtschaftskreisen geben. Statt einer Testaufgabensammlung wie in den vorherigen Kapiteln können Sie jetzt konkrete Bewerber-Erfahrungsberichte lesen, die u.E. eine optimale Prüfungsvorbereitung dar-stellen. Dies gilt für den schriftlichen wie auch für den mündlichen Testteil (Vorstel-lungsgespräch).

Wie es einem jungen Bewerber bei der *Deutschen Bank* ganz konkret erging, schil-dert der erste Bericht:

Bankwissen würde – so sagte man mir als Bewerber bei der *Deutschen Bank* – absichtlich nicht getestet. Auch Allgemeinwissen war kaum gefragt. Dafür erhielten wir aber jede Menge Testauf-gaben, z.B.

Logisches Denken/Abstraktionsfähigkeit
– Graphische Reihen sinnvoll ergänzen
– Herausfinden, welches Element in eine graphische Reihe nicht hereinpaßt
– Wortgleichungen (Nadeln : Tanne = Blätter : ?)
– Graphische Gemeinsamkeiten herausfinden
– Sprachliche Gemeinsamkeiten finden (Auto-Fahrrad = Fortbewegungsmittel)
– Zahlenreihen

Wort- und Sprachverständnis
– Wortbedeutungen (welches Wort paßt am besten zu Regen?
  a. Gorbatschow   b. Schirm   c. Niederschlag)
– Satzergänzungen (Vor dem Gewitter kommt immer der . . .
  a. Regenbogen   b. Sturm   c. Steinschlag)

Mathematisches Denken
– Rechentextaufgaben (viel Dreisatz)

Konzentrationsvermögen/Ausdauer/Belastbarkeit
– Leistungs/Konzentrations-Rechenaufgaben

In der letzten Zeitstunde (Testzeit insgesamt: ca. 3 Stunden) wurden nacheinander vier Kurzaufsätze (jeweils 10–15 Minuten) zu einem Bild, zwei Statistiken und einer Bilderfolge abverlangt.

1) Folgendes Bild war zu interpretieren (etwa so:)

2) Eine Statistik wurde vorgelegt. Inhalt: Preisentwicklung und Arbeitszeitaufwand eines Industriearbeiters für verschiedene Produkte und Dienstleistungen (z.B. Nahrungsmittel, Kleidung, Porto) in einem Zeitabschnitt von ca. 1960 bis jetzt. Aufgabe: Interpretation (was wird dargestellt, wie kommt das zustande).

3) Ebenfalls Statistik-Interpretation. Thema: Geburtenstatistik der Bundesrepublik von ca. 1950−1980 jahrweise. Mit angegeben ist die Sterblichkeitsrate der Säuglinge und der Anteil der ausländischen Säuglinge.

4) Eine Bildergeschichte ist in Worte zu fassen (Ziel des Zeichners? Was wird dargestellt? Bedeutung? − etwa so:)

Ein anderer Bericht eines Bewerbers könnte überschrieben werden:

**investitions güter produzierende industrie
− klein, getrennt und/oder groß?**

Gestern hatte ich einen Test bei einer Frankfurter Bank. Er bestand aus drei Teilen: Diktat − Mathetest − Allgemeinbildung und dauerte ca. 2 1/2 Stunden. Das Diktat war relativ leicht. Es handelte über die Wirtschaftsentwicklung in der letzten Zeit, Überschrift: »Wirtschaftsbilanz in Kürze«.

Schwierigkeiten hatte ich mit folgenden Schreibweisen:

Im großen und ganzen (groß oder klein?); die investitionsgüterproduzierende Industrie (Problem: »Investitionsgüter« groß und von »produzierende« getrennt oder klein und zusammengeschrieben); von seiten (»seiten« groß oder klein?) sowie bei »einem Anteil von drei-fünfteln« (3/5tel mußte ausgeschrieben werden, ich weiß immer noch nicht, wie es richtig ist!?). [1] (Die hochgestellten Ziffern beziehen sich auf das Lösungsverzeichnis)

Der Mathetest dauerte eine Stunde. Anfangs gab es einige Grundrechenaufgaben, dann bestand der Test jedoch im wesentlichen aus Dreisatzaufgaben. Zwei Beispiele:

- 18 Bauarbeiter benötigen für eine Arbeit 4 Stunden. Wie lange brauchen 24 Arbeiter?[2]

- Eine Mutter ist 20 Jahre älter als ihre Tochter. Vor 2 Jahren war sie 3,5 mal so alt wie ihre Tochter. Wie alt ist die Tochter?[3]

Nun kamen Umrechnungsaufgaben an die Reihe. Beispiel: 3,42 ha in qm, hl in l, t in kg, qbm in qbcm angeben.[4]

Die letzte Matheaufgabe bestand aus vier Zahlenreihen, in denen jeweils eine falsche Zahl vorhanden war. Diese galt es anzukreuzen. Z.B.:

12 17 23 30 38 47 56 68[5]

Einige Fragen zum Allgemeinwissen erinnere ich so:

- Erklären Sie aktives und passives Wahlrecht.
- Seit wann besteht die BRD?
- Welche Länder grenzen an die BRD? Bitte im Uhrzeigersinn aufschreiben.
- Wie heißen die Währungen folgender Länder: GB, I, USA, UdSSR, YU, NL, SP, DK, F usw.
- Was verstehen Sie unter dem Begriff Inflation?[6]

Sechs Arbeiter graben zwölf Stunden an einem Loch . . .

Meine Bewerbung bei der *Hypobank* hatte zur Folge, daß ich für einen Dienstagnachmittag (dienstags haben die Banken länger auf!) um 14 Uhr zu einem Test eine sogenannte Einladung erhielt. Wenn man so nett eingeladen wird, kann man natürlich nicht absagen, naturgemäß gerade dann, wenn man so dringend eine Lehrstelle sucht wie ich. Aber jetzt mal Spaß beiseite.

Ich gehe also da hin und muß zu meinem großen Erstaunen feststellen, daß die tatsächlich noch keine Vorbereitung bezüglich des anstehenden Tests getroffen haben. Da waren keine Stifte vorhanden, die Namenskärtchen lagen noch nicht aus, die Tests mußten erst geholt und die Stühle erst richtig hingeschoben werden. Na ja, auch kein guter Eindruck, den man von so einem Gastgeber bekommt.

Noch mehr erstaunt war ich aber, als mir die Testunterlagen vorgelegt wurden: Genau der gleiche Test, den ich vor knapp einer Woche bei der Konkurrenz schon mal gemacht hatte. Nur Aufsatzthema und Rechtschreibüberprüfung waren anders.

Ja, genau denselben Test noch mal machen – erst habe ich mich gefreut, aber dann . . . Ich finde, das steigert auf keinen Fall die Sicherheit! Man weiß, daß man das letzte Mal a) ankreuzte, heute aber der Meinung ist, daß b) richtig sei.

Einige Fragen sahen ungefähr so aus:

Ein Flugzeug ist das . . . Verkehrsmittel.
a) teuerste   b) schnellste   c) billigste   d) unsicherste[7]

Was wollten die bloß da von mir wissen. Hätte ich doch nicht gestern die Tagesschau mit dem Flugzeugabsturz gesehen . . .

Oder:

Ein Hochwasser tritt am häufigsten auf durch . . .
a) Regen   b) Unwetter   c) Schneeschmelze   d) Hagel[8]

Eigentlich dachte ich ja, mich bei einer Bank zu bewerben und nicht beim Wetteramt oder Alpenverein . . .

Von den Rechenaufgaben ist mir noch dies in Erinnerung:
6 Arbeiter graben zwölf Stunden an einem Loch. Wie lange würden 3 Arbeiter dafür benötigen?[9]

Zwei Schwestern sind zusammen 39 Jahre alt, wobei die eine 7 Jahre älter ist als die andere. Wie alt ist die ältere Schwester?[10]

In einer Klasse sind 60% Knaben. 10% von ihnen haben ein gutes Zeugnis. Von den Mädchen haben 15% ein gutes Zeugnis. Wieviel % der Schüler insgesamt haben ein gutes Zeugnis?[11]

Den Abschluß bildete dann ein Rechentest, bei dem es wohl hauptsächlich um die Konzentration ging. Beispiel:

1. Zeile: 2+9-6
                    Ergebnis?
2. Zeile: 8-3+7

Zuerst muß man die obere Zahl ausrechnen. Ergebnis: 5. Dann die untere. Ergebnis: 12. Ist das Ergebnis der ersten Zeile größer als das Ergebnis der zweiten, muß man die zweite Zeile von der ersten abziehen. Ist das Ergebnis der ersten Zeile kleiner als das Ergebnis der zweiten Zeile, muß man es dazuzählen. Ergebnis: 17.

Das ganze ist selbstverständlich nur im Kopf und ohne Notizen oder andere Hilfsmittel zu rechnen. Ich schätze, wir bekamen 300 Aufgaben vorgesetzt und hatten 30 Minuten Zeit. Da qualmte einem ganz schön der Kopf.

Von Ausbildungsplatzsuchern hörte ich, daß bei diesem Test, der auch von anderen Firmen gemacht wird, manchmal so nach etwa 15 Minuten eine Kassette mit Musik abgespielt wird. Darunter leidet natürlich die Konzentration, und die Kopfschmerzen vom anstrengenden Rechnen werden auch nicht besser.

Achtung: Persönlichkeitstest!

Der komischste Test, den ich je gemacht habe, wurde mir von der *Bayerischen Vereinsbank* abverlangt. Nach ein paar allgemeinen Fragen und leichten Rechenaufgaben verdunkelte man den Raum und zeigte uns mehrere Dias (etwa 25 Stück), auf denen jeweils zwei Figuren zu sehen waren. Die Dias hatten einen grünen Hintergrund, die Figuren waren mit schwarz herausgehoben. Wir sollten entscheiden, welche Figur uns auf dem Dia am besten gefällt! Das muß man sich etwa so vorstellen:

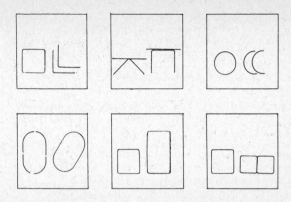

Anschließend mußten wir bei einer neuen Diaserie entscheiden, welches von zwei Bildern uns sympathischer ist. Zu sehen war ein Strichmännchen bei verschiedenen Tätigkeiten, ungefähr so:

Dann war die Dia-Show endlich zu Ende und das Licht ging wieder an − ohne daß mir ein Licht aufging. Als letzter Test − hier war das Arbeitsmaterial wieder wie üblich Papier und Bleistift − stand die Bewertung von Aussagen bzw. Reaktionen in bezug auf einen zuvor aufgetretenen Konflikt oder ein Problem an. Die Bewertung sollte jeweils durch die Noten 1 − 5 erfolgen (1 die beste, 5 die schlechteste Note).

Dieser Aufgabentyp ist ausführlich ab S. 83 beschrieben, hier eine Beispielaufgabe:

Situation
Ihr Nachbar bringt Ihnen Ihren zuvor geliehenen Werkzeugkasten total unordentlich und unvollständig zurück. Er sagt: »Da waren meine Kinder dran!«

Antworten (die wir mit 1 − 5 zu bewerten hatten)
− Aber ich bitte Sie, das macht doch gar nichts   ( )
− Hätten Sie nicht besser aufpassen können?   ( )
− Ihnen leihe ich nichts mehr!   ( )
− Ich wollte mir sowieso einen neuen Werkzeugkasten kaufen   ( )

Ungefähr 20 Aufgaben in diesem Stil waren zu bewältigen[12]. Es war kein Zeitdruck, aber es wurde auch nicht vorher gesagt, wieviel Zeit wir insgesamt zur Verfügung hätten.

Die Verabschiedung durch den Testleiter war übrigens mit der Bitte verbunden, doch nichts weiter über diesen Test verlauten zu lassen, da ja sonst die nächsten Bewerber ihre Kreativität gar nicht mehr herausstellen könnten! Da lachen ja die Hühner. Ach ja: Informationen über die Bank gab er uns auch noch.

Aufgeschlossenheit für den Beruf ...

Mein erster Eignungstest − schrieb uns Karin, 18 Jahre alt, Abiturientin aus Hessen − war bei der *Sparkasse*. Hier waren sowohl Realschüler als auch Abiturienten gleichzeitig eingeladen worden. Uns Abiturienten fiel der Test ziemlich leicht, so mein Eindruck, allerdings hatten auch wir Schwierigkeiten, z.B. bei den geschichtlichen Fragen.

Der Einladung zum Test war eine Informationsbroschüre beigefügt. Auch die voraussichtliche Dauer (ca. 2 1/2 Stunden) wurde uns schriftlich mitgeteilt.

Die *Sparkasse* beschreibt in ihrer Broschüre, »Kenntnis- und Fertigkeitsbereiche«, die durch den Eignungstest in schriftlicher Form überprüft werden:

− Bürotätigkeiten (wie Vergleich, Prüfen, Sortieren)
− Beherrschen der schriftlichen Sprache (insbesondere Rechtschreibung, Zeichensetzung, Grammatik und Worteinfall)
− Rechnerische Fähigkeiten
− Fähigkeiten zum logischen Denken
− Konzentrationsfähigkeit (insbesondere unter Zeitdruck)
− Aufgeschlossenheit für den Ausbildungsberuf ›Bankkaufmann‹/›Bankkauffrau‹ (im Sinne von Lernfähigkeit, Lernbereitschaft)
− Wahrnehmungsfähigkeit
− Arbeitssorgfalt

Bis auf die Fragen zum Allgemeinwissen und die Rechenaufgaben war die Bearbeitungszeit angegeben, in der die Aufgaben zu lösen waren. Ich hatte mich gut vorbereitet und war mit einer »Ist doch egal«-Einstellung zum Test gegangen. Nervös geworden bin ich dann eigentlich nur bei den Rechenaufgaben.

Die Zeit kam mir zumindest ausreichend bemessen vor, obwohl ich teilweise vor Nervosität nicht richtig denken konnte und ständig Aufgaben weggelassen habe. Nach dem ersten Durchgang bin ich dann wieder völlig ruhig an die restlichen Aufgaben herangegangen und konnte sie dann auch zum Teil ohne Schwierigkeiten lösen. Innere Ruhe ist also wirklich das Wichtigste überhaupt bei Einstellungstests.

Übrigens: Ich habe von der *Sparkasse* eine Einladung zum Vorstellungsgespräch bekommen. Davor habe ich allerdings etwas Angst, weil ich durch den Streß in der Schule nur wenig Zeit habe, mich über das aktuelle Zeitgeschehen zu informieren. Außerdem finde ich die Begründung, warum ich mich ausgerechnet bei der Sparkasse XY beworben habe, sehr schwierig. Häufig bewirbt man sich doch nur, weil man vom Arbeitsamt die Adresse bekommen hat. Aber diese Begründung ist mit Sicherheit nicht ausreichend.

Gar nicht so schlimm ...

»Das Vorstellungsgespräch bei der *Sparkasse* war gar nicht so schlimm, wie ich es mir vorgestellt habe«, schrieb uns Karin aus Hessen dann in ihrem zweiten Brief.

Ich mußte erst ca. 20 Minuten warten, weil die Herren gerade eine Pause gemacht hatten. Dadurch bin ich aber eher ruhiger als aufgeregter geworden. Zuerst sollte ich noch einmal meinen Lebenslauf wiederholen (bis einschließlich Schulbildung), dann erzählen, welche Hobbys ich habe, wo ich mich leistungsmäßig innerhalb meiner Klasse einordne (unteres, mittleres, oberes Drittel), welche Schwächen ich habe, und welche Fähigkeiten ich für den Beruf mitbringen würde. Ich dachte dabei, es ginge um Schreibmaschinenkenntnisse o.ä., aber die Herren sagten, Schreiben und Rechnen sei gemeint.

Dann bekam ich zwei Themen zur Auswahl: 1. »Sind Frauen die besseren Autofahrer – ja oder nein?« Leider fällt mir das zweite Thema jetzt nicht mehr ein. Nach zwei Minuten Bedenkzeit sollte ich eine Meinung vertreten (egal, welche) und in der Lage sein, Gegenargumente widerlegen zu können. Meine Freundin übrigens hatte das Thema »Erfassung von Aidskranken – pro und kontra« und ein Bekannter: »Industrieprodukte der USA« oder »Apartheidspolitik in Südafrika«. Er mußte darüber sogar bei einer anderen Bank einen 2-Minuten-Aufsatz schreiben.

Zum Abschluß des Vorstellungsgesprächs habe ich noch Informationen über die Ausbildung bekommen und durfte selbst Fragen stellen. Was mir besonders auffiel: Weder zur Begrüßung noch zur Verabschiedung hat mir einer der fünf Herren die Hand gegeben. So wußte ich zum Schluß gar nicht, ob ich schon gehen darf oder nicht, weil die Herren einfach sitzengeblieben sind und nur »Auf Wiedersehen« gesagt haben.

Was einem zur Zeit stinkt ...

Bernd, 21 Jahre, Abitur, aus der Nähe einer fränkischen Großstadt und gegen Ende seiner Bundeswehrzeit, berichtet detailliert über seine Bewerbungserfahrungen für den Beruf des Bankkaufmanns:

Bei der *Sparkasse* wurde ich nach meiner schriftlichen Bewerbung als erstes zu einem Gruppengespräch eingeladen. Ein leitender Angestellter begrüßte uns und stellte sich dann zunächst einmal selbst vor. Er behauptete doch tatsächlich, unsere Bewerbungsunterlagen noch nicht angeschaut zu haben, um sich kein falsches Bild im voraus zu machen. Im Kreis von 12 Personen (wir saßen in einem lockeren Halbkreis) mußte sich jeder von den Teilnehmern erst einmal vorstellen. Darunter verstand der Bankmensch, daß man nicht nur Lebensdaten aufzählen, sondern auch Persönliches von sich geben sollte, z.B. Hobbys, was einem zur Zeit stinkt, worüber man sich besonders freut, und was man sich vielleicht wünscht ... Auch einen für uns spezifischen Leitsatz, ein persönliches Motto sollten wir vortragen und natürlich auch erklären, warum wir gerade diesen Spruch oder Satz, dieses Sprichwort oder Motto gewählt hätten.

Dann wurden wir in zwei Gruppen zu je sechs Personen aufgeteilt. Beide Bewerbergruppen bekamen die Aufgabe gestellt, Einstellungskriterien herauszuarbeiten, die sie für den Beruf des

Bankkaufmanns als wichtig ansehen. Innerhalb der Gruppe mußte nun erst einmal festgelegt werden, wer Protokoll führt und wer dann das Ergebnis vorträgt. Während der ganzen Zeit saß der Bankmensch stumm dabei und beobachtete uns.

Nach Vortrag der Ergebnisse gab er uns ein neues Thema: »Wie sind Sie zu diesen Einstellungskriterien, zu Ihrem Ergebnis gekommen?«

Das bedeutete wieder Gruppenarbeit und Ergebnisvortrag. Danach redete der Bankmensch noch über die Unsinnigkeit von Tests und sagte, daß wir nicht traurig sein sollten, wenn eine Absage käme. Ihm täte es selber am meisten leid, wenn er jemandem absagen muß und bla bla bla . . .

Er verabschiedete uns mit den Worten, daß wir in etwa drei Wochen wieder was hören würden. Dies war auch der Fall. Ich wurde zu einem persönlichen Vorstellungsgespräch eingeladen. Und das lief so ab:

Nachdem ich mich im Vorzimmer gemeldet hatte, mußte ich noch ein paar Minuten im Gang warten. Der Personalleiter, mein Interviewer, holte mich ab, ließ mich ins Zimmer vorgehen und wechselte mit mir dann noch im Stehen ein paar Worte über meine Bundeswehrzeit. Als wir uns gesetzt hatten, ging er darauf sogar noch genauer ein: »Was machen Sie bei der Bundeswehr? Wie gefällt es Ihnen dort und welche Aufgaben haben Sie?«

Auf einem Personalbogen notierte er sich dann noch, daß ich einen Führerschein habe und fragte, ob ich irgendwelche schlimmen Krankheiten gehabt hätte. Weiter ging es mit der Frage, was ich nach dem Ausscheiden aus der Bundeswehr bis zum möglichen Beginn meiner Lehre (ca. ein halbes Jahr) machen würde.

Auf das Gruppengespräch eingehend, fragte er mich nach meinem Urteil über diese »Art der Auslese«. Er wollte auch wissen, welche Bewerbungsunterlagen ich aus seiner Sicht für eine Auswahlentscheidung heranziehen würde und wie wohl meiner Meinung nach der Leiter des Gruppengesprächs seine Auswahl trifft.

Dann kam eine Frage zur Bank: »Die Bank besteht ja aus zwei Bereichen - der bankinterne und der kundennahe Bereich. Welche Einzelabteilungen denken Sie, gehören zum bankinternen Bereich?« Als letzte Frage kam dann: »In welchem Bereich würden Sie am liebsten arbeiten, bankintern oder kundennah? Und warum?«

Den Abschluß des Gesprächs gestaltete der Personalleiter so, daß er mir die verschiedenen Arbeitsmöglichkeiten nach der Lehre darstellte. Dann brachte ich auch meine Fragen an . . .

Raiffeisen nicht, Dresdner nicht, aber die Sparkasse

In den Sommerferien, nach dem Abitur, hatte ich ein Praktikum bei der *Raiffeisenbank* absolvieren dürfen und hoffte auf eine Zusage für einen Ausbildungsplatz. Knapp zwei Wochen nach meinem Praktikum bekam ich eine Absage ohne Angabe von irgendwelchen Gründen. Ich muß dazu sagen, daß meine Praktikumszeit o.k. verlief und es keine Vorkommnisse gab, die irgendwie hätten darauf schließen lassen können, daß ich für die Filiale untragbar gewesen wäre.

Nach dieser Absage bin ich natürlich zur Bank gegangen und habe mich erkundigt. Da wollte man mir doch allen Ernstes glauben machen, daß die Bank kein Geld habe, im nächsten Jahr einen Auszubildenden einzustellen.

Mein Vater verfügt über ganz gute Kontakte zu einem der Bankangestellten und hörte natürlich etwas ganz anderes. Sie würden nur Real- und Handelsschüler einstellen, und für das nächste Jahr sei der Ausbildungsplatz in dieser Filiale schon an eine Realschülerin vergeben, die zwar keine besonderen Schulnoten hätte, aber einen Vater, der der beste Freund des Filialleiters sei.

Die *Dresdner Bank* teilte mir auf meine Bewerbung hin mit, daß nur solche Schüler zum Test zugelassen werden, die einen Notendurchschnitt von unter 2,0 haben. Ich hatte leider nur 2,4. Pech.

Bei der *Sparkasse* hat es dann endlich geklappt. Ich wurde zum Test nach Düsseldorf eingeladen, und man setzte mir damals noch den sogenannten Intelligenz-Struktur-Test (IST) von Amthauer vor. Dabei überraschte mich am meisten, daß bei etwa 80% der Aufgaben die Zeit völlig ausreichte, um alles zu beantworten. Die zweite Überraschung war für mich, daß 90% derjenigen, die am Test teilgenommen hatten, auch zu einem Gespräch eingeladen wurden.

Allerdings muß ich auch zugeben, daß ich auf diesen Test durch die einschlägige Testtrainings-Literatur besonders gut vorbereitet war. Schade ist nur, daß sie dieses Auswahlverfahren jetzt nicht mehr machen.

Also, die dritte Überraschung war das Gespräch selbst. Es wurden keine Fragen gestellt, sondern drei Bewerber mußten 10 Minuten über ein Thema diskutieren. Das ganze dauerte 30 Minuten. Jeder Bewerber war dabei auch einmal der Gesprächsleiter. Die Themen für meine Gruppe hießen:

- Wie kann ich meine Freizeit sinnvoll gestalten?
- Ist Umweltschutz wirklich so wichtig?
- Bereitet mich die Schule aufs Berufsleben vor?

Wie so herausgefunden werden soll, ob man für den Beruf des Bankkaufmanns geeignet ist oder nicht, ist mir ehrlich gesagt schleierhaft. Aber was soll's, ich bin es inzwischen.

Wie unterscheiden sich die verschiedenen Bank-Tests?

Also, sehr große Unterschiede gibt's da nicht, findet Petra, 15 Jahre, Realschülerin. Die *Dresdner Bank* war sehr genau. Die wollten wirklich nur die »Creme de la Creme«! Bei diesem Test mußte man die unmöglichsten Matheaufgaben im Kopf ausrechnen und ein sehr gutes Wissen in Politik und Marktwirtschaft war vonnöten. Die wollten bereits schon jetzt Sachen wissen, die man doch eigentlich erst während der Ausbildung lernt.

Und die 18jährige Abiturientin Susanna berichtet von der *Dresdner Bank*:

Da wurden mir Wirtschaftsdiagramme aus der »Süddeutschen Zeitung« vorgelegt. Darunter standen mehrere Antworten, von denen eine oder sogar mehrere richtig waren. Man sollte herausfinden, was man aus dem jeweiligen Diagramm schließen könne. Z.B. wurde ein Diagramm des jährlichen Zuwachses des Brutto-Sozialprodukts von mehreren europäischen Ländern abgebildet.

Die Antworten schienen nicht unbedingt klar, und die Diagramme waren sehr schwer zu deuten, wenn man nicht in der Schule einen Leistungskurs in Wirtschaft belegt hatte. Ich fand das eine ganz gemeine Art, die Leute zu testen. Natürlich war die Zeit viel zu knapp bemessen, so daß man nicht richtig überlegen bzw. man sich gar nicht alle Diagramme genau anschauen konnte.

Ebenfalls sehr schwer fiel mir ein Test mit Kopfrechenaufgaben. Man hatte ein DIN-A4-Blatt vor sich, auf dem drei- oder vierspaltig ca. 50 Multiplikationsaufgaben standen, jeweils mit Ergebnis und einem leeren Kästchen dahinter. Die Aufgabe bestand darin, diese Ergebnisse zu überprüfen und wenn sie als falsch erkannt wurden, das richtige Ergebnis in das Kästchen hineinzuschreiben. Die Rechenaufgaben selbst waren nicht umwerfend schwer, da es sich nur um das große Einmaleins handelte. Aber man hatte natürlich mal wieder viel zu wenig Zeit, alles zu schaffen.

Hinzu kam ein Lückentext mit dem Thema »Soziale Marktwirtschaft«.

Wie bei allen anderen Tests beschäftigte uns auch diese Bank mit Textaufgaben, Wortgleichungen, Rechtschreibung und Sinnvoll-ergänzen-Aufgaben. Insgesamt dauerte der Test 1 1/2 bis 2 Stunden.

Bei der *ADCA-Bank* machte ich den längsten und zugleich schwierigsten Test mit. Wir waren nur zu elft und man sagte uns, daß wir auch die einzigen Elf seien, die den Test überhaupt machen dürften. Zunächst mußte man 20 Minuten lang Kopfrechnen (alle Grundrechenarten). Dann 60 Minuten lang Textaufgaben lösen, die zum Teil wirklich nicht einfach waren (Dreisatz, Prozentrechnen, Dezimalbrüche teilen und multiplizieren). Wir absolvierten ein Diktat (eine DIN-A4-Seite) und neben den typischen und obligatorischen Testaufgaben wurde auch das Allgemeinwissen geprüft. Um nur einige Beispiele zu nennen:

– Nennen Sie vier Länder, in denen Spanisch die offizielle Landessprache ist.
– Erklären Sie in ca. fünf Sätzen, was UNICEF bedeutet.
– Wer ist die »Hüterin der Währung«?
– Wieviel Prozent Reingold ist in einer 14karätigen Legierung enthalten?[13]

Bei der *Bayerischen Landesbank* kam ein typischer Allround-Test dran, der sogenannte Intelligenz-Struktur-Test. Gemein war besonders der »Würfeltest«. Hier waren sechs Würfel abgebildet und darunter zwölf Würfel mit denselben Symbolen. Man mußte herausfinden, wie und ob der jeweilige Würfel gedreht oder gewendet worden ist. Eine Aufgabe, bei der einem nachher der Kopf raucht und die Augen weh tun! Der Test dauerte ingesamt etwa 2 1/2 Stunden.

Die einzige Bank, bei der ein Persönlichkeitstest drankam, war die *Bayerische Vereinsbank* (vgl. S. 83, 128). Man sollte Fragen beantworten wie:

„Ist es passend oder unpassend, wenn Mr. X auf diese Situation (die einem vorher kurz erklärt worden ist) a, b, c oder d antwortet. Jede Antwort sollte bewertet werden (von 1 bis 5).

Beispiel: Ein Mann kommt spät nach Hause und hat seinen Hausschlüssel verloren. Er muß seine schon schlafende Frau aus dem Bett klingeln. Diese reagiert sehr forsch und beschimpft ihren Mann. Ist es passend oder unpassend, wenn dieser sagt:

a) es gehe sie doch nichts an,
b) überhaupt nichts sagt und wortlos ins Bett geht,
c) sich damit entschuldigt, daß das jedem passieren könne und sie solle sich nicht so aufregen,
d) es sei nicht so schlimm, der Schlüssel würde bestimmt wieder auftauchen.[14]

Viele dieser Aufgaben handelten vom Umgang mit den Mitmenschen, insbesondere mit Vorgesetzten, Kunden, »Untergebenen« und Familienangehörigen. Man darf meiner Meinung nach auf keinen Fall da ehrlich und spontan antworten bzw. ankreuzen, sondern muß in diesem Fall versuchen, sich als aufgeschlossenen, kontaktfreudigen, menschen-, umwelt- und tierliebenden Menschen mit guten Umgangsformen darzustellen.

Die *Stadtsparkasse München* macht ja nur »persönliche« Gespräche. Diese allerdings nur nach dem Schema F, d.h. jeder wird dasselbe gefragt und alles wird auf einem Formblatt aufgeschrieben.

Was würde passieren, wenn ...

Kennen Sie schon die »Was würde passieren wenn...«-Fragen? Bei einem Einstellungstest einer Bremer Bank wurden folgende Aufgaben gestellt:

– Was würde passieren, wenn es ab morgen kein Papiergeld mehr gäbe, sondern nur noch Münzen?
– Was würde passieren, wenn alle Menschen 150 Jahre alt würden?

Für die schriftliche Beantwortung hatte man insgesamt 5 Minuten Zeit. Ziel war es, möglichst viele Einfälle zu haben – so die Aufforderung. Glauben Sie bloß nicht, daß es hier um reine Quantität geht!

Wie eingangs erwähnt gehören Assessment-Center-Tests zu den immer beliebter werdenden Testformen. Hier ein Bericht über ein 1 1/2tägiges Assessment-Center für Hochschulabsolventen bei der *Westddeutschen Landesbank*. Zu den Eckdaten: 8 Bewerber stehen (oder sitzen) 5 Beobachtern gegenüber.

Der erste Tag beginnt um 14 Uhr, scheinbares Prüfungsende ist um 18.30 Uhr, das gemeinsame

Abendessen (nichts ißt zufällig, freiwillig oder zwanglos) ist nicht weniger Bestandteil des Auswahlverfahrens.

Zum Ablauf:

1. Selbstvor- und Darstellung (Lebenslauf auf Plakat mit Erläuterungen).

2. Diskussion folgender Situation: Ein Wirtschaftsingenieur wird von der Fertigungs- in die Verkaufsabteilung versetzt und ist dort plötzlich Vorgesetzter von 20 Leuten. Er hatte bisher gute Führungsqualitäten gezeigt, verfügt aber formal über keine Ausbildung und ist daher unsicher, ob er der Aufgabe gewachsen ist.

Aufgabe: 15 vorgegebene Empfehlungen, was der Mitarbeiter am besten machen sollte, um sich der neuen Aufgabe besser gewachsen zu fühlen, sind von jedem Bewerber in eine Rangfolge nach Wichtigkeit und Nützlichkeit zu bringen (z.B. Yoga, Vortrag über Führung von Mitarbeitern, Seminare besuchen, Bücher lesen etc.). Danach müssen sich alle Bewerber gemeinsam in einer Diskussion darauf einigen, welche Rangfolge der Empfehlungen am sinnvollsten ist. Wichtig dabei ist nicht nur das überzeugte Vertreten der eigenen Meinung, sondern das Kooperieren mit den anderen Gruppenteilnehmern, sowie die Fähigkeit, sich unter Zeitdruck zu einigen.

3. Organisations-Aufgabe: Anhand gewisser vorgegebener Termine soll ein Zeitplan erstellt werden:
   - ein eiliger Brief ist zur Post zu bringen
   - wichtige Kunden sind zu besuchen
   - bis 16 Uhr sind wichtige Papiere von der Bank abzuholen
   - um 17.10 Uhr ist ein Treffen mit Freunden verabredet, die Dauer ist nicht festgelegt
   - zwischen 16 Uhr und 16.30 Uhr muß einer neuen Sekretärin das Büro gezeigt werden
   - das Motorrad ist kaputt und könnte zur Reparatur gebracht werden, Dauer: 1 1/2 Stunden; durch das Motorrad lassen sich alle Wegezeiten um 2/3 reduzieren, also statt 30 Min. nur 10 Min.
   - hinzu kommt ein Kaufhauseinkauf (10 Min.)
   - ein Friseurbesuch (hier ist die Zeit für den Haarschnitt selbst zu bestimmen)
   - am Bahnhof muß eine Fahrkarte gekauft werden

Ausgangspunkt (um 14 Uhr) und Zielort ist das Büro, das spätestens um 18 Uhr wieder erreicht sein muß. Alle Stationen sind zu besuchen. Dauer des Treffens, Friseurbesuch und Bahnhof sind selbst zu bestimmen, müssen aber realistisch sein. Sonstige Aufenthaltszeiten sind vorgegeben.

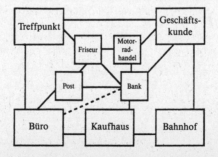

Mein Lösungsweg:
Büro ab 14.00 Uhr
? an ?
? ab ?
usw.

Die Arbeit an dieser Aufgabe wird durch eine Präsentation (10 Min. Vorbereitung und 5 Min. Redezeit) unterbrochen: Ein Patent zum Rohstoffrecycling ist angemeldet und man soll nun in diesem Zusammenhang eine Marketingstrategie vorstellen, mit der diese »Wundermaschine« verkauft wird.

4. 40minütige Gruppendiskussion eines Fallbeispiels: Es soll für den Vorstand eines deutschen Fotoapparateherstellers eine Entscheidungsvorlage erstellt werden, die sich mit der Frage beschäftigt, ob man eine japanische Firma, die im Massengeschäft für Superkameras tätig ist, übernehmen sollte. Die eigene Firma ist im Profibereich mit hoher Qualität am Markt. Anhand verschiedener Stellungnahmen ist die Situation im Hinblick auf folgende Kriterien zu prüfen:

   − Ist die Finanzierung gesichert?
   − Einfluß auf das Image der bisherigen Firma
   − Einfluß auf die Artikel des japanischen Massenanbieters bei Übernahme
   − Marktchancen
   − Umsatz
   − Gewinn
   − Kostensenkungspotential
   − Wettbewerbsvorteile
   − Erfahrung in den neuen Branchenbereichen

   Wichtig bei der Lösung der Aufgabe ist, bei gut vertretener eigener Position, vor allem die Konsensfähigkeit der Gruppe und des Einzelnen in ihr (Teamwork).

Ende 18.30, gemeinsames Abendessen 20 Uhr.

Der zweite Tag beginnt um 8.30 Uhr, um 13 Uhr gibt es Mittagessen und ab 14 Uhr wird das Feedback ausgeschenkt.

1. Postkorb-Aufgabe (30 Min.) und dazwischen: Aufsatz (45 Min.).
   Zur Postkorbaufgabe: Man kehrt abends von einem Kongreß nach Hause zurück und findet die Nachricht vor, daß am nächsten Morgen um 9 Uhr eine unaufschiebbare Geschäftsreise für mehrere Tage ansteht. Die Wohnung ist leer, das Au-pair- Mädchen ist für einige Tage verreist, Ehefrau und Tochter machen Urlaub und sind telefonisch zunächst nicht zu erreichen. Der Sohn kommt später abends heim. Auf dem Anrufbeantworter sind vier Telefonanrufe aufgezeichnet und im Postkorb liegt ein Stapel von Briefen und Mitteilungen. Wichtig ist es nun, zu entscheiden, welche Informationen und Aufgaben Vorrang haben und welche Dinge man delegieren kann bzw. selbst machen muß.

   Beispiel: Im Postkorb befindet sich eine Karte, auf der die Telefonnummer von Ehefrau und Tochter notiert ist, d.h. man kann sie anrufen und bestimmte Dinge delegieren. Genauso kann man die Sekretärin benachrichtigen und dem später heimkehrenden Sohn Dinge auftragen, wie z.B. die Tante anzurufen, damit sie am vorgesehenen Tag nicht einen Kuchen backt, weil das Gas wegen Reparaturarbeiten am Gaszähler abgestellt wird. Aus dem gleichen Grund muß der Sohn zuhause bleiben. Nicht vergessen, ihm Geld hinzulegen, weil er Theaterkarten besorgt hat. Die Tochter informiert man über den Anruf eines Bekannten, der eigenen Frau trägt man auf, bei Gericht anzurufen, um einen Termin zu verschieben. Sie könnte eventuell auch die Mieterversammlung besuchen, da man selbst eine falsche Heizkostenabrechnung erhalten hat, usw. usw.

Zwischendurch ist in 45 Min. ein Aufsatz zu schreiben, der folgende Themen behandelt:
- Persönliche und fachliche Stärken
- Berufliche Ziele in den nächsten fünf bis sieben Jahren
- Welche persönlichen und fachlichen Schwächen müssen in dieser Zeit überwunden werden?

Damit ist diese Schachtelaufgabe beendet und man kommt zur nächsten:

2. In dieser Aufgabe geht es um eine Disziplinarentscheidung aufgrund von Fehlzeiten und dazwischen um eine Selbsteinschätzung und ein Verhandlungsrollenspiel.

Jeder Bewerber bekommt einen Disziplinarfall aus der Personalabteilung vorgelegt, den er zu beurteilen hat. In einzelnen Situationen sind alternative Entscheidungen zu treffen, die dann wiederum den weiteren Verlauf der Entwicklung beeinflussen. Dazu werden Mappen ausgeteilt, auf deren Seiten jeweils Situationsbeschreibungen stehen, und je nach Entscheidung durch den Bewerber Verweise auf unterschiedliche weitere Seiten enthalten.

Man selbst soll sich in die Rolle eines Landesbausparkassen (LBS)-Zweigstellenleiters versetzen. Seit sechs Monaten hat man einen neuen Mitarbeiter, der bereits insgesamt drei Jahre für die LBS gearbeitet hat. Seit zwei Monaten fehlt dieser Mitarbeiter (nennen wir ihn Fritz Fleißig) regelmäßig jeden Montag.

Nun werden einem verschiedene Entscheidungsmöglichkeiten zur Auswahl gegeben. Am Anfang z.B.:
- a) ein Gespräch unter vier Augen
- b) ein Gespräch mit dem ehemaligen Vorgesetzten
- c) ein Gespräch mit den Arbeitskollegen von Fritz Fleißig
- d) eine schriftliche Abmahnung

Mein Lösungsvorschlag: Zunächst früheres Verhalten beim ehemaligen Chef erkunden, dann im persönlichen Gespräch solange fragen, bis Fritz Fleißig seine Probleme erzählt, etwas später zur Not abmahnen. Wenn er frech wird, gegebenenfalls auch entlassen (es stellt sich nachher heraus, daß er Alki ist).

Während dieser Fallarbeit muß man eine Selbsteinschätzung zum Besten geben. Dazu erhält man eine Liste von Eigenschaften und soll sich selbst auf einer Skala von 1-5 bei einzelnen Kriterien einstufen. Dabei geht es um Eigeninitiative, Kommunikations-, Delegations-, Kontakt- und Kooperationsfähigkeit, logisches Denken, Überzeugungs- und Durchsetzungskraft, Risikobereitschaft, Fachwissen, Selbstständigkeit, Führungsqualitäten, Belastbarkeit, Entscheidungsfreude, Auffassungsgabe, Toleranz, Interesse am Detail und Organisationstalent.

Parallel ist noch ein Verhandlungsrollenspiel zu absolvieren: Ein Bewerber ist Verkäufer, ein anderer Käufer. Situation: Der Verkäufer soll einen High-tech-Kopierer mit exzellentem Service verkaufen. Der Kopierer ist aber vom Gewicht her sehr schwer. Der Verkäufer kann vom Listenpreis (8000 DM) maximal 500 DM runtergehen. Der Käufer soll auf jeden Fall einen Abschluß tätigen, er will eigentlich nur 7000 Mark ausgeben, maximal kann er aber bis 7700 gehen. Wichtig ist hier der Vertragsabschluß sowie gegebenenfalls eine originelle Argumentation bei plötzlich auftretenden Problemen (wie z.B. hohes Gewicht: hier das Anbringen von Rollen anbieten).

3. Aufgabe: Gruppendiskussion. Alle Bewerber sind reisende Außendienstmitarbeiter eines Versicherungsunternehmens. Sie haben alle unterschiedliche Fahrzeuge (im Hinblick auf Modell, Fahrzeug und Kilometerleistung; einer fährt sogar einen Motorroller). Insgesamt steht für alle Außendienstmitarbeiter nur ein neuer BMW 320i zur Verfügung. Aufgabe jedes einzelnen ist es, seine Ansprüche auf den neuen Wagen zu begründen.

Es bieten sich in der Diskussion folgende Argumente und Kriterien an: Alter der Fahrzeuge,

Kilometerstand, Umsatzhöhe, Dienstalter und Firmenzugehörigkeit, Versprechen »unter der Hand«.

Wichtig ist auch hier der Konsens in der Gruppe. Meiner Meinung nach ist das geschickteste ein Ringtausch. Das schlechteste Fahrzeug (Motorroller) wird ausrangiert und jeder bekommt ein besseres als vorher.

Besonders stressig fand ich die Doppelbelastung durch das Verknüpfen von zwei Testaufgaben zur gleichen Zeit.

Nach Berichten aus dem Bankbereich folgen jetzt die Erfahrungen von angehenden Betriebswirten und Industriekaufleuten:

NIXDORF: Was brauchen Sie, damit Ihnen die Arbeit Spaß macht?

Mit Abitur kann man sich auf einer Berufsakademie alternativ zu einem Hochschulstudiengang zum Betriebswirt ausbilden lassen. Große Firmen wie z.B. *IBM, Siemens, Nixdorf* und viele andere unterhalten eigene Berufsakademien.

Den angenehmsten Einstellungstest, sowohl vom Test selbst wie auch vom Umfeld, erlebte ich bei Nixdorf in Nürnberg. Zusammen mit zehn anderen Kandidaten war ich eingeladen. Das bedeutete Test, Gruppendiskussion und persönliches Gespräch.

Um 8.30 Uhr begann alles − nein, nicht gleich mit dem Test, sondern erst einmal mit Informationen über das Unternehmen, vorgetragen von keinem anderen als dem höchsten Boß der Zweigstelle Nürnberg selbst. Er machte das sehr gut und versuchte gleichzeitig, uns die Anspannung zu nehmen, damit wir »an die Sache ganz locker rangehen« könnten. Wir wurden keinesfalls mit Zahlen und Fakten gelangweilt, sondern bekamen wirklich interessante Informationen, z.B. auch über das innerbetriebliche Klima.

Anschließend traten die beiden Testleiter auf und sagten ihre Meinung zum Thema Tests, tranken mit uns bereitgestellten Kaffee (Saft und Cola war auch da) und informierten uns vorweg, was in diesem Auswahlverfahren alles verlangt werden würde und was man damit bezwecken wolle. Dadurch entstand eine richtig lockere Unterhaltung, die ganz im Sinne aller war. So schafft man Entspannung.

Um 10 Uhr (1 1/2 Stunden später!!!) ging's an den Test, der insgesamt eine Stunde dauerte und die beiden Bereiche »Rechtschreibung« und »Logisches Denken« beinhaltete.

Zuerst der Rechtschreibtest: Es wurde uns ein fortlaufender Text von ca. 8 Seiten gegeben, in dem die gleichen Wörter in verschiedener Schreibweise öfters wiederholt wurden und man sich für die richtige Schreibweise entscheiden mußte. Beispiel:

Melodie, Takt und *(A) Rytmus (B) Rütmus (C) Rhythmus (D) Rythmus (E) Rhytmus* bestimmen die Musik.[15]

Die Zeit war gut bemessen und man konnte in aller Ruhe den Text durchgehen. Anschließend folgte der Testteil »Logisches Denken«. Hier mußte man die bekannten Bilderreihen sinnvoll ergänzen. Ungefähr 35 Aufgaben mit ansteigendem Schwierigkeitsgrad waren in ausreichender Zeit zu bearbeiten. Alles in allem nicht geschenkt, aber auch kein übermäßiger Streß.

Nach kurzer Pause schloß sich die Gruppendiskussion an. Themen:

a) Ist die hohe Bezahlung der Spitzensportler gerechtfertigt?
b) Können Sie sich vorstellen, daß Firmen aus eigenem Engagement etwas für den Umweltschutz tun?

Für jedes Thema standen etwa 15 Minuten Diskussionszeit zur Verfügung. Die Testleiter mischten sich nicht ein und machten während der gesamten Diskussionzeit ihre Aufzeichnungen.

Nach einem von der Firma bezahlten Mittagessen und der sich anschließenden Erholungspause begannen die persönlichen Gespräche. Während der Einzelgespräche (nur ein Interviewer / ein Bewerber) konnten die anderen Kandidaten die Wartezeit mit Kaffee und Kuchen überbrücken.

Im persönlichen Gespräch tauchten folgende Fragen auf:

– Welche guten bzw. schlechten Charakterzüge können Sie an sich feststellen?
– Was brauchen Sie, damit Ihnen die Arbeit Spaß macht?
– Angenommen, Sie hätten zwei Stellen zur Auswahl; bei der einen in Nürnberg würden Sie 2500,- DM, bei der anderen in Dortmund 3000,- DM Gehalt bekommen – wie würden Sie sich entscheiden?
– Wo haben Sie sich noch beworben und als was?

Abschließend kann ich nur feststellen: Bei meinen sieben Einstellungstest-Erfahrungen (ich weiß also, wovon ich spreche) ist dies die bei weitem positivste, die ich erlebt habe. Leider sind zu wenige Firmen in dieser Art bemüht, die Atmosphäre für die Bewerber angenehm zu gestalten. Viele Firmen scheinen ihre sonst so ernstgenommene Imagepflege beim Thema Einstellungstests total zu vergessen.

IBM, Daimler und Bosch

Bei *IBM* erlebte ich mit Abstand das unpersönlichste Auswahlverfahren. Vorne stand eine Leiterin und paßte auf, daß keiner zu früh mit seinen Testaufgaben anfing. Die ganzen Testanweisungen (Testdauer ca. 60 Minuten) kamen von einem Tonband. Mich wunderte nur, daß die noch keine Computer eingesetzt haben.

Insgesamt waren acht Aufgaben zu bewältigen:

– Richtig raten: nur durch wenige Striche angedeutete Bilder sind zu erkennen.
– Original und Fälschung: Zeilen mit ca. 7 Zahlen oder Buchstaben müssen verglichen und auf Fehler untersucht werden.
– Verstümmelte, schwer lesbare Worte mit Rechtschreibfehlern sind zu identifizieren und zu korrigieren.
– Buchstaben ordnen: Aus durcheinandergewürfelten Buchstaben muß ein Wort gebildet werden.
– Raumvorstellung: Wieviel Flächen hat der abgebildete Körper?
– Schnelles Addieren: Ca. 9 Zahlen, die in einer Reihe stehen, addieren und die Quersumme des Ergebnisses weiterverarbeiten.
– Falsches herausstreichen: Ein Zeichen paßt nicht in eine logisch aufgebaute Reihe.
– Rechtschreibfehler ausbessern.

Bei Daimler war ich aufgrund meiner Noten unter den letzten 300 von 2000 Bewerbern. Dabei blieb es aber auch. Eine solche psychologische »Unterdrucksetzung« hatte ich vorher noch nie erlebt. Der IQ wurde angeblich in zwei Minuten ermittelt. Zahlen von 1-90, die über eine DIN-A4-Seite verstreut waren, mußten verbunden werden. Man kann seinen IQ von einer Woche zur anderen nur aufgrund von Übung um mindestens 20 Punkte erhöhen!! Faßt man den Stift weit oben an, versperrt man sich natürlich weniger die Sicht, als wenn man ihn in normaler Schreibstellung hält.

In der folgenden Woche war ich bei Bosch und schlauer, weil geübter. Statt nur 47 Zahlen zu verbinden, kam ich bereits auf 69. So können zwei Minuten schon alles entscheiden ...

Noch etwas zum Aufsatzthema: »Ein einschneidendes Erlebnis in Ihrem Leben« wollte man bei Bosch von mir erfahren.

Die Diskussionsthemen, die wir in einer Gruppe erörtern sollten, lauteten:

- Karriere - erstrebenswert?
- Ist das Bild der Jugend wirklich so, wie in den Medien dargestellt?
- Ein frei zu wählendes Thema.

Dann folgten Einzelgespräche über Wirtschaftsthemen. Es wurden auch viele persönliche Fragen gestellt. Hier hat mir Ehrlichkeit am besten geholfen. War ich nicht derselben Meinung wie die Herren vor mir, hab' ich das klipp und klar gesagt. Zudem kam ich nach der Daimler-Enttäuschung mit der Haltung zu Bosch: »LMAA, ich sitze doch gleich wieder vor der Tür« – wahrscheinlich das einzig wahre, ich bin einer von 15 aus 1800 . . .

Wo lebt Elie Wiesel?

»Leben heißt lernen, und warum haben wir mit der Schulentlassung noch lange nicht ausgelernt?« lautete das Aufsatzthema bei meiner Bewerbung zur Ausbildung als Betriebswirt bei der *Stadt Ludwigshafen.*

Warum wohl? Beinahe hätte ich geschrieben, daß man mit dem schulischen Allgemeinwissen kaum einen Eignungstest bestehen kann, aber dann habe ich mich doch nicht getraut.

Unter »Allgemeinwissen« verstanden die potentiellen Arbeitgeber Fragen wie diese:

- Wer gewann 1986 den »Fair-Play-Preis«?
- Wo findet das Young-Masters-Turnier statt?
- Was war am 13.8.1961?
- Was versteht man unter dem Begriff »gläserner Mensch«?
- Wo lebt Elie Wiesel?
- Was verdanken wir Ernst Ruska?[16]

Gesucht war außerdem ein »Wort des Jahres«, aus welchem Gebiet dieses Wort jedoch stammen sollte, war nicht Teil der Fragestellung. Ferner wollte man noch wissen, wer Deutschlands beste Tennisspielerin ist und wann in Deutschland das letzte Mal eine Fußballweltmeisterschaft stattgefunden hat. Minister wurde übrigens nur einer verlangt, dafür hatte der Test hohen Aktualitätsbezug: Die Folgen von Tschernobyl sollten in eine Lücke von ca. 5 cm passen.

Ach ja, die Frage, wer denn »die Gnade der späten Geburt« hatte, vergaß ich fast, Ihnen zu berichten.

Die Frage, in welchem Stadtteil sich die Mülldeponie befindet, fand ich geradezu peinlich, außerdem kann sie auswärtigen Bewerbern Schwierigkeiten machen.

Auch die Tatsache, daß vorne zwei Azubis vom Vorjahr anfingen, den ersten Test-Teil zu korrigieren und dabei vor Lachen fast zusammenbrachen, war nicht gerade beruhigend. Zum Glück hatte der Ausbildungsleiter vorher gesagt, daß nur 300 Leute zu den Tests eingeladen werden. Das beruhigt, wenn man mit der Einstellung zum Test geht, daß man es sowieso nicht schafft. So fällt wenigstens der größte Streß weg. Vielleicht klappt's dann unerwartet doch einmal.

Und jetzt noch zum Röntgen

Ich bin Abiturient, habe zwölf Einstellungstests und neun Vorstellungsgespräche hinter mich gebracht und möchte von einem Bewerbungserlebnis berichten, in dem ein Testverfahren praktiziert wurde, das meiner Meinung nach ganz besonders nahe an die Grenzen des Unerlaubten ging.

Ich habe mich bei der *ENKA AG* (Werk Obernburg) beworben und bekam darauf eine Einladung zu einem »persönlichen Kennenlernen mit einem kleinen Test«. Ich zitiere weiter aus dem Einladungsschreiben: »Darüber hinaus erhalten Sie Gelegenheit, sich im Gespräch mit dem Ausbildungsverantwortlichen über die Ausbildung ausführlich zu informieren.«

Schon morgens um 7 Uhr sollte ich dort erscheinen. Was allerdings nicht in dem Schreiben stand, war, daß gleich am Vorstellungtag bei allen Ausbildungsplatzbewerbern eine *ärztliche Untersuchung* durchgeführt werden sollte. Diese beinhaltete Hör-, Sehtest, Röntgen, Messen des Lungenvolumens und noch einiges mehr, wie z.B. eine Befragung durch den Werksarzt nach bereits aufgetretenen Krankheiten usw.

Von dieser Firma, bei der ich mich als Diplombetriebswirt (BA) und Industriekaufmann beworben habe, bekam ich eine Absage.

Ob ich die BILD-Zeitung lese . . .

Ich hatte gestern mein erstes Vorstellungsgespräch bei einem chemischen Kleinunternehmen. Beworben hatte ich mich als Industriekauffrau. Der Interviewer, kaufmännischer Leiter, ein väterlicher Typ, sagte, daß Ausbildungstests unfair wären und er sich dieses Jahr nur auf seine persönliche Menschenkenntnis verlassen wolle.

Auf die meisten Fragen hatte ich mich gedanklich schon eingestellt. Aber eine neue Gattung kam hinzu: Psychotestfragen. Die Antworten hielt er auf einem Fragebogen fest, um am Ende des Gesprächs − es dauerte 1 1/4 Stunden − daraus eine Statistik zu machen. Es kamen Fragen wie:

− Lieblingsfach (ob und warum)?
− Wo ich in Urlaub war (allein oder mit der Familie)?
− Ob ich die BILD-Zeitung lese oder regionale Zeitungen?
− Ob ich in der Schülerverwaltung mitarbeiten würde?
− Wie viele gute Freunde ich habe?
− Wie viele Bekannte ich habe?
− Was für Bücher und Zeitschriften (in Themengebieten) ich lese?
− Politik: was geschieht z.Z.?
− und und und . . .
− Ob ich lieber a oder b machen würde? (mit Abstufungen: viel lieber, etwas weniger lieber als . . .). Für a) war eingesetzt z.B. lesen, diskutieren, fernsehen . . . für b) Mitläufer sein, basteln, kochen . . .

Allerdings muß ich sagen, hatte er mich vorher um Erlaubnis gefragt, ob er mich fragen dürfte . . .

15 von 1500 . . .

Bei drei Münchener Firmen habe ich mich um einen Ausbildungsplatz als Industriekaufmann beworben. Alle drei luden mich auch auf aufgrund meiner schriftlichen Bewerbung und meines Zeugnisses zum Test ein. Diese Tests wiesen starke Unterschiede auf. Während zwei der drei Firmen die üblichen Testaufgaben durchführten (hauptsächlich Konzentrationsfähigkeit, logisches Denken, Mathe usw.), stellte die dritte Firma unmögliche Fragen, die ich meist sogar daheim nicht mal mit Hilfe eines Lexikons herausbekommen habe und die in keinerlei Zusammenhang mit dem zukünftigen Beruf standen.

Der Testleiter (immerhin der Ausbildungsleiter dieser Firma) startete Einschüchterungsversuche in alle Richtungen: »Wir haben 1500 Bewerbungen, davon stellen wir 15 ein. Eigentlich weiß ich gar nicht, warum wir diesen Test veranstalten, da Sie ja doch keine Chancen haben. Von den 15 zukünftigen Lehrlingen wird übrigens nur einer weiblich sein!« Den Mädchen empfahl er daher dringend, doch lieber Büroassistentin zu werden.

Leider hatten wir in dieser Streßsituation keine Antenne für seine makabren Anmerkungen, die er − glaube ich − für sehr gelungen und witzig hielt. Erstaunlicherweise wurde ich auch von dieser Firma − wie von den beiden anderen auch − zum Vorstellungsgespräch eingeladen.

Schneesturm

DAIMLER BENZ und die *BASF* haben mir den IST 70 und den ABAT vorgelegt. Zu bemerken ist, daß *DAIMLER* ganz schlecht lesbare Fotokopien des Testbogens verwendet hat. Außerdem war die Luft in den Räumen sehr schlecht und die Frau, die die Fragen vorlas, hat unheimlich gestottert.

Vorher, bei *BASF*, sollten wir vor allen Testteilnehmern einen kurzen Lebenslauf abgeben und begründen, warum wir nicht studieren wollten. Danach wurden wir in Vierergruppen aufgeteilt (zweimal zwei Themen). Zwei Gruppen sollten diskutieren, was sie tun würden, wenn sie eine Bürgerinitiative zur Waldsäuberung gründen bzw. eine solche Aktion durchführen wollten.

Das zweite Thema: Wir sollten uns vorstellen, daß wir mit einem VW-Bus (fünf Personen) vom Urlaub aus dem Süden zurückkehren würden und über einen Paß fahren, der eigentlich nur mit Winterausrüstung befahrbar sei. Da wir aber den Weg abkürzen und uns die teure Tunneldurchfahrt sparen wollten, hatten wir uns für diesen Weg entschieden. Plötzlich streikt der Motor des VW-Busses und draußen herrscht ein dichtes Schneetreiben, so daß man kaum noch die Hand vor Augen sieht. Was tun? (Siehe auch S. 75)

Die Ergebnisse sollten der anderen Gruppe mit Hilfe einer Tafel vorgetragen werden.

Ewing Oil in Melsungen

Nach dem üblichen Test und der allgemeinen Vorstellaktion (persönliche Daten, Hobbys, Berufswünsche, weshalb kein Studium und die Gründe, warum ausgerechnet bei dieser Firma) kam ein Assessment-Center. Wer das bestanden hatte, wurde zu einem zweistündigen Einzelgespräch über die Öl-Industrie eingeladen. Dazu wurde ich mit einigen ausgedacht schwierigen Situationen in der Öl-Branche konfrontiert, für die ich Lösungsvorschläge anbieten sollte.

1. Beispiel:
Wie würde ich – zum Vorteil für das Unternehmen – als Leiter der Abteilung Öffentlichkeitsarbeit auf den Pressevorwurf reagieren, das Unternehmen trage durch seine Bohrinseln und Öl-Förderungsanlagen in Nord- und Ostsee massiv zur Umweltbelastung bei?

2. Beispiel:
Womit würde ich teure Entschwefelungsanlagen, die neuerdings gesetzlich vorgeschrieben würden, finanzieren?

Was fällt Ihnen zum Thema »Arbeit« ein?

Ein Bewerber berichtet über ein 50minütiges Vorstellungsgespräch als Industriekaufmann, in dem er mit dem folgenden Fragenkatalog konfrontiert wurde:

- »Arbeit« – Was fällt Ihnen zu diesem Thema ein?
- Nennen Sie positive und negative Charaktereigenschaften von sich.
- Was würden Sie aus Ihrer »frischen« Erfahrung heraus an der Schule ändern?
- Was liegt Ihnen mehr: Theorie oder Praxis?
- Nennen Sie das Erlebnis, auf das Sie in der Vergangenheit am meisten stolz waren.
- Wie schätzen Sie Ihr Auffassungsvermögen ein?
- Wie ist Ihrer Meinung nach der ideale Chef?
- Wie ist Ihre Meinung zur Arbeitnehmervertretung?
- Sollten Arbeitsschutzmaßnahmen zurückgenommen werden, um wettbewerbsfähiger zu sein?
- Thema 35-Stunden-Woche: Bitte Ihre persönliche Meinung dazu.
- Sie »verhauen« Ihre Halbzeitprüfung. Was machen Sie?

– Ein Kollege im Betrieb stiehlt einen erheblichen Geldbetrag. Nur Sie als einziger wissen davon.
   Wie verhalten Sie sich?
– Was fällt Ihnen zum Thema »Autorität« ein?

Tests bei DEGUSSA

Bei *Degussa* bewarb ich mich als Industriekauffrau, wurde jedoch für den Ausbildungsplatz einer Bürokauffrau getestet, mit der Begründung, Realschülerinnen würden nur als Bürokauffrau ausgebildet. Dennoch war es bei *Degussa* ganz nett. Immerhin wurde jedem das Testergebnis gesagt. Komischerweise erhielten alle die Mitteilung, gut abgeschnitten zu haben, und den Hinweis, daß die Chancen nicht schlecht ständen. Was mir besonders auffiel, war das besondere Interesse der *Degussa*-Interviewer für meine Familie. Das war schon etwas außergewöhnlich.

Das Schweigen - ein 10 Minuten-Kurzaufsatz

Wissen Sie, wie die *SIEMENS*-Aktie steht? Ohne diese Information im Kopf sollten Sie bei dieser Firma nicht um einen Ausbildungs- oder Arbeitsplatz nachsuchen. Dabei handelt es sich um eine Bewerbungs-Standardfrage, die häufig mit der Frage nach dem aktuellen Dollarkurs verbunden wird.

Bei der Bewerbung um einen Ausbildungsplatz als Industriekauffrau/-mann bekommen die Kandidaten (in Berlin) zunächst ein Hausaufsatzthema (Themenbeispiele: Die wirtschaftliche Bedeutung Ihrer Heimatstadt; Was ist bei der Planung einer zweiwöchigen Klassenreise zu bedenken?). Der Test im kaufmännischen Bereich dauert etwa drei Stunden und besteht aus etwa 12 Bausteinen.

Berühmt-berüchtigt sind seit Jahren eingesetzte Kurzaufsatzthemen, für die man 10 Minuten Zeit hat (»Legen Sie in Form eines Aufsatzes Ihre Gedanken nieder zum Thema ... «). Beispiele:

– Das Fenster
– Das Schweigen
– Das Wort
– Der Verkehr
– Die Straße
– Das Telefon
– Das Bild

Sogenanntes Allgemeinwissen wird überprüft, indem ein Lückentext auszufüllen ist, z.B: »Die... ist die Hüterin der deutschen Währung« (Deutsche Bundesbank). Weitere Inhalte (Schwerpunkt Wirtschaft): Neben Dollarstand und *SIEMENS*-Aktie (s. o.): Wer führt Tarifverhandlungen usw.

Zum Thema Fremdwörter gibt es zwei Aufgaben:

1. Etwa 20 Definitionen sollen etwa 25 Fremdwörtern zugeordnet werden, wobei logischerweise Fremdwörter übrig bleiben und

2. zu einer Reihe von Fremdwörtern soll man das Gegenteil finden und dies ebenfalls als Fremdwort aufschreiben.

   Beispiele:
   aktiv   ..... (passiv)

objektiv   .̇. . . . (subjektiv)
Egoismus   . . . . . (Altruismus)

In einem Zeichensetzungstest sind (vor allem) Kommata in einen vorgegebenen Text einzusetzen und die Positionsnummern der Satzzeichen in Kästchen rechts auf dem Blatt einzutragen, z.B.

Und noch etwas möglicherweise das Wichtigste müssen
  1   2   3   4   5   6   7
wir schon in jungen Jahren lernen die Bedeutung des Geldes
  8   9 10   11   12   13 14   15 16   17
und wie man damit umgeht.
  18 19 20   21   [17]

Wortanalogien sind zu knacken, d.h. »Gleichungen« von Worten, die in einer bestimmten ähnlichen Beziehung zueinander stehen, z.B.:

Kugel : Kreis = Würfel : ?
a) Viereck   b) Pyramide   c) Quadrat   d) Körper   e) Rechteck[18]

Außerdem ein Test zum logischen Denken. Aussagen sind jeweils mit richtig oder falsch zu bewerten. Dabei muß man aufgrund von Vorinformationen Schlußfolgerungen unabhängig von ihrem Realitätsgehalt beurteilen, z.B.

Tiere haben Füße. Ein Elefant ist ein Tier. Also
– hat ein Elefant Füße   r ( )   f ( )
– ist er ein Säugetier   r ( )   f ( )
– sind Füße Elefanten   r ( )   f ( )[19]

Als schwierig wird die folgende Aufgabe geschildert: Etwa 25 typische Exportgüter sollen ihren entsprechenden Exportländern (etwa 20) zugeordnet werden. Beispiel:

EXPORTGÜTER
1. Kaffee
2. Champagner
3. Braunkohle
4. Rohrzucker
5. Diamanten [20]

EXPORTLÄNDER
A. ehemalige DDR
B. Kuba
C. Frankreich
D. Brasilien

Auch Mathematik ist gefragt. Zahlenreihen, Rechen- und Textaufgaben müssen bearbeitet werden.

Eine etwas ausgefallene, in den Bereich der Informatik übergreifende Aufgabe ist ein Ablaufdiagramm, in dem die Ankunft des Postboten dargestellt wird, der einen Brief oder ein Päckchen bringt. Man soll die Fehler in diesem Ablaufdiagramm markieren, wobei entweder ein falsches Symbol verwendet wird, oder der Inhalt falsch formuliert ist, oder die Ja/Nein-Pfeile vertauscht sind.

Zum Abschluß kommt ein Aufgabenteil mit Physikaufgaben, der angeblich (wie auch der Kurzaufsatz) nur bewertet wird, wenn man in die engere Wahl kommt (z.B. Wie mißt man Spannung, Stromstärke und Widerstand; was ist ein Schwingkreis; Magnetismus).

Warum glüht der Draht?

Bei meiner Bewerbung als Industriekauffrau bei *SIEMENS* wurde ich nach überstandenen Tests zu einem Vorstellungsgespräch eingeladen, das ausdrücklich als »mündliche Eignungsprüfung« tituliert wurde. In der Vorankündigung hieß es zwar, es solle sich ein lockeres Gespräch entwickeln, die Realität aber war ein reines Abfragen ohne Übergänge:

– Wie funktioniert eine Glühbirne?
– Warum glüht der Draht? Die Drähte in der Wand glühen doch auch nicht.
– Wie funktioniert eine Schleuse?
– Kann der Wasserstand in einer Schleuse höher sein als in dem höherliegenden See?

Von anderen Bewerbungsgesprächen hörte ich, daß diese »Wie funktioniert ... «-Fragen zum Standardrepertoire gehören. So wurde u.a. danach gefragt, wie Plattenspieler und Staubsauger funktionieren.

– Warum wollen Sie diesen Beruf ergreifen?
– Was produziert *SIEMENS*?
   Wo gibt es überall *SIEMENS*-Niederlassungen?
– Wieviel Mitarbeiter hat *SIEMENS*?
– Wie stehen die *SIEMENS*-Aktien? (immer wieder ...)
– Welche Zeitung lesen Sie?
– Welche Bücher lesen Sie gerade?
– Stellen Sie sich vor, Sie wollen Ihre alte Stereoanlage auf dem Flohmarkt verkaufen. Wie müssen Sie sie auspreisen, wenn sie 450,- DM haben wollen, aber einkalkulieren müssen, daß 20% runtergehandelt werden? (Kopfrechnen!)[21]

Mit zwei umfangreicheren Fragen (sog. Assessment-Center) wurde ich mündlich getestet:

– Wie gehen Sie vor, wenn Sie 100.000,- DM haben und eine Boutique aufmachen wollen? Und:
– Stellen Sie sich vor, Sie sind im Sommer mit Ihrem Fahrrad zu einer Wiese gefahren, um sich auf dieser auszuruhen und ein Buch zu lesen. Als Sie mit Ihrem Fahrrad wieder nach Hause fahren wollen, stellen Sie fest, daß Sie den Schlüssel zum Fahrradschloß auf der Wiese verloren haben. Sie müssen aber das Fahrrad unbedingt benutzen, um wieder nach Hause zu kommen. Was machen Sie jetzt?

Schiffbruch bei SIEMENS

Meinen zweiten Eignungstest habe ich bei *SIEMENS* mitgemacht. »Stammhauslehrling« bei *SIEMENS* ist mein eigentlicher Ausbildungswunsch. Mein Vater arbeitet bei *SIEMENS*.

Einen Sommer zuvor hatte ich meine schriftliche Bewerbung übrigens bereits schon abgeschickt. In der Einladung zum Vorstellungsgespräch stand nur, daß wir um 8 Uhr da sein sollten.

Nähere Informationen über den Test oder die Dauer des Tests gab es nicht. Dafür wurden wir dann ungefähr mit folgenden Worten begrüßt: »Sie haben ja bestimmt schon erfahren, daß der Test bis etwa 11.30 Uhr dauert. Ich hoffe, Sie haben sich etwas zu Essen mitgebracht!«

Der Test war nicht leicht und schien speziell auf Abiturienten zugeschnitten zu sein (Ablauf siehe oben). So weit, so gut.

Inzwischen hatte mein Vater von der Sekretärin der Personalabteilung gehört, daß ich von ca. 20 Leuten das zweitbeste Ergebnis erzielt hatte. Insgesamt sollten vier Lehrlinge eingestellt werden. Vorher wird man allerdings noch zu einem sogenannten Assessment-Center eingeladen. Was dort genau passiert, hat man uns nicht gesagt. Sicherlich soll überprüft werden, wie man in einem Team arbeitet, wenn man vor unbekannte Aufgaben gestellt wird. Dieses Assessment-Center dauert einen Tag. Danach muß man noch das Vorstellungsgespräch bestehen. Dann kann man mit einem der vier Ausbildungsplätze rechnen (wobei Beziehungen auch nicht so besonders weiterhelfen, aber immerhin). Allein bei dem ersten Testtermin waren vier »Mikis« (= Mitarbeiterkinder) dabei.

Der Tag bei *SIEMENS* mit dem Assessment-Center-Test verlief so: Mehrere Herren der Personalabteilung aus XY und München sowie Betriebs-Psychologen (sechs Personen, von denen sich aber fünf im Hintergrund hielten) waren anwesend. Zuerst sollte jeder der Bewerber einen fünfminütigen Vortrag über sein Hobby halten (auf ein Hobby beschränkt).

Danach sahen wir uns einen Zeichentrickfilm an (»Die Schiffbrüchigen«), in dem zwei Personen nach dem Sinken ihres Schiffs sich gerade noch an einen Baumstamm klammern können. Doch als sie beide gleichzeitig zwei verschiedene Inseln sahen, zersägen sie den Baumstamm und schwimmen jeder zu seiner Insel. Zuerst freuen sich beide, doch jeder will nach und nach mehr Annehmlichkeiten und Luxus haben als der andere, und sie beginnen mit der Aufrüstung bzw. der Zerstörung der Insel des anderen. Schließlich klammern sie sich wieder beide an einen Baumstamm und treiben im Meer.

Zu diesem Film sollten wir folgende Fragen diskutieren:

- Was führte zu dem Verhalten der beiden schiffbrüchigen Männer?
- Kann man den Film auf die gesamte Menschheit übertragen?
- Wie kann man das Verhalten der Menschen allgemein ändern?

Anschließend gab es Mittagessen in der Kantine. Danach kam die letzte Diskussionsrunde. Hierzu wurden wir in zwei Gruppen aufgeteilt. Wir sollten uns vorstellen, daß wir zu einer Firma gehören, die sich einen guten Ruf durch die Herstellung von Mittelklasse-Fahrrädern erworben hat. Um den Fortbestand der Firma zu sichern, gab es zwei Möglichkeiten. Entweder sollten Spitzenfahrräder oder Massenfahrräder produziert werden. Jede Gruppe bekam 30 Minuten Zeit zur Vorbereitung sowie Informationen, die ihre Meinung unterstützten (Marktforschungsergebnisse, Berichte aus Fachzeitschriften usw.).

Als letztes erfolgte ein Einzelgespräch mit einem der anwesenden Herren. Hierbei wurde ich gefragt, wie ich diesen Tag einschätzen würde (vor allem das letzte Drittel), was ich leicht bzw. schwierig fand, und welche Vorstellung ich von meinem Beruf hätte, aber auch, welche Schwerpunkte, Interessen und Abneigungen in der Schule usw.

Die Ausbildungsplatz-Absage hat mein Vater einige Tage später persönlich bekommen, und in der mündlichen Begründung erklärte man ihm, *SIEMENS* suche Führungskräfte! Da muß ich wohl den *SIEMENS*-Herren zu wenig Führungsqualitäten gezeigt haben ...

Zum Abschluß noch drei Tabellen-Interpretations-Testaufgaben, wie sie bei Einstellungstests im Bereich Banken/Wirtschaft aber auch bei Bewerbungen für Verwaltungstätigkeiten im Öffentlichen Dienst vorkommen können:

1. Niederschläge

Die folgende Übersicht zeigt die durchschnittlichen Jahresniederschläge für vier verschiedene Städte, sowie deren Höchst- und Niedrigsttemperaturen. Im Anschluß daran sollen Sie einige Fragen beantworten.

Jahr	K-Stadt			T-Stadt			M-Stadt			H-Stadt		
	HT	NT	JN	HT	NT	JN	HT	NT	JN	HT	NT	JN
1990	31	07	65	26	12	66	36	04	55	32	14	62
1991	34	06	66	28	16	68	39	05	33	28	17	68
1992	33	07	69	24	13	63	37	07	41	29	17	64
1993	32	07	73	25	18	65	41	06	46	31	13	67
1994	33	08	64	27	16	67	39	05	44	31	15	18

1. In welcher Stadt und in welchem Jahr war die höchste Tages-Durchschnittstemperatur?
2. In welchem Jahr hatte welche Stadt die geringste Jahres-Niederschlagsmenge?
3. Welche Stadt kann die größten Temperaturschwankungen aufweisen und wann war das?
4. Welche Stadt hatte in welchem Jahr 100% mehr Niederschlag als eine andere Stadt im selben Jahr?
5. In welcher Menge hatte welche Stadt von 1990 bis 1994 im Durchschnitt den meisten Niederschlag?

6. Wo war es in den Jahren 1990 bis 1994 durchschnittlich am kältesten?
7. Welche Stadt erreichte 1990 bis 1994 durchschnittlich den größten Höchsttemperaturendurchschnitt?
8. Welche Stadt hat in welchem Jahr durchschnittlich die tiefste Niedrigsttemperatur in Relation zum höchsten Jahresniederschlag?

2. Schöne Wirtschaft

Folgendes Wirtschaftsdiagramm zeigt die Entwicklung von Bruttozialprodukt, Export-Import-Rate, Durchschnittseinkommen der Arbeitnehmer, Zahl der Arbeitslosen, Vorhandensein von Teilzeitarbeitsplätzen sowie die Inflationsrate für einen Zeitraum von vier Jahren (2086 – 2089).

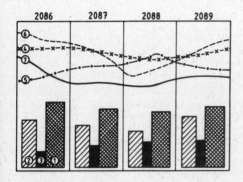

A. Dazu zunächst 3 Fragen:

1. In welchem Zusammenhang stehen Zu- und Abnahme von Im- und Export in den Jahren 2086 – 2089.
2. Wie verhält sich die Zahl der Teilzeitarbeitsplätze in Relation zu den Exportzahlen?
3. Welche Werte (maximal 3) bleiben über den dargestellten Zeitraum relativ stabil?

B. Überprüfen Sie folgende Aussagen (stimmt/stimmt nicht)?

1. Im Laufe der Jahre 86-89 verändert sich das Bruttosozialprodukt nur geringfügig.
2. Die Exportzahlen fallen gegen Ende der 80er Jahre.
3. Die Arbeitslosigkeit hat 2087 ihren Höhepunkt.
4. Parallel mit der Arbeitslosenrate entwickelt sich die Inflation.
5. Das Angebot an Teilzeitarbeitsplätzen verhält sich ähnlich wie die Entwicklung der Arbeitslosenzahlen, nur mit umgekehrten Vorzeichen.
6. Gegen Ende der 80er Jahre deutet sich eine positive Stabilisierung der Wirtschaft an.
7. Die Importeure können mit dem Verlauf ihrer Wirtschaftsentwicklungszahlen nicht wirklich unzufrieden sein.
8. Entgegen Behauptungen von Gewerkschaftsseite bleibt das Wirtschaftseinkommen relativ stabil.
9. Ende 87 Anfang 88 ist das Teilzeitarbeitsplatzangebot auf seinem tiefsten Stand.
10. Der Höhepunkt einer kleinen wirtschaftlichen Rezession ist 87 bereits überschritten.

3. Test-ament

Das Interpretieren von Todesursachenstatistiken gehört zu den »geschmackvollsten« und »einfühlsamsten« Aufgabenpräsentationen, die einem Testkandidaten in der Realität zugemutet werden. Damit Sie in der Streßsituation Test auch psychisch mit diesem belastenden Thema klarkommen, hier ein Vorabbeispiel:

Die folgende Statistik-Tabelle beschäftigt sich u.a. mit verschiedenen Todesursachen innerhalb einer nicht näher benannten Bevölkerungsgruppe über einen fiktiven Zeitraum 2150 bis 2250. Dabei geht es u.a. um die Sterblichkeitsrate bei internistischen Krankheitsbildern insgesamt (z.B. Tod durch Nierenversagen, Lebersklerose usw.). Es werden aber auch einzelne Todesursachen dargestellt, z.B. die Anzahl tödlich ausgegangener Verkehrsunfälle, Tod durch Drogen, sowie der Tod durch drei spezielle Krankheiten: Herzinfarkt, Krebs und Aids. Zusätzlich wird die Geburtenzahl und die Neugeborenen-Sterblichkeitsrate angegeben.

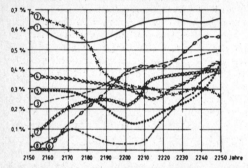
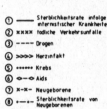

Beantworten Sie bitte zu diesem Diagramm folgende Fragen:

1. Was vermittelt das Diagramm bezüglich der Gesamtsterblichkeitsrate infolge internistischer Todesursachen in der Bevölkerung und der Geburtenrate insbesondere in den 70er und 80er Jahren?
2. Welche Sterblichkeitsrate steigt am stärksten innerhalb des Zeitraums von 2210 bis 2250?
3. Welche Todesarten übersteigen die Neugeborenenrate innerhalb des Zeitraums von 2180 bis 2210 (inkl.)?
4. Zu welchem Zeitpunkt sind Krebstod, tödliche Verkehrsunfälle und Tod durch Aids auf nahezu gleich hohem Niveau?
5. Welche Todesarten bleiben über einen längeren Zeitraum (mindestens 20 Jahre) konstant und steigen um weniger als 0,3%?
6. Welche Todesursache erreicht nach einem deutlich starken Anstieg eine Plateauphase für etwa 20 Jahre, um dann nach einem Anstieg erneut in eine Plateauphase einzutreten?
7. Welche Todesursache steigt am kontinuierlichsten im Laufe der Jahre 2150 bis 2250?
8. Zu welchem Zeitpunkt ist die Sterblichkeit der nicht näher bezeichneten Bevölkerungsgruppe am größten?
9. Welche Einzeltodesursache fordert die meisten Toten?
10. Wie ist die Tendenz der Todesursachen insgesamt?

LESE- UND ARBEITSHINWEISE

In diesem Buch:

→ Allgemeinwissens-Testaufgaben
→ Rechen- und Mathe-T.
→ Rechtschreib-T.
→ Persönlichkeits-T.
→ Büro-/Verwaltungs- und Öffentlicher-Dienst-T.
→ Assessment-Center-Testaufgaben

PILOTEN-TESTAUFGABEN

Zur Gruppe der beliebtesten Berufe gehört zweifelsohne der des Piloten. Wegen der speziellen Berufsanforderungen und der großen Anzahl von Bewerbern sind die Testhürden besonders hoch.

Der folgende Bericht eines Bewerbers für den Beruf des »Flugzeugführers«, wie es im *Lufthansa*-Deutsch heißt, ist durch Beispielaufgaben ergänzt und soll einen kleinen Eindruck vermitteln, was auf Sie zukommen kann. Er schreibt:

Ich habe an einem zweitägigen Vortest der *Lufthansa* für potentielle Flugzeugführer in Hamburg teilgenommen. Wir waren etwa 40 Leute aus ganz Deutschland und Österreich, darunter auch drei junge Frauen. Um 10.30 Uhr war der offizielle Beginn. Es erfolgte zunächst die Abrechnung der Reisekosten und danach wurde der Personalfragebogen, der Datenfreigabebogen und die Antworten zu den acht berüchtigten Fragen eingesammelt.

Die Testerei hatte nämlich schon daheim angefangen. Bei der Einladung zur Eignungsüberprüfung befand sich ein Fragebogen, der zuhause handschriftlich (sind da Graphologen am Werk?) zu beantworten und zum ersten Testtag mitzubringen war:

- Schildern Sie die wesentlichen Aspekte Ihrer Jugendentwicklung (Erziehungsziele, Persönlichkeiten, Ergebnisse).
- Welche Rollen haben Sie in Gruppen, Vereinen und in der Schule (auch Schulklasse) übernommen?
- Wie denken Sie rückblickend über ihre Schul- und Ausbildungszeit, über Mitschüler, Lehrer und andere Vorgesetzte?
- Schildern Sie besondere Ereignisse, Erfolge, Anerkennungen, aber auch Enttäuschungen, Probleme und Mißerfolge in Ihrer persönlichen Entwicklung?
- Beschreiben Sie uns Ihre Interessen und Hobbys und Ihre wichtigsten Freizeitaktivitäten.
- Wie sind Sie zum Berufswunsch Pilot gekommen und für welche anderen Berufe interessieren Sie sich außerdem noch?
- Schreiben Sie etwas über Ihre persönlichen Eigenschaften auf, die Ihnen Vor- bzw. Nachteile eingebracht haben.
- Schreiben Sie uns etwas über bisherige schwere Krankheiten und/oder Unfälle, die Sie gehabt haben.

Diese Fragen haben es in sich, hier geht es ohne Umweg ans »Eingemachte«. Bei allem Verständnis für die Auswahl, die beim Pilotenberuf sinnvoll erscheint – auch in bezug auf die hohen Ausbildungskosten und die spätere Verantwortung – so ein Persönlichkeitstest in Gestalt eines Fragebogens als Eintrittskarte ist ganz schön happig, insbesondere zu diesem frühen Zeitpunkt.

Nach dieser Aktion erschien ein Flugkapitän der *LH*, der uns erklärte, daß man selbst jetzt noch vom Test zurücktreten könne, wenn man sich nicht in Topform fühle.

Endlich gegen 11.15 Uhr ging es los. Am ersten Tag waren acht Tests unter Zeitdruck zu bewältigen. Die beiden Damen der *DFVLR* erklärten aber alle Tests sehr genau und es gab genug Gelegenheit, nachzufragen.

1. Englischtest
Etwa 90 Fragen mit ausreichender Bearbeitungszeit, Teil A relativ schwierig, Teil B ungefähr auf dem Niveau der 9. Klasse. Nachfolgend einige Übungsbeispiele:

Teil A

Choose that word, which fits best to the first one:

1. aft | a) afore | b) backward | c) bevel | d) outward
2. ajar | a) closed | b) half open | c) open | d) forward
3. impervious | a) impenetrable | b) impermanent | c) impertinent
4. defiant | a) defery | b) defunct | c) defy
5. anxiety | a) fear | b) antidote | c) anticipation
6. angry | a) angina | b) angle | c) furious
7. grease | a) feet | b) thick | c) full
8. gravy | a) grave yard | b) grease | c) sauce
9. suit | a) dress | b) suite | c) sweet
10. succeed | a) suicide | b) success | c) follow
11. replace | a) change | b) substitute | c) renew
12. surprise | a) wonder | b) be shocked | c) astound
13. ascertain | a) find | b) investigate | c) determine
14. reimburse | a) indemnify | b) return | c) hand back

Teil B

Fill in the missing word or phrase:

1. They flew from Berlin . . . London.
   a) at   b) to   c) for   d) by

2. Julie has gone to the airport, . . . she?
   a) hasn't   b) was   c) hadn't   d) doesn't

3. It's Jane's birthday. She . . . 21 years old.
   a) will   b) will be   c) becomes   d) grows

4. I can help you, . . . you wait for a moment.
   a) when   b) if   c) because   d) before

5. Betty tells the untruth, she . . .
   a) lays   b) lies   c) leis   d) lais

6. When do I . . . a letter from you.
   a) become   b) get   c) got   d) have

7. A: »Excuse me, I'm sorry.« B: »Never . . . «
   a) ever   b) again   c) mind   d) you

8. A twin-engine DC-3 was . . . over the town.
   a) going   b) winging   c) crossing d) sailing

9. The night before the big game, do anything that will take your . . . . . . the coming challenge.
   a) mind off b) hand off c) foot of   d) dress off

10. We have to . . . a visit to aunt Mary.
    a) do   b) see   c) enjoy   d) pay

11. ..(A).. the people you use are going to take you ..(B).., you must let them ..(C).. in the adventure you are undertaking.
    A: a) While   b) When   c) For   d) If
    B: a) out   b) in   c) seriously d) happy
    C: a) eat   b) share   c) down   d) out

12. He didn't so much as look . . . me.
    a) for   b) to   c) at   d) on

13. Try . . . late.
 a) be not b) not to be c) to not be d) be not to

14. I have . . . my umbrella at home.
 a) forgotten b) loosed c) left d) leaved

15. He was . . . a dark suite at the meeting.
 a) dressing in b) dressed with c) dressed in d) dressed on

16. There is a nice little pub . . . our house.
 a) opposite of b) opposite c) in front of d) in front

17. I enjoy . . .
 a) to play cards b) card playing c) playing cards d) cardplay

18. I went to London . . . English.
 a) for learning b) to learn c) for learn d) to learning

19. If you . . . harder last year, you would probably have past your examen.
 a) would worked b) worked c) have worked d) had worked

20. You are on the . . .
 a) wood-path b) woodway c) woodstreet d) wrong tack

Nach dem Englischtest wurde die Stimmung etwas besser, offensichtlich hatte man Schwierigeres erwartet.

2. Flugwissen

Fragen wie die folgenden überprüfen das fliegerische Verständnis:

 Gleitzahl moderner Segelflugzeuge, Zahl der Düsen einer 727, Definition ILS, Alpha Jet, Transall und warum ein Flugzeug überhaupt fliegt, woran man die Abdrift eines Flugzeuges erkennt, wie ein spezieller Motorsegler heißt und warum das Fahrwerk während des Fluges eingezogen wird. (Empfehlung: Vorher unbedingt ein Buch über die Fliegerei lesen!)

Auch hier einige Übungs-Beispielfragen:

1. Was bedeutet »Overwing Exit«?
 a) Personaltoilette b) spezielle Rollbahn c) Notausgang über der Tragfläche
 d) Hinterausgang

2. Was bedeutet »Pic«?
 a) ein technischer Ausdruck b) Bezeichnung für eine besondere Gefahrensituation
 c) Zwischenland zum Auftanken d) Bezeichnung für den verantwortlichen Piloten im Cockpit

3. Worum geht es beim INS?
 a) spezielles Navigationssystem b) Isländische Fluggesellschaft c) Einrichtung zum Brandschutz d) Transportnorm auf internationalen Flügen

4. Was ist »Rerouting«?
 a) Abschnitt der Pilotenprüfung b) Teil der Berechnung des Kerosinverbrauchs
 c) Änderung der geplanten Streckenführung d) flugtechnische Maßnahme zum Verringern der Flughöhe

5. Was bedeutet »Taxiway«?
 a) Zufahrtsstraße für Taxis zum Flughafen b) Landebahn c) Startbahn
 d) Rollbahn

6. Was ist »Reverse«?
a) eine Flugstreckenänderung   b) ein Austausch der Besatzung   c) eine Bezeichnung für Rückflug   d) Umkehrschub

7. Was versteckt sich hinter dem Begriff »Mayday«?
a) ein schöner Maientag   b) alte englische Bezeichnung für den Tag der Arbeit   c) Notsignal   d) andere Bezeichnung für Charterflug

Nun folgte eine einstündige Mittagspause, anschließend ein Konzentrationstest:

3. Konzentrations-Belastungs-Test

Suchfeld:

(+	*)	+)	)–	–(	#)	(–	)+	:(	)*	)#
6	1	5	3	5	2	3	4	7	8	9

Mehrfache Zahlen/Zeichendefinitionen sind möglich (siehe z.B. 2;5 und 7).

6	(+	
		10
4	)+	
		11
7	:(	
		9
2	#)	
		3
1	*)	
		?
	)*	
		?
	-(	
		?

Es geht darum, die Symbole wieder in Zahlen zu verwandeln und kleine Additionsaufgaben auszuführen, wie das Beispiel zeigt. Auf der Linie wird die Summe aus dem ersten und dem zweiten Symbol notiert (6 + 4 = 10). Dann nimmt man sich wieder das zweite Symbol und addiert das dritte (4 + 7 = 11). Das Ergebnis wird in der zweiten Zeile notiert. Schwierig wird die Sache bloß dadurch, daß alles im Kopf zu geschehen hat (Notizen und Nebenrechnungen sind nicht erlaubt) und natürlich durch den Zeitdruck und die Fülle der Aufgaben. (Hier die Lösungen der nächsten beiden Zeilen: 9 und 13.)

Nach diesem Einübungsbeispiel wissen Sie, wie es geht. Es folgt nun eine größere Testaufgabensammlung dazu. Die ersten vier Aufgaben sind bereits gelöst. Für den Rest haben Sie 20 Minuten Zeit.

Zahlensymbole	–	+	*	?	/	#	=	Y	!	X	(	V	)
Zahlenwerte	3	9	6	4	8	5	7	2	1	4	9	2	6

+	9	=	X	V	!	*
*	15	Y	/	#	+	)
#	11	X	!	–	*	(
?	9	!	)	/	(	#
!		Y	X	V	+	?
=		)	/	(	=	–
X		/	?	/	+	!
V		(	=	?	!	*
Y		#	+	*	–	/
/		V	Y	X	/	V

4. Persönlichkeitstest

Etwa 170 Fragen, die mit »stimmt«/»stimmt nicht« zu beantworten sind. Dahinter verbirgt sich natürlich der sog. 16 PF (16 Persönlichkeitsfaktoren). Über diesen Test berichten wir ausführlich in unserem Buch »Das neue Testtrainings-Programm« (vgl. auch in diesem Buch S. 79).

Durch ein Zeitlimit (30 Minuten) versuchte man, uns zu spontanen Aussagen zu verleiten, was aber nicht gelingt, wenn man weiß, wie der 16 PF zu »knacken« ist. Bei der unsäglichen Frage, was man denn lieber wäre: Oberst, Bischof oder etwas dazwischen darf man sich ruhig für den Oberst entscheiden.

Hier einige weitere Beispiele für Fragen:

– Von meinen Freunden bin ich . . . im Stich gelassen worden.
   a) ... ziemlich häufig ...
   b) ... kaum jemals ...
   c) ... gelegentlich ...

– In meinem Privatleben erreiche ich fast immer die von mir gesetzten Ziele.
   a) trifft zu
   b) teils/teils
   c) trifft nicht

– Angenommen, ich könnte mein Leben noch einmal leben, würde ich
   a) es ganz anders planen
   b) teils-teils
   c) es mir ziemlich gleich wünschen

– Den Anforderungen des Lebens fühle ich mich gewachsen.
   a) selten
   b) meistens
   c) immer

– Wenn ich abends zu Bett gehe, schlafe ich . . .
   a) nur schwer ein
   b) teils/teils
   c) schnell ein

– Sachen laufen schief . . .
   a) bei mir ziemlich oft
   b) teils/teils
   c) bei mir sehr selten

– Über mangelndes Verständnis von Seiten meiner Familie bei meinen privaten und beruflichen

Entscheidungen kann ich nicht klagen.
a) leider doch
b) teils/teils
c) stimmt

Sollten Sie hier mehr als dreimal a ankreuzen wollen, hätten Sie als zukünftiger Pilot bereits in diesem frühen Teststadium den Knopf für den Schleudersitz gedrückt (Mega-out). Bei zu vielen bs (mehr als zwei) laufen Sie Gefahr, quasi ohne ausgefahrenes Fahrwerk landen zu wollen.

Haben Sie gemerkt, worum es ging? Testthema ist hier Ihre emotionale Stabilität oder Störbarkeit. Ein hoher c-Wert garantiert hier die richtige Vitaminbasis für den Kampf um die Piloten-pappe.

Unser Berichterstatter fährt fort: Nach einer 10minütigen Pause folgte die nächste Hürde.

5. Links- und Rechtsabbiegungen

Etwa 30 Aufgaben. In diesem Test mußte man in den L-Bildern die L-(= Links-) Knicke und in den R-Bildern die R-(= Rechts-) Knicke notieren. Hierzu Beispielaufgaben:

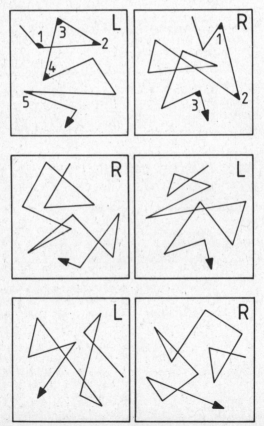

6. Figuren ergänzen

Nun galt es, Figuren bzw. graphische Abbildungen, die in verschiedene Richtung gedreht oder gekippt worden waren, mit dem Bleistift entsprechend der Ausgangsfigur zu vervollständigen. Dazu folgende Aufgabenbeispiele:

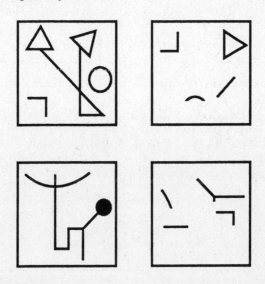

7. Buchstaben rausstreichen

In 100 Zeilen zu je 80 − 100 Buchstaben sind alle a, b und q mit einem waagerechten Strich zu kennzeichnen.

```
 1.  k n s d o p k h j u k b c b f q w z u o d c s p a u i f d s e
 2.  s d f g h j z t r e w a w d e f r g t h n v c x g y s d q s b
 3.  p l j n m h v g z b h g v u n j v g r o p l q g f e s d c x a
 4.  g h j s d a f d s e q g m b c d b h g p q k g f d s a s y c w
 5.  u i g h b g f c r p q s a d g h j k v c b j k l p o i u h g t
 6.  n m k o h u p z u h n j g v t f g t r f c j n h k m j o i p u
 7.  z t f c d f t p q p a g h j v n u z t f h j p o j n h n v c f
 8.  o p p q r l p o m u z h g v j n g t e w q f g v e a f r v g t
 9.  i u i k j o p u p r q d r f c t g v d e s w a w i o p l k j u
10.  o i u z t r e w d f g s d f r c x t y g v h n u z h n i o p q
11.  k h g d g s d f c x z b f r d e x s t z g d e w s y x p q r t
12.  o l k i j u h z g t f r d e s w a h u n j i m k z g b j u i o
13.  o p k j u b s c r b t f g e d s w q z h i j o p t r p q f g p
14.  p o p q z u b j k o p g z q j k z w s q j o p b g f o a l o m
15.  i o k h u z p q b r i p q d g h j n b j o s a s l o p u g f d
16.  p a o s a g j k n v z u n b g h i j t b t r c d p o p q p i k
17.  o p j u k n h o p t r f g n h g c d x k o d c f a h i o d e x
18.  u o p t q t z c x y o p y c x b d g f e s y j h i p r g o u k
19.  r s t d u x b i s t x v e r ü c k t q k l a r o e e n d e l p
20.  a u i o p b q u i o h g l i t r x c y s d f w h k l p o i z v
```

Nach einer weiteren Pause von 10 Minuten folgte als Abschluß des ersten Tages noch ein richtiger »Testhammer«:

8. Audio-visueller Simultan-Konzentrationstest

Hier handelt es sich um einen Langzeitkonzentrationstest, bei dem wir unsere Fitneß in genau diesem Punkt unter Beweis zu stellen hatten. Wir wurden in eine Art Sprachlabor geführt, wo jeder Teilnehmer an einem Tisch saß und jeder Blickkontakt zum Nachbarn durch eine Trennwand verhindert wurde. Die folgende Zeichnung beschreibt das Pult, das jeder vor sich hatte:

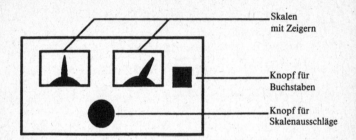

Skalen
mit Zeigern

Knopf für
Buchstaben

Knopf für
Skalenausschläge

Der Test bestand aus zwei Teilen: Man bekam Kopfhörer auf und eine unendlich monotone Stimme las Buchstaben vor. Wir sollten nun auf alle Buchstaben achten, die von der Aussprache her auf einen E-Laut endeten, z.B. b, c, d, e, g, p, t, w usw. aber nicht z.B. m, a oder l usw.

Wenn drei Buchstaben – die auf einen E-Laut endeten – unmittelbar hintereinander genannt worden sind, also z.B. d, p, t oder g, e, w, so mußte man den eckigen Knopf innerhalb von einer Sekunde drücken. Danach nahm der Computer den Knopfdruck nicht mehr an. Die Buchstaben wurden in ununterbrochener Folge genannt, so daß ein Finger ständig auf dem eckigen Knopf liegen mußte.

Die zweite Aufgabe bestand darin, gleichzeitig auf die Zeigerausschläge zu achten. Jeder Zeigerausschlag, der über die Mitte hinausging, sollte durch die Betätigung des runden Knopfes beantwortet werden. Dieses Spielchen ging dann volle 60 Minuten, in denen man beide Hände auf den Knöpfen, die Augen auf den Zeigern und die Ohren auf die Stimme konzentriert hatte. Durch den fehlendenden Blickkontakt zu den anderen kam man sich sehr isoliert vor.

Berücksichtigt man, daß in den 60 Minuten (pro Sekunde etwa zwei Buchstaben = 7200 Buchstaben und je ein Zeigerausschlag) und ungefähr 10 – 20mal die erwähnten drei Buchstaben hintereinander auftauchten und nur etwa 5 – 10mal die beschriebenen Zeigerausschläge über die Mitte, dann kann man sich in etwa eine vage Vorstellung davon machen, welche Konzentrationsleistung uns Testteilnehmern abverlangt wurde.

Kaum nötig zu sagen, daß dieser Test uns alle bis an den Rand der Erschöpfung – ja fast bis an den Rand des Wahnsinns – trieb und wir sehr froh waren, wieder ins Hotel zu kommen, um uns erst mal zu erholen.

Wer Minuten nach diesem Test noch Buchstaben hört, wie etwa k, u, p, g usw. – den kann ich beruhigen, das ist völlig normal.

Diese Testaufgabe läßt sich natürlich hier nur stark eingeschränkt auf dem Papier simulieren. Aber selbst der nachfolgend vorgestellte Teilaspekt reicht aus, um zu zeigen, welche immensen Konzentrationsstrapazen hier auf einen zukommen:

Aufgabe: Streichen Sie in dem folgendem Buchstabenblock – wie oben beschrieben – Dreier-

Buchstabengruppen an, die von der Aussprache her auf einen e-Laut enden:

a b c d e f g h i j k l m n o p q r s t u v w x y z
* * * *   *   *   *   *

Beispielzeile: g h j k n e a p d g x j d y z b c z u i a k l
                     * * *

1. w r e d p s d a y w o i u o z u r k l b i o h g h u k h g f t
2. a s w q r s t z c v s g e r t u o p g b i k l n m j r e s d f
3. o p i w r s t z u c x d e r s t z b v y n k l h p u z n j g r
4. s d g z u e b c o p m n b h j f d t s w q y e d x c r g w t u
5. w a y f d h f k l n b m o p t f s x c g t z u x s e w q r s t
6. o p k l n b z g h j z t e r w t z u o p r t s d f g e r q x y
7. f e d u j i m c x f s j z o p i k l m n u z i o g p c k l m c
8. c f c v b n x y e b u z v h g t z u b e s d w z g r a h k l c
9. p e h j k u t r d e r w q a g a s y x g h z e t i o p t c p l
10. l o p r t s f h d j k u z t e r w t z u i a s f g w z u h v d
11. u i g e u i o p t x y d f e w q a s f g e u p o i k l n j u m
12. i v y f g u r s t c p a s w e r t d f g h i j v b z s e f q a
13. q i o p t s f g w e k l m c t p i m k l o p e r t w s a f g d
14. o q e w f g h z s e r t e a q w e r x y d e v b t f d t n u h
15. j o p e v c g j l k o p m x y e s w q a h g z u s t e w r z p
16. w r e d p s d a y w o i u o z u r k l b i o h g h u k h g f t
17. a s w q r s t z c v s g e r t u o p g b i k l n m j r e s d f
18. o p i w r s t z u c x d e r s t z b v y n k l h p u z n j g r
19. s d g z u e b c o p m n b h j f d t s w q y e d x c r g w t u
20. w a y f d h f k l n b m o p t f s x c g t z u x s e w q r s t
21. o p k l n b z g h j z t e r w t z u o p r t s d f g e r q x y
22. f e d u j i m c x f s j z o p i k l m n u z i o g p c k l m c
23. c f c v b n x y e b u z v h g t z u b e s d w z g r a h k l c
24. p e h j k u t r d e r w q a g a s y x g h z e t i o p t c p l
25. l o p r t s f h d j k u z t e r w t z u i a s f g w z u h v d
26. u i g e u i o p t x y d f e w q a s f g e u p o i k l n j u m
27. i v y f g u r s t c p a s w e r t d f g h i j v b z s e f q a
28. q i o p t s f g w e k l m c t p i m k l o p e r t w s a f g d
29. o q e w f g h z s e r t e a q w e r x y d e v b t f d t n u h
30. j o p e v c g j l k o p m x y e s w q a h g z u s t e w r z p

Weiter im Bericht: Gegen 17.15 Uhr erreichte man erschöpft und nicht weniger frustriert das Hotel. Nach körperlichen und seelischen Regenerationsversuchen traf man sich, um Hamburg näher kennenzulernen. Während einige nach dem Abendessen immer noch Buchstaben hörten, stürzten sich andere ins Hamburger Nachtleben, um erst in den späten Morgenstunden zurückzufinden. Ein Bus holte uns nach dem reichhaltigen Frühstück ab und brachte uns wieder in das Testgebäude.

Der zweite Tag begann dann erfreulicherweise etwas harmloser, als der erste aufgehört hatte.

9. Mathematischer Test

30 Textaufgaben, die aber gut zu schaffen waren (Übungsaufgaben zu diesem Aufgabentyp s. S. 63).

10. Physikalisch-technisches Verständnis

Etwa 35 Aufgaben mit schiefen Ebenen, Parallelogrammen, Druckverteilungen usw. (vgl. S. 91).

11. Merkfähigkeitstest

Etwa 50 Aufgaben, bei denen man jeweils vier Dias zu sehen bekam, die man sich merken sollte. Nach ca. 30 Sekunden folgten vier neue Dias, und man sollte bereits gezeigte Dias ergänzen und sich gleichzeitig neue einprägen. Beispiel:

1. Dia:

| Boss | Paris | Magnet | 4 |
| 07.42 | < > | Baum | + + |

2. Dia

| Boss | Haus | Axt | Abto |
| ? | 27 | = | Polar |

Auf dem Antwortbogen mußte man jetzt unter Boss in das freie Feld 07.42 schreiben und die anderen neuen Kombinationen lernen.

3. Dia

| Paris | Magnet | Anker | * |
| ? | ? | # | !!! |

Hier ging es nun darum, die entsprechenden Fragezeichen unter »Paris« und »Magnet« aufzulösen und die beiden neuen Kombinationen (Anker, *) zu lernen. Es kam aber auch vor, daß manche Kombinationen nicht abgefragt wurden, wie z.B. 4/+ +.

Die Dias zeigten jeweils in Schwarz-weiß Worte, Symbole, Zahlen und Phantasiezeichen und -worte. Die Zahl der zu erinnernden Lösungen variierte zwischen 1 und 3.

Auch hier soll nun wenigstens eine »Papier-Simulation« versucht werden. Dazu benötigen Sie als Hilfsmittel zwei weiße Blätter Schreibpapier.

Aufgabe: Decken Sie mit Hilfe der Blätter den Text so ab, daß jeweils nur eine Doppelzeile sichtbar bleibt. Zunächst ist das die Doppelzeile 1. Sie haben 30 Sekunden Zeit, sich die Doppelzeile einzuprägen. Dann verdeckt das obere Blatt die Doppelzeile 1, das untere die Doppelzeile 3, so daß Sie nur die Doppelzeile 2 sehen und die Fragezeichen auflösen und notieren können. Alles klar? – Sicherlich nicht.

Bitte die Instruktion noch mal lesen, Sie werden schon rauskriegen, wie man diesen Aufgabentyp statt mit einem Diaprojektor auch »zu Fuß« mit zwei Blättern simulieren kann.

——————————— hier zuerst oberes Blatt anlegen! ———————————

| 1. | Haus | 12345 | xyzx | Marion |
| | Hund | Mathe | GOOD | 22 |

——————————— hier zuerst unteres Blatt anlegen! ———————————

| 2. | Katze | Huhn | 12345 | ooxxoo |
| | Mäuse | Ei | ? | AABBCC |

| 3. | = = = = = | TEE | zzz | ooxxoo |
| | = = = = = | + | 579 | ? |

| 4. | Otto | Pferd | 12121 | YYYYY |
| | ottO | V V | . . . . . | MMMMM |

| 5. | ? | TEE | Paris | NOIR |
| | + | TASSE | A A | ** |

| 6. | & | Turm | Pferd | ? |
| | 1 | hoch | ? | A A |

| 7. | ? | NOIR | AAAAA | YXYXYXY |
| | 1 | ? | VVVVV | XYXYXYX |

| 8. | UUÜUU | 8532 | PauL | nmuomn |
| | 1 | 0000 | LuaP | nmuomn |

| 9. | ZZZZZ | **** | ? | UUÜUU |
| | VVV | MM | 0000 | ? |

| 10. | PauL | Z | ROLF | ::+:: |
| | ? | 2 | FLOR | ⅌+⅍ |

| 11. | ++++ | **** | ::+:: | ROLF |
| | ---- | ? | ? | ? |

| 12. | MOMOM | 9360 | Z | ÜÜHÜÜ |
| | TOTOT | 1369 | ? | MMHMM |

| 13. | O!!O | 1221 | ++++ | 9360 |
| | !OO! | STTS | ? | ? |

| 14. | ? | COOC | IIIII | 9863 |
| | STTS | XYYX | LU+UL | 3728 |

| 15. | RBOBR | (ZU) | AI1IA | PXVMP |
| | V+V | ** | V V | I I |

| 16. | I I | ? | M O M | UVWXYZ |
| | V * V | ** | W O W | ZYXWVU |

| 17. | ? | PXVMP | ? | ÜÜKÖÖ |
| | V * V | ? | ** | VV VV |

| 18. | BUMS | 3792 | ? | X o X |
| | SUMS | 2469 | VV VV | o X o |

| 19. | X o X | 2.3.4 | 88888 | ? |
| | ? | M.0.B | 11L11 | 2469 |

| 20. | ÜÜKÖÖ | 2.3.4 | BUMS | (ZU) |
| | ? | ? | ? | ? |

12. Buchstaben-Zahlen-Kombinationen

Man erhielt über Kopfhörer eine Buchstaben-Zahlen-Kombination, die zu merken war. Danach wurde die Kombination verändert und man sollte auf dem Antwortbogen die richtigen Kombinationsbestandteile notieren. Dabei kommt es auch auf die richtige Position der korrekten Zahlen-Buchstabenkombination an.

Nur angesagt:

7A	2B	C3	Richtiger Kombinationsteil		
7A	CB	2C	(x)	( )	( )
A7	2B	C3	( )	(x)	(x)
7B	2C	3A	( )	( )	( )
7A	B2	C4	(x)	( )	( )
7A	2B	3C	(x)	(x)	( )

Nach diesem Überblicksbeispiel jetzt eine modifizierte Form zum Üben:

3A   7C   4B

Bitte diese Zeile 10 Sekunden lang einprägen und dann abdecken. Dann langsam wie bei der vorigen Aufgabe mit Hilfe von zwei Blättern immer nur eine Zeile betrachten und die richtigen Kombinationsteile ankreuzen.

2A	7B	4D	( )	( )	( )
4A	3D	4B	( )	( )	( )
2D	4C	3B	( )	( )	( )
1A	5C	3C	( )	( )	( )
3A	4A	4B	( )	( )	( )
7C	3A	3B	( )	( )	( )
2A	5C	1B	( )	( )	( )
3A	7C	2B	( )	( )	( )
1A	4B	3C	( )	( )	( )
7C	3A	4B	( )	( )	( )
3A	7C	4B	( )	( )	( )
2B	5A	7C	( )	( )	( )
3B	4B	2C	( )	( )	( )
7C	3A	6B	( )	( )	( )
4B	7C	3A	( )	( )	( )

2B	C6	5A			
1A	7C	A5	( )	( )	( )
2B	6C	5A	( )	( )	( )
3C	2B	BA	( )	( )	( )
5A	6C	2B	( )	( )	( )
B2	C6	2G	( )	( )	( )
2D	2C	2F	( )	( )	( )
A9	C3	4B	( )	( )	( )
1B	C5	D3	( )	( )	( )
9H	D4	LH	( )	( )	( )
1F	C2	5A	( )	( )	( )
C6	5A	2B	( )	( )	( )
3B	F2	5A	( )	( )	( )
4C	C6	B7	( )	( )	( )
D2	F4	B3	( )	( )	( )
2D	C6	3A	( )	( )	( )

F4	7C	3A			
3H	C4	3B	( )	( )	( )
F5	B3	2D	( )	( )	( )
C4	C7	A3	( )	( )	( )
3A	F4	7C	( )	( )	( )
F2	C4	B3	( )	( )	( )
F4	A3	C7	( )	( )	( )
B2	7C	A3	( )	( )	( )
4F	D2	A1	( )	( )	( )
G4	7F	3A	( )	( )	( )
F5	H6	C3	( )	( )	( )
P4	C4	D4	( )	( )	( )
4F	7C	3A	( )	( )	( )
F4	C7	3B	( )	( )	( )
H3	7C	A1	( )	( )	( )
D2	C2	3A	( )	( )	( )

13. Schätzaufgaben

Etwa 30 Aufgaben, die per Dia eingeblendet wurden. Man hatte 5 Sekunden Zeit, das Ergebnis im Kopf zu überschlagen, bevor die nächste Aufgabe kam, z.B.:

50176 : 32 x 179 − 240600

a) 36807   b) 39802   c) 40072   d) 43677

Lösung: c

Für die folgenden 14 Aufgaben haben Sie nur 5 Min. Zeit.

1) 8365 + 5545 + 1140 =
- a) 16025
- b) 15045
- c) 15050
- d) 15150
- e) 15550
- f) 14995

2) 7320 + 2675 + 7533 =
- a) 21155
- b) 20150
- c) 19995
- d) 20005
- e) 19555
- f) 17528

3) 19002 x 45890 =
- a) 800.750
- b) 8.001.780
- c) 872.001.780
- d) 87.001.770
- e) 950.002.535
- f) 9.003.535

4) 55455 + 5/17 + 544 2/17 + 4001 10/17 =
- a) 59.005 1/17
- b) 60.001
- c) 59.500
- d) 65.435 2/17
- e) 64.001
- f) 64.101 1/17

5) 48 825 412 − 41 950 437 =
- a) 555.555
- b) 6.874.975
- c) 38.749.750
- d) 4.950.753
- e) 4.125.655
- f) 4.002.354

6) 49 x 49 =
- a) 24.500
- b) 24.501
- c) 2.401
- d) 2.501
- e) 2.105
- f) 1.111

7) 311 x 811 + 45 501 =
- a) 25.223
- b) 101.222
- c) 220.571

d) 297.722
e) 350.455
f) 400.503

8) 2,2 x 5,9 =

a) 11,05
b) 11,90
c) 12,98
d) 13,98
e) 13,99
f) 14,55

9) 199 hoch 2 =

a) 3.960
b) 29.507
c) 39.601
d) 49.602
e) 41.104
f) 40.201

10) Wurzel aus 12321 =

a) 11
b) 51
c) 111
d) 225
e) 550
f) 735

11) 17,25 + 13 + 0,75 + 0,005 =

a) 31,005
b) 310,05
c) 31,00
d) 20,00
e) 130,005
f) 30,80

12) 25,33 − 0,05 + 2 =

a) 27,38
b) 25,28
c) 25,38
d) 23,28
e) 23,38
f) 27,28

13) 7,5 − 0,025 + 11,425 =

a) − 18,9
b) − 3,95
c) 18,95
d) 18,9
e) 18,5
f) 19,425

14) 1.297 + ? = 9.289

a) 7.892
b) 7.998
c) 8.992
d) 7.992
e) 7.991
f) 8.121

Mehr Aufgaben dieser Art finden Sie in diesem Buch auf S. 112.

14. Zeiger/Quadrate/Dreiecke-Test

30 Dias wurden für jeweils zwei Sekunden vorgeführt und sollten im Gedächtnis »gespeichert« werden. Auf jedem Dia sah man zwei Zeiger, Quadrate und Dreiecke und im Antwortschema mußte man nun unter A den gezeigten Wert des ersten Zeigers eintragen, unter B den Wert des zweiten und bei C entweder die Zahl der Quadrate oder der Dreiecke (das wird genau angegeben) notieren. Die Antwortzeit dafür betrug 5 Sekunden. Dazu die nachstehende Zeichnung:

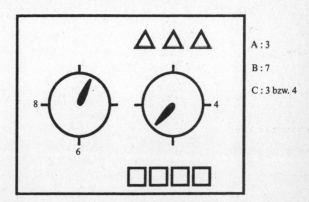

A : 3

B : 7

C : 3 bzw. 4

Übrigens: Die Zeiger weisen nicht immer auf eine eindeutige Zahlenposition, so daß man sich nur anhand der Einteilungen orientieren kann. Es wurde aber immer eine ganze Zahl gesucht, d.h. auch wenn der Zeiger scheinbar zwischen 2 und 3 stand (z.B. mehr zur 3 hin), sollte man 3 hinschreiben. Das Zifferblatt blieb stets gleich, immer von 0 bis 8.

15. Interessentest

Er beinhaltet etwa 130 Fragen und jeweils eine Skala von »sehr ungern« bis »sehr gern« (z.B. ich treibe Sport, ich würde eine Insektensammlung anlegen, ich würde in der Forschung arbeiten, ich würde in die Oper gehen).

Anscheinend ist es für die Auswahl eines Piloten wichtig, ob er lieber im Wald Pilze sucht, Theater oder Oper bevorzugt oder in einer Fußballmannschaft kicken würde. Komischerweise tauchen auch Fragen aus dem 16 PF auf, z.B. Festrede vor vielen Leuten halten, Moralgesetze sollten stärker befolgt werden etc. (Kontroll-Testfragen? siehe Aufgabe 4).

– Einige Beispiele zu diesem Aufgabentyp:

– Ich treibe Sport.
    a) sehr gern   b) gern   c) teils/teils   d) ungern   e) sehr ungern

– In meiner Freizeit lese ich.
    a) sehr gern   b) gern   c) teils/teils   d) ungern   e) sehr ungern

– Um mich gut zu fühlen, muß ich auch mal was riskieren können.
    a) sehr gern   b) gern   c) teils/teils   d) ungern   e) sehr ungern

– Am Wochenende treffe ich mich mit Freunden.
    a) sehr gern   b) gern   c) teils/teils   d) ungern   e) sehr ungern

– Ich bastele.
    a) sehr gern   b) gern   c) teils/teils   d) ungern   e) sehr ungern

– Einer Rauferei gehe ich aus dem Weg.
  a) sehr gern   b) gern   c) teils/teils   d) ungern   e) sehr ungern

– Ich höre klassische Musik.
  a) sehr gern   b) gern   c) teils/teils   d) ungern   e) sehr ungern

– Zur Entspannung gucke ich fern.
  a) sehr gern   b) gern   c) teils/teils   d) ungern   e) sehr ungern

– Ich besuche eine Bibliothek.
  a) sehr gern   b) gern   c) teils/teils   d) ungern   e) sehr ungern

– Um mich zu informieren, lese ich Tageszeitungen.
  a) sehr gern   b) gern   c) teils/teils   d) ungern   e) sehr ungern

– Ich würde ein Theaterstück schreiben.
  a) sehr gern   b) gern   c) teils/teils   d) ungern   e) sehr ungern

– Wenn es darauf ankommt, schlage ich schon mal kräftig zu.
  a) sehr gern   b) gern   c) teils/teils   d) ungern   e) sehr ungern

– Ich kann mir meinen Arbeitplatz im Krankenhaus vorstellen.
  a) sehr gern   b) gern   c) teils/teils   d) ungern   e) sehr ungern

– Ich möchte als Politiker arbeiten.
  a) sehr gern   b) gern   c) teils/teils   d) ungern   e) sehr ungern

– Ich würde eine Münzsammlung anlegen.
  a) sehr gern   b) gern   c) teils/teils   d) ungern   e) sehr ungern

– Ich kann mir vorstellen, bei einer gefährlichen Abenteuerexpedition mitzumachen.
  a) sehr gern   b) gern   c) teils/teils   d) ungern   e) sehr ungern

– Autorennen möchte ich aktiv mitmachen.
  a) sehr gern   b) gern   c) teils/teils   d) ungern   e) sehr ungern

Wie bei allen Persönlichkeitstests gilt auch hier die grundsätzliche Empfehlung, sich bei jeder Antwort zu fragen, welches Bild man damit von sich abgibt. Zumindest bei Aussagen, die in Richtung erhöhter Risikobereitschaft (»Draufgängertum«) gehen, sind Zweifel angebracht, ob dies dem Persönlichkeitsbild eines LH-Piloten entspricht (siehe Stichworte wie Rauferei, riskieren, Abenteuerexpedition, Autorennen, zuschlagen). Aber auch ein zu exponiertes Engagement bei »Krankenhaus«, »Politiker« und »Theater« könnten einen weniger guten Eindruck in Richtung Eignung Pilot machen. (Siehe zu dieser Problematik ausführlicher das Kapitel »Persönlichkeits-Tests« in dem Buch »Das neue Test-Trainings-Programm«; vgl. in diesem Buch S. 79).

16. Simultan-Arbeits-Test
Er besteht aus drei Teilen:

a) Visueller Teil: Für etwa 20 Sekunden wird ein Dia gezeigt. Pfeile stellen den Kurs von Flugzeugen in einem Luftraum auf einem Kompaß dar. Im Test geschah dies durch 5 rote und 5 grüne Pfeile, die hier in der Abb. 4 schwarz bzw. weiß erscheinen. Man sollte die Lage der Pfeile in diesem Luftraum in Gradangaben auf einem Kompaß umwandeln, wobei nach dem Kommando »Luftraum rot« nur die 5 roten Pfeile zu berücksichtigen waren und entsprechend umgekehrt.

Man darf aber nicht den Fehler begehen, wie in Abb. 1 gezeigt, den Pfeil einfach bis zum Rand hin zu verlängern, um so die Gradzahl abzulesen, sondern man muß entweder in Gedanken jeden Pfeil bis zum Mittelpunkt verschieben (Abb. 2) oder besser um jeden Pfeil einen kleinen Kompaß ziehen (Abb. 3) und schätzt dann die Gradzahl ein.

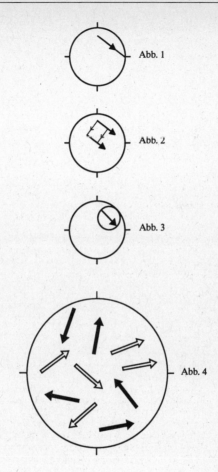

Abb. 1

Abb. 2

Abb. 3

Abb. 4

Luftraum schwarz
A: B: C: D: E:

Luftraum weiß:
A*   B*   C*   D*   E*

b) Hörtest: Eine Tonbandstimme rief eine bestimmte Flugnummer auf, z.B. LH 851. Danach wurden fünf weitere Nummern genannt und man sollte notieren, wie oft die Ausgangsflugnummer richtig wiedergegeben wurde, z.B.:

LH 861 – LH 893, LH 815, LH 989, LH 851, LH 861.
LH 852 – LH 851, LH 852, LH 879, LH 893, LH 861.

c) Simultane Bearbeitung von Aufgabenstellung a und b: Es versteht sich von selbst, daß man sowohl die Dias, als auch die Nummern verändert hatte.

17. Technisches Verständnis
Etwa 30 Fragen, zu Relaisschaltungen, Schaltkreisen, Widerstände berechnen, schiefe Ebenen, Hebelkräfte, Interferenzen, Dopplereffekt, Polarisation etc. waren zu beantworten. (Siehe dazu S. 91.)

18. Würfel kippen
Hier hat sich die *DFVLR* etwas ganz Besonderes einfallen lassen. Von einem Tonband wurde die Ausgangslage eines Kreuzes auf einem Würfel beschrieben. Danach wurde der Würfel in alle möglichen Richtungen gekippt (immer um 90 Grad, in die Richtungen rechts, links, vorne, hinten, oben, unten), nicht aber gedreht. Am Ende dieser Ansageaktion – bei dem Kommando »Stop« – sollte man aufschreiben, in welcher Lage sich die markierte Seite des Würfels jetzt befindet. Da wir alle mit Bleistift und Radiergummi ausgestattet waren, kamen wir natürlich schnell auf die Idee, die Kippbewegung mit unserem Radiergummi nachzumachen, was man uns aber nach der Vorübung mit einem Lächeln untersagte.

Ausgangslagen:

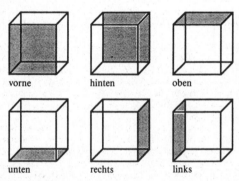

vorne   hinten   oben

unten   rechts   links

Am besten übt man die folgenden Beispielaufgaben mit einem Holz- oder Pappwürfel und veranschaulicht sich so, was in Worten kaum darstellbar ist.

1. Beispiel: Ausgangslage der markierten Fläche: unten
Befehle: nach
oben, unten, rechts, links, vorne, hinten, oben – Stop
Wo ist jetzt das Kreuz?
Lösung: vorne

2. Beispiel: Kreuz-Ausgangslage rechts
Befehle: nach
rechts, links, unten, rechts, oben, links, links, unten, unten, oben, vorne – Stop
Wo ist jetzt das Kreuz?
Lösung: hinten

Dazu die folgenden Aufgaben:

1. Kreuz-Ausgangslage hinten
Befehle: nach
links, oben, rechts, vorne, hinten, unten, links, hinten, unten, vorne, hinten, oben, unten, links, rechts, vorne, rechts, unten – Stop
Wo ist jetzt das Kreuz?

2. Kreuz-Ausgangslage oben
Befehle: nach
unten, oben, links, rechts, vorne, vorne, hinten – Stop
Wo ist jetzt das Kreuz?

3. Kreuz-Ausgangslage links
Befehle: nach
rechts, rechts, vorne, hinten, links, oben, vorne, unten, links – Stop
Wo ist jetzt das Kreuz?

4. Kreuz-Ausgangslage unten
Befehle: nach
oben, vorne, hinten, rechts, unten, links, links, hinten, unten, rechts, links, vorne, oben, links – Stop
Wo ist jetzt das Kreuz?

5. Kreuz-Ausgangslage vorne
Befehle: nach
hinten, oben, links, rechts, vorne, unten, rechts, rechts, oben, unten, links, vorne, unten, links, oben, vorne, rechts, hinten, links, oben – Stop.   Wo ist jetzt das Kreuz?

Die Zeit zum Nachdenken war für alle Testreihen gleich lang, so daß die meisten von uns bei der ersten Ansage noch relativ wenig Schwierigkeiten hatten. Bei der zweiten Reihe hatte man schon größere Schwierigkeiten und bei der dritten Reihe mußte ich persönlich kapitulieren.

Ich fühlte mich nach 17 Testmühlen einfach nicht mehr in der Lage, die von mir erwartete Konzentration zu erbringen. Tip: Nur die Ruhe bewahren, und wenn man nichts mehr geregelt bekommt, die Kreuzchen auf dem Antwortbogen möglichst gleichmäßig verteilen, um vielleicht ein paar Zufallstreffer zu landen.

Gegen 15 Uhr war nun auch der zweite Tag beendet. Das Ergebnis der Voruntersuchung, bei der angeblich nur die fachlichen Resultate berücksichtigt werden, wird dann etwa nach vier Wochen bekanntgegeben. Die psychologischen Tests und Ausarbeitungen werden erst für die Hauptuntersuchung benötigt. Erhält man Bescheid, daß man als geeignet befunden wurde, muß man sich auf eine achtmonatige Wartezeit einrichten, bevor die Hauptuntersuchung erfolgt.

Abschließend möchte ich jedem den Tip geben, sich frühzeitig bei der *LH* zu bewerben: Dies sollte man schon recht früh tun, auch wenn man erst eine Ausbildung oder ein Studium beenden möchte. Das Bewerbungsverfahren beansprucht viel Zeit – zum Beispiel:

August 1990: Abschicken der Bewerbungsunterlagen
März 1991: Terminbekanntgabe für Voruntersuchung
Mai 1991: Voruntersuchung
Juni 1991: Ergebnisbekanntgabe
Februar 1992: Hauptuntersuchung.

Erst man wenn man Vor-, Haupt- und die fliegerische Untersuchung hinter sich gebracht hat, ist es an der Zeit, eine endgültige Entscheidung zu treffen.

Klappt es nicht, was bei ca. 90 bis 95% der Bewerber der Fall sein dürfte, nehme man diese zwei Tage Streß als Test für andere Einstellungsverfahren in Kauf, frei nach dem Motto: „Alles, was mich nicht umbringt, macht mich nur stärker!"

NACHWORT – KRITIK UND TIPS

Willkommen an dieser Stelle. Durchgehalten! Sie haben es geschafft, sich bis hierher durchzuarbeiten, bisweilen sicher auch durchgekämpft.* Zweifelsohne haben Sie dabei viel gelernt. Wir sind sicher, das wird Ihnen in der Testsituation, die Ihnen bevorsteht, von größtem Nutzen sein.

Wenn Sie unsere Meinung zu Tests wissen wollen:

Wir halten die gängige Testpraxis bei der Auswahl von Bewerbern für höchst frag- und kritikwürdig.

Wenn Tests so gut wären, wie von einigen Befürwortern und Anwendern behauptet wird, dann müßten eigentlich doch auch wichtige Führungs- und Spitzenpositionen in Wirtschaft, Politik, Wissenschaft und Kultur per Eignungs- und Einstellungstests besetzt werden.

Haben Sie schon mal etwas davon gehört, daß Positionen wie die eines Topmanagers, Professors oder sogar die des Bundeskanzlers mittels eines Tests besetzt worden sind? Getestet werden in der Regel nur »die Kleinen«, die sich nicht dagegen wehren können. Ein Kultus-Minister (studierter Germanist), der sich für einen SPIEGEL-Artikel freiwillig einem Rechtschreibtest unterzogen hatte, machte so viele Fehler, daß er nirgendwo eine Chance auf einen Ausbildungsplatz hätte.

Nur allzu verständlich und auch menschlich, daß Arbeitgeber bei der Auswahl ihrer Mitarbeiter den Wunsch haben, in die Zukunft zu schauen. Leider können aber auch Tests diesen uralten Menschheitstraum nicht verwirklichen.

Unsere wichtigsten Kritikpunkte beziehen sich auf:

A. Die Instrumente (Tests)

    a. *die fragwürdigen theoretischen Grundlagen der Verfahren* (wie »Intelligenz«, »Berufseignung« und »Persönlichkeit« genau definiert oder gar »gemessen« werden kann, ist in der Psychologie höchst umstritten)

    b. *die fragwürdigen Test-Inhalte* (meist völlig fehlender Bezug zur angestrebten Berufstätigkeit bzw. zur täglichen Berufspraxis)

    c. *die fragwürdigen Aussagen/Vorhersagen aufgrund von Tests* (von wissenschaftlicher Seite wird der Ableitung und Vorhersagbarkeit von Testerfolg auf Berufserfolg entschieden widersprochen, trotzdem werden Entscheidungen von oft »lebenslänglicher« Bedeutung von Tests abgeleitet)

B. Die Test-Situation

    (erniedrigende Art des Umgangs mit dem Bewerber: die Bewerber werden in der Regel in einer Herr-Knecht-Situation durch Undurchschaubarkeit der Situation, sinnlose Fragen und Aufgaben, enormen Zeitdruck etc. systematisch geängstigt; »gemessen« wird in diesen häufig sadistisch gefärbten Ritualen lediglich die Angsttoleranz)

---

* Oder sollten Sie etwa zu denen gehören, die die Nachspeise vor dem Hauptgang einnehmen? Macht nichts. Den Test für unabhängige Vorgehensweise haben Sie so in jedem Fall bestanden.

C. Juristische Aspekte

(die juristischen Zulässigkeitsvoraussetzungen für Tests werden meist nicht erfüllt: meist keine fachlich kompetente Leitung der Tests: Laien statt Fachpsychologen; keine Beschränkung auf arbeitsplatzbezogene Merkmale; rechtswidriger Einsatz selbstgestrickter/wissenschaftlich nicht ausreichend abgesicherter Verfahren; rechtswidriger Einsatz von Persönlichkeitstests u.a.)

Auch wenn immer mehr kompetente Leute Einstellungs- und andere Testverfahren für äußerst fragwürdig halten: Man kommt an ihnen z.Z. noch nicht vorbei. Deshalb gilt: Schlaue Vor-Sicht walten lassen und sich sorgfältig vorbereiten! Eigentlich logisch, daß man Informationen und Erfahrungen anderer über Tests (z.B. aus dem angestrebten Ausbildungs-, Arbeits- oder Funktionsbereich) sammelt und für sich selbst auswertet. Testaufgaben zu knacken, kann man heutzutage gottseidank üben.

Speziell für angehende »Azubis«: Schule und Lehrer sollten angemessene Zeit für die Vorbereitung auf Bewerbung, Tests und Vorstellungsgespräche zur Verfügung stellen und durch Information und Anleitung mit dazu beitragen, die schwierige Situation leichter zu machen. Neben der intensiven Bearbeitung von Testaufgaben und deren Lösungsstrategien sind vor allem den Testanforderungen in Rechnen und Rechtschreibung sowie der schriftlichen Bearbeitung von Aufsatzthemen besondere Aufmerksamkeit zu widmen. Aktuelle Tagesthemen der Massenmedien müssen im Unterricht durchdacht und diskutiert werden. Dies wird sich für Aufsätze, Vorstellungsgespräche und Gruppendiskussionen als äußerst hilfreich erweisen. (Speziell zu diesen Themen empfehlen wir ergänzend das Buch »Das neue Test-Trainings-Programm«, s. S. 173).

Bevor auf die wichtigsten Bearbeitungsregeln für Testaufgaben eingegangen wird, erscheint es unbedingt notwendig, noch einmal darauf hinzuweisen: Von wissenschaftlicher Seite wird der Ableitung und Vorhersagbarkeit von Testerfolg auf Berufserfolg entschieden widersprochen. Es ist also enorm wichtig, das Selbstwertgefühl nicht vom Testergebnis abhängig zu machen, sondern diesen angeblichen Aus- und Vorhersagen kräftigst zu mißtrauen. Man sollte versuchen, gegenüber diesem ganzen Test- und Auswahlzirkus eine gelassene und realistische Einstellung zu entwickeln. Dabei kann die solidarische Unterstützung wichtiger Bezugspersonen (Freunde, Kollegen, Lehrer, Geschwister, Eltern, Lebenspartner) sehr hilfreich sein. Diese gilt es durch gezielte Information zu werben und zu sichern.

Hier die wichtigsten Bearbeitungsregeln für Testaufgaben:

● Nutzen Sie die Zeit der Aufgabenerklärung zu Beginn der Tests: Verdeutlichen Sie sich das Aufgaben- und Lösungsschema, versuchen Sie, sich an ähnliche, bereits gelöste Aufgaben aus Testtrainingsbüchern zu erinnern.

● Arbeiten Sie so schnell wie möglich, mit einem sinnvollen Maß an Sorgfalt.

● Beißen Sie sich nicht an schwierigen Aufgaben fest, Sie verlieren sonst wertvolle Bearbeitungszeit für andere, vielleicht viel leichtere Aufgaben.

● Sind verschiedene Antwortmöglichkeiten vorgegeben, wenden Sie bei Zweifeln bezüglich der richtigen folgende Lösungsstrategieen an:
    – Versuchen Sie, falsche Lösungen zu eliminieren, um so die richtige »einzukreisen«. Es ist leichter, z.B. unter zwei verbleibenden Möglichkeiten auszuwählen, als unter mehreren.
    – Raten Sie notfalls lieber eine Lösung, anstatt gar nichts anzukreuzen.

Sollte es beim nächsten Test (z.B. Einstellungstest) nicht klappen, können Sie trotzdem zu den Gewinnern gehören, wenn Sie aus den Erfahrungen lernen und nicht aufgeben. Das mag zynisch klingen, ist aber die Realität. Denken Sie an Lotto-Spieler − die geben auch nicht gleich auf, wenn sie am Wochenende keine sechs Richtigen haben. Bei allem Verständnis für Mühe und Enttäuschungen: Das oberste Bewerbungsgebot heißt nun einmal heutzutage: Durchhalten, nicht aufgeben und weiter bewerben, bis es endlich klappt!

Einmal mehr muß darauf hingewiesen werden: Nicht der Hauptteil der Bewerber und der Getesteten »fällt durch« und hat versagt, sondern Test und Testanwender versagen und produzieren Testopfer.

Noch ein genereller Tip: Nur Tests mitmachen, wenn man sich absolut gesund fühlt und gut ausgeschlafen hat. Zusätzliche Belastungen neben dem Teststreß sind möglichst zu vermeiden, oder sollten dann veranlassen, eher einen neuen Testtermin zu vereinbaren. Mit einer guten Begründung kann man dies in der Regel leicht erreichen.

Pünktliches Erscheinen am Testort versteht sich von selbst. Wer abgehetzt zum Testtermin kommt, verschlechtert seine Chancen. Wichtig ist die Information über die Testdauer, manche Tests können bis zu acht Stunden dauern (denken Sie an Traubenzucker o.ä., Süßigkeiten etc.).

In Pausen, die es hoffentlich gibt, kann ein Gespräch mit dem Nachbarn, der sicherlich genauso aufgeregt ist, durchaus entspannend wirken. Nach dem Test- und Bewerbungsstreß sollte man nicht vergessen, sich zu belohnen. (Was das sein könnte, weiß hoffentlich jeder selbst.)

Noch ein Wort: Besser keine »Medikamentenversuche«! Wer bei jedem Test unter massiver Prüfungsangst leidet, sollte ruhig einmal eine psychotherapeutische Beratungsstelle aufsuchen und sich dort weiterhelfen lassen.

Bitte vergessen Sie bei allen »Anpassungsübungen« nicht:

Wir sind nicht auf der Welt, um so zu sein, wie andere uns haben wollen.

Zu guter Letzt:
VERLEIHUNG DES EISERNEN TESTHAMMERS

Es ist an der Zeit, einen Negativ-Preis auszusetzen, der künftig jährlich verliehen werden soll. Dieser Preis ist für Firmen oder Institutionen bestimmt, die sich durch besonders groben Umgang mit Bewerbern − sei es in Einstellungstests oder bei Vorstellungsgesprächen − auszeichnen.

So wie Personalchefs Arbeitsplätze vergeben, haben jetzt Bewerber die Möglichkeit, bei der Vergabe des Eisernen Testhammers mitzumachen.

Erlebnisberichte aus Bewerbungs- und Testsituationen, die wegen der Art des Umgangs mit Bewerbern »preisverdächtig« und veröffentlichungswürdig sind, bitten wir, uns zuzuschicken *(Adresse siehe unten)*.

Diese Preisverleihung ist Teil unseres Bemühens, eine breitere Öffentlichkeit auf teilweise höchst fragwürdige, manchmal wirklich inhumane Praktiken im Umgang mit Bewerbern aufmerksam zu machen.

Die positiven Ansätze von einigen Arbeitgebern, sich um einen sensibleren Umgang mit den Bewerbern zu bemühen − einer Personengruppe, die keine Lobby hat −, sollen durch diese jährliche Preisverleihung weiter ermutigt und gefördert werden.

Denn: Wir haben mit Freude festgestellt, daß seit Beginn unserer Veröffentlichungen zu diesem Thema ein Prozeß des Umdenkens und der etwas kritischeren Reflektion bei Arbeitsplatzvergebern und Personalabteilungen ansatzweise spürbar geworden ist.

Ignoranten, unsensiblen Firmen sowie Institutionen auf dem Gebiet der Personalauswahl soll durch die Preisverleihung und die damit verbundene Resonanz in der Öffentlichkeit ein Nachdenken über den Umgang mit dem Mitmenschen in einer existentiellen Situation ermöglicht werden.

Liebe Leser: Leider können wir an dieser Stelle nicht sagen, daß wir uns über Ihre Zuschriften und Vorschläge zur Preisverleihung freuen, da wir annehmen müssen, daß Anlaß und Inhalt der Bewerbungsberichte stets unerfreulich sind. Wir erwarten aber Ihre Briefe dennoch mit Spannung und freuen uns auch über jede Anregung in diesem Zusammenhang.

LITERATURHINWEISE

Zum Thema Tests und Bewerbung ist mittlerweile viel geschrieben worden. Papier ist geduldig und viele »Werke« sind Ihr Geld nicht wert. Titel wie »Achtung ... keine Angst ... kein Problem vor ... Tests, Tests, Tests ... zur Bewerberauswahl ... und dem Finden eines Ausbildungsplatzes« gehören in diese Gruppe, ebenso wie die Teste-dich-selbst-Bücher, Intelligenzschulen und Test-Rat-Hilfe- Geber.
Wir empfehlen:

J. Hesse/H. C. Schrader
Das neue Test-Trainings-Programm
Frankfurt a. M. (Eichborn) 1991.

J. Hesse/H. C. Schrader
1001 Bewerbung
München (Goldmann Taschenbuch) 1991

J. Hesse/H. C. Schrader
Testtraining für Ausbildungsplatzsucher. Hilfe bei Bewerbung, Tests und Vorstellungsgespräch
Frankfurt a. M. 1985 (Fischer Taschenbuch 3353)

S. v. Paczensky
Der Testknacker. Wie man Karrieretests erfolgreich besteht
Reinbek b. Hamburg 1976 (rororo Taschenbuch 6949)

E. Stelzner
Professionell bewerben. Handbuch für Berufsanfänger und Stellenwechsler
Münster (Stelzner) 1983

M. Klein
Tests. Persönlichkeitstest für den Beruf.
Hamburg (CC) 1987

P. Bellgardt
Rechtsprobleme des Bewerbergesprächs.
Heidelberg (Sauer) 1984

S. Grubitzsch/G. Rexilius:
Testtheorie – Testpraxis. Voraussetzungen, Verfahren, Formen und Anwendungsmöglichkeiten psychologischer Tests im kritischen Überblick.
Reinbek b. Hamburg 1978 (rororo Taschenbuch 7157)

Berichte über Bewerbungen und Auswahlverfahren, Anregungen und Hinweise sind uns herzlich willkommen.

Sollten Sie uns schreiben, weil Sie spezielle Fragen zu Test- und Bewerbungssituationen haben, sind wir bemüht, Ihnen weiterzuhelfen. Wir bitten Sie, uns durch einen adressierten und frankierten Rückumschlag zu unterstützen.

LÖSUNGSVERZEICHNIS

TEIL 1
Allgemeinwissens-Testaufgaben

1. Staat und Politik

1c / 2d / 3b / 4d / 5c / 6c / 7d / 8b / 9d / 10b / 11c / 12c / 13b / 14d / 15c / 16d / 17c / 18d / 19a / 20c / 21b / 22b / 23c / 24b / 25c / 26d / 27b / 28d / 29c / 30b / 31a / 32b / 33d / 34a / 35c / 36a / 37a / 38b / 39c / 40d / 41c / 42a / 43c / 44b / 45b / 46c / 47c / 48b / 49a / 50c / 51d / 52c / 53a / 54b / 55a / 56b / 57c / 58d / 59a / 60c / 61a / 62b / 63a / 64d / 65b / 66b / 67a / 68b / 69b / 70: z.Z. George Bush, Republikaner/ 71: Schleswig-Holstein, Niedersachsen, Nordrhein-Westfalen, Hessen, Rheinland- Pfalz, Baden-Württemberg, Bayern, Saarland, Hamburg, Bremen, Berlin, Brandenburg, Mecklenburg-Vorpommern, Sachsen, Sachsen-Anhalt, Thüringen / 72: Bayern, Nordrhein-Westfalen / 73: Paris, Erziehung/Wissenschaft/Kultur / 74: International Labour Organization, Genf / 75: ca. 70 Mrd. DM

2. Geschichte

1c / 2b / 3d / 4c / 5b / 6b / 7b / 8a / 9c / 10a / 11b / 12b / 13b / 14d / 15c / 16a / 17b / 18c / 19b / 20c / 21d / 22b / 23b / 24c / 25: Italiener / 26: 1492 / 27: Volksaufstand in der ehemaligen DDR / 28: Mauerbau in Berlin / 29: Öffnung der Mauer / 30: Vereinigung beider deutscher Staaten

3. Bedeutende Persönlichkeiten

1c / 2a / 3c / 4c / 5c / 6b / 7a / 8a / 9c / 10b / 11c / 12a / 13c / 14c / 15a / 16b / 17c / 18a / 19a / 20a / 21d / 22c / 23c / 24c / 25c / 26c / 27d / 28a / 29b / 30b / 31c / 32c / 33b / 34d / 35d

4. Wirtschaft

1b / 2b / 3c / 4a / 5b / 6d / 7b / 8c / 9a / 10a / 11c / 12b / 13d / 14c / 15a / 16c / 17c / 18a / 19c / 20c / 21b / 22a / 23c / 24c / 25c / 26b / 27c / 28d / 29c / 30d / 31b / 32c / 33b / 34b / 35a / 36d / 37c / 38a / 39c / 40d

5. Geographie

1b / 2d / 3a / 4d / 5d / 6d / 7b / 8c / 9d / 10b / 11b / 12c / 13b / 14c / 15b / 16c / 17a / 18b / 19b / 20c / 21b / 22c / 23b / 24b / 25b / 26c / 27c / 28b / 29c / 30d

6. Literatur

1c / 2c / 3c / 4c / 5b / 6c / 7a / 8b / 9a / 10a / 11b / 12b / 13a / 14a / 15a / 16a / 17a / 18c / 19a / 20c

7. Kunst

1b / 2b / 3c / 4c / 5c / 6b / 7a / 8c / 9a / 10b / 11c / 12a / 13a / 14b / 15a / 16b / 17c / 18a / 19c / 20b

8. Musik

1c / 2c / 3b / 4b / 5a / 6b / 7c / 8a / 9c / 10c / 11a / 12b / 13b / 14c / 15c / 16c / 17c / 18b / 19c / 20c

9. Sport

1a / 2c / 3b / 4b / 5b / 6c / 7a / 8b / 9b / 10c / 11a / 12b / 13b / 14c / 15b / 16b / 17c / 18a / 19b / 20a

10. Technik

1b / 2b / 3a / 4a / 5b / 6a / 7b / 8b / 9b / 10a / 11b / 12b / 13a / 14a / 15c / 16b / 17b / 18c / 19a / 20b

11. Biologie
1a / 2b / 3c / 4b / 5b / 6c / 7a / 8c / 9b / 10a / 11b / 12c / 13c / 14c / 15c / 16c / 17a / 18b / 19a / 20c

12. Physik
1b / 2a / 3b / 4a / 5a / 6b / 7a / 8a / 9c / 10c

13. Chemie
1a / 2a / 3c / 4a / 5b / 6a / 7b / 8a / 9c / 10b

Intelligenztest-Aufgaben

1. Wortbedeutungen
1c / 2b / 3d / 4a / 5d / 6b / 7d / 8c / 9c / 10c / 11a / 12d / 13b / 14d / 15c / 16b / 17c / 18c / 19c / 20d / 21a / 22d / 23a / 24a / 25b / 26b / 27d / 28c / 29c / 30a

2. Sprichwörter
1d / 2c / 3a / 4c / 5c / 6c / 7a / 8d / 9c / 10c / 11d / 12b / 13a / 14d / 15c

3. Wortanalogien
1d / 2c / 3d / 4b / 5d / 6d / 7b / 8c / 9d / 10a / 11c / 12d / 13b / 14c / 15c / 16b / 17c / 18c / 19b / 20d / 21a / 22b / 23c / 24b / 25a / 26d / 27c / 28b / 29d / 30c / 31:c2 / 32:b3 / 33:c1 / 34:b1 / 35:c2

4. Unmöglichkeiten
1df / 2af / 3br / 4dr / 5cr / 6cr / 7cr / 8cr / 9dr / 10cr / 11ar / 12dr / 13cr / 14dr / 15br / 16ar / 17cr / 18ar

5. Logisches Denken
1B / 2J / 3 keine / 4 keine / 5A / 6 Alfred / 7 Dagmar / 8 Anja und Kathrin / 9b / 10a / 11b / 12a / 13a / 14b / 15 keine (Elfriede könnte z.B. ein Schwein sein, sie ist nicht als Mensch definiert) / 16e / 17a,c,d / 18c,d / 19 keine / 20a,c,d

6. Buchstabenreihen
Teil A: 1:00NN / 2:RRSR / 3:EGIK / 4:OQQP / 5:TSRQ / 6:IJLM / 7:00PO / 8:FHGI / 9:PONM
Teil B: 1:kl / 2:wy / 3:cf / 4:gf / 5:sn

7. Graphische Aufgaben zum logischen Denken
A. 1b / 2e / 3c / 4g / 5b
B: 1d / 2a / 3f / 4c / 5a / 6e / 7c / 8b / 9e / 10b / 11f / 12d
C: A5 / B5 / C6 / D4 / E3 / F9 / G5 / H3 / J1 / K3 / L4 / M1 / N0 / P2 / Q6

8. Räumliches Vorstellungsvermögen
A. Spiegelbilder: 1C / 2E / 3A / 4D / 5B / 6F / 7A / 8E / 9F / 10C / 11F / 12B / 13D / 14A / 15E / 16C / 17D / 18A / 19F / 20C
B. Abwicklungen: 1d / 2b / 3c / 4a / 5b / 6c / 7a / 8d / 9c / 10b / 11a / 12d / 13c / 14b / 15d
C. Würfelaufgaben: 1d / 2b / 3a / 4e / 5c / 6e / 7c / 8b / 9a / 10e / 11d / 12a / 13e / 14c / 15b

Rechen-Testaufgaben

1. Zahlenreihen

1. Block
A   17   +2...
B   38   +3-1...
C   101   -5+5-4+4-3+3...
D   37   +3+3+4+4+5+5...

E 20   +1+2...
F 87   +5+7+9+11...
G 20   +1+2-3+4+5-6...
H 29   +2-3x4+5-6x7...
I   6   -3:2x3...
J 34   Summe der 1.und 2. Zahl ergibt 3.usw

2. Block

A   30   +1+2+3+4+5...
B   20   +1+1 +2+2 +3+3...
C   3   -2:2 -2:2...
D 174   +2x2 +2x2...
E   8   :2+2 :2+2...
F 220   x2x2-10 x2x2-10...
G   60   -3:2x3 -3:2x2...
H   56   :4+4x4+4 :4+4x4+4...
I   24   -3x3+3:3 -3x3+3:3...
J   14   +2-10 +4-8 +6-6 +8-4...

3. Block

A   9   -5+3 -5+3...
B   8   -2+3-4+5-6...
C   15   -3x3 -4x4 -5x5...
D   80   +7+9+11+15+17...
E   7   +1+2-3 +4+5-6...
F   15   :3-7x5 :3-7x5...
G   14   -1+3 -1+4 -1+5...
H   8   :2+5 :3+5 :4+5...
I 420   -9x4 -8x4 -7x4...
J   13   +7-2x1 +6-3x2 +5...

4. Block

A   11   :2+3 :2+4 :2+5...
B   17   -1x1 -2x2 -3x3...
C   50   :4x3+2-1...
D   8   -1x2:3 -4x5:6...
E   38   +1+1+2+3+5+8+13+21...
F   29   +2x2-1 -2x2+1 +2x2-1..
G   24   -3:2x3 -3:2x3...
H   25   +7-2x1 +6-3x1 +5-4x1...
I   8   +2-15 +4-12 +6-9...
J   15   QSumme 1.Zahlenpaar = 2.Zahl
         1+2= 3   3+4= 7   5+6= 11   7+8= 15
         12   3   34   7   56   11   78   15

2. Zahlenmatrizen

A

2	4	6	8		+2+2...
3	5	7	9		
1	3	?	7		5
?	6	8	?		4 10

B

12 34 56   +22

23 ? 67   45
34 56 78

C

16 64 68   x4 + 4...
12 48 ?   52
 8 32 36

D

48 51 17 20   + 3:3 + 3
51 54 18 21
54 57 ?? 22   19
?? 60 20 23   57

E

5 3 6   −2 + 3 −4 + 5 −6 ...
2 ? 1   7
8 0 9

F

 1   4   9   1x1 2x2 3x3...
16 25   ?   36
49 64 81

G

52 55 58   + 3 + 3 + 3
67 64 61   − 3 − 3 − 3
 ? 73 76   + 3 + 3 + 3   70

H

 3 11   7   9   + 8-4 + 2
 9 11   7 15   + 2-4 + 8
15   ? 19 27   + 8-4 + 2 23
27 29 25   ?   + 2-4 + 8 33

I

156 148 37 39   − 8:4 + 2
 64   56 14 16
 24   16   ?   6   4
 12   4   1   ?   3

3. Textaufgaben

A:15l, 400km / B:2 Monate / C:25,75qm / D:31,28 / E:32 / F:35 / G:250 000 / H:120qdm / I:35 / J:A 16, S 24, B 48 / K:43m / L:13 000DM / M:26 2 / 3 / N:26km / O: 256 000DM / P:60% / Q:50% / R:144 / S:37% / T:1187,50DM / U:50kg / V:50% / W:40 Min. / X: 3 Töchter, 4 Söhne / Y:110 km / Z:36m.

Rechtschreibungs-Testaufgaben

1. Diktat

Hier die richtigen Schreibweisen (die kursiven Stellen waren falsch):

1. Wir wissen, daß *seit Jahrzehnten* viele *hundert Millionen* Mark für Überflüssiges aufgewendet werden.

2. Es ist also nichts Erstaunliches, wenn wir hören, *daß* dem menschlichen Wollen enge Grenzen *gesetzt* sind.

3. Die *Achttausender* des *Himalajas* wurden schon manchem Bergsteiger zum *Verhängnis*.

4. Dem Chemiker wurde angst und *bange,* als er nach einigem *Überlegen* merkte, etwas Neues entdeckt zu haben.

5. Der Automechaniker hatte den Wagen frühmorgens zum Reparieren abgeholt und am Abend *wieder zurückgebracht.*

2. Richtige Schreibweise

1 allmählich / 3 wohlweislich / 4 Kanone / 6 Depesche / 7 Gelatine / 8 Satellit / 10 athletisch / 11 Gelee / 15 Methode / 16 Filiale / 18 Labyrinth / 19 Rhododendron / 20 Rhythmus / 21 Portemonnaie / 22 Vagabund / 23 Widerstand / 24 Zyklop / 25 Sympathie

3. Rechtschreibung

1c / 2d / 3c / 4d / 5e / 6d / 7e / 8d / 9c / 10e / 11c / 12e / 13d / 14c / 15d / 16e / 17d / 18b / 19c / 20b / 21c / 22d / 23a / 24c / 25c

Konzentrations-Testaufgaben

1. Buchstaben durchstreichen

1. Zeile: 8 d's / 2:14 / 3:9 / 4:8 / 5:11 / 6:9 / 7:12 / 8:15 / 9:8 / 10:14 / 11:9 / 12:8 / 13:11 / 14:9 / 15:12 / 16:8 / 17:14 / 18:9 / 19:8 / 20:11

2. Konzentrations-Leistungs-Test

Erster Durchgang:

a:6 / b:2 / c:7 / d:5 / e:6 / f:3 / g:2 / h:1 / i:2 / j:1 / k:7 / l:1 / m:1 / n:6 / o:1 / p:21 / q:12 / r:2 / s:0 / t:5 / u:6 / v:3 / w:7 / x:1 / y:12 / z:2

Zweiter Durchgang:

a:30 / b:24 / c:13 / d:5 / e:6 / f:9 / g:12 / h:1 / i:16 / j:1 / k:7 / l:21 / m:1 / n:6 / o:1 / p:21 / q:12 / r:22 / s:22 / t:5 / u:6 / v:9 / w:13 / x:1 / y:12 / z:24

6. Beobachten

1b / 2a / 3c / 4b / 5b / 6c / 7a / 8c / 9b / 10a / 11c / 12c / 13a / 14b / 15a / 16c / 17a / 18b / 19c / 20b / 21a / 22c / 23c / 24b / 25a / 26c / 27b / 28b / 29a / 30b / 31a / 32c

Persönlichkeits-Testaufgaben

2. Drei Persönlichkeitsmerkmale

	a) stimmt	b) teils / teils	c) stimmt nicht
1. E	3	2	1
2. L	3	2	1
3. K	1	2	3
4. E	1	2	3
5. E	1	2	3
6. K	1	2	3
7. E	1	2	3
8. E	1	2	3
9. K	3	2	1
10. E	3	2	1
11. K	1	2	3
12. E	1	2	3
13. E	1	2	3
14. L	1	2	3
15. L	1	2	3
16. K	1	2	3
17. L	3	2	1
18. L	3	2	1

19. E	1	2	3
20. L	1	2	3
21. K	1	2	3
22. K	3	2	1
23. E	1	2	3
24. K	1	2	3
25. L	1	2	3
26. L	1	2	3
27. K	1	2	3
28. L	3	2	1
29. K	1	2	3
30. L	1	2	3

E = Emotionale Stabilität / Labilität
K = Kontakt- und Kommunikationsfähigkeit / -unfähigkeit
L = Leistungsmotivation / eingeschränkte Lm.

Sollten Sie nun Ihre E-Werte ausgezählt haben, ergibt sich vereinfacht folgende Interpretationsmöglichkeit:

10 – 17 Punkte: emotional labil
18 – 22 Punkte: indifferent
23 – 30:Punkte: emotional stabil

Je stärker Sie an die Eckwerte einer Gruppe kommen, desto deutlicher ist das Merkmal ausgeprägt (z.B. sprechen 10, 11 oder 12 Punkte für eine erhebliche emotionale Labilität, dagegen 27, 28 und mehr Punkte für eine (fast schon unglaubwürdige) emotionale Stabilität.

Nun sind die K-Werte dran (s.o.):

10 – 17 Punkte: kontaktarm
18 – 22 Punkte: indifferent
23 – 30 Punkte: kontaktfreudig

Z.B. sprechen 15-17 Punkte für eine eher kontaktarme Persönlichkeit, 23-25 Punkte für eine eher kontaktfreudige Persönlichkeitsstruktur.

Schließlich zu den L-Werten:

10 – 17 Punkte: eingeschränkte Leistungsmotivation
18 – 22 Punkte: indifferent
23 – 30 Punkte: leistungsmotiviert

Die Anmerkungen zu den ersten beiden Persönlichkeitsdimensionen gelten vice versa auch hier.
    Sie können jetzt Ihr »Persönlichkeitsprofil« erstellen, indem Sie ihre Werte in das nachstehende Schema eintragen:

	10	12	14	16	18	20	22	24	26	28	30	
Emot. Labilität	.	.	.	.	.	.	.	.	.	.	.	Emot.Stabilität
kontaktunfähig	.	.	.	.	.	.	.	.	.	.	.	kontaktfähig
eingeschränkte												leistungs-
Leistungsmotiv.	.	.	.	.	.	.	.	.	.	.	.	motiviert
offen	.	.	.	.	.	.	.	.	.	.	.	verschlossen

Die zuletzt aufgeführte Dimension Offenheit / Verschlossenheit errechnet sich aus der Gesamtzahl der Teils-teils-Ankreuzungen. Addieren Sie für die ersten 6 Teils-teils-Antworten 10 Punkte, für jede weitere Teils-teils-Ankreuzung 3 Punkte. Sollten Sie über 30 Punkte kommen, wäre ihr gesamtes Testergebnis unglaubwürdig und Sie würden den Verdacht riskieren, ein »Test-Saboteur / Verweigerer« zu sein.

Achtung aufgepaßt: Diese kleine Testauswertung sollte Ihnen lediglich verdeutlichen, wie in der Bewerbungs- und Auslesepraxis in etwa vorgegangen wird.

Haben Sie bei der Aufgabe, die einzelnen Statements den Persönlichkeitsdimensionen zuzuordnen, sechs oder weniger pro Dimension richtig eingeschätzt, müssen Sie unbedingt Ihr »Testaufgaben-Durchschauungsvermögen« für Persönlichkeitstests weiter trainieren.

LESE- und ARBEITSHINWEISE
→ Weitere Aufgabenbeispiele zu Persönlichkeitstests und wichtige Informationstexte finden Sie in: »Das neue Testtrainingsprogramm« (s.S. 173)

3. Persönliche Bewertungen
 1: b eher passend; Rest eher unpassend
 2: c, d eher passend; Rest eher unpassend
 3: c, d eher passend; a unpassend
 4: b passend; c unpassend
 5: c passend; Rest unpassend
 6: d passend; a unpassend
 7: a passend; d unpassend
 8: c eher passend; a, b unpassend
 9: c eher passend; Rest unpassend
10: d, b eher passend; a, c unpassend

Technik-Testaufgaben

1b / 2a / 3a / 4b / 5a / 6c / 7d / 8b / 9c / 10b / 11a / 12a / 13C / 14C / 15C / 16A / 17B / 18B / 19C / 20D / 21D / 22C / 23C / 24B / 25B / 26A / 27B / 28C / 29A / 30C / 31A / 32C / 33A / 34B / 35B / 36A

TEIL 2

Büro- / Verwaltungs- und Öffentlicher-Dienst-Testaufgaben

1. Allgemeinwissen
1c / 2b / 3c / 4a / 5b / 6b / 7b / 8c / 9a / 10a / 11a / 12b / 13a

2. Adressen prüfen

Frank Kassler	4120 Brandenburg 47, Schleyweg 6	T: 87 87 97	2
Fritz Kasperrow	1458 Nennbusch 6, Walterstr. 87	T: 4 08 47 23	3
Franzika Mehnings	5400 Bochum 35, Warnemünder Str. 24	T: 3 67 85	2
Elke C. Wrangel	7012 Pers 457, Neubuger Landstr. 56	T: 8 72 71	0
Karl Ludwig Snörs	3773 Maienhausen, Am Karlsbad 2	T: 7 21 56 80	1
Sybille Schneider	2300 Hausen, Uferwasser Weg 45	T: 9 01 56 81	0
Sonja S. Müllers	9056 Müllershausen, Waldstr. 5	T: 90 15 68 67	1
Petra Schnellenbach	765 Meinheim 45, Friedsaalstr. 5	T: 38 98 90	1
Fa. K.B. Vautenloh	340 Sülze 2, Heißenstr. 163	T: 8 76 54 96 23	0
Fa. Max Kühlenbrot	1230 Bachelach, Heilsbrunnen 34	T: 4 57 23 13	0
Franz Mainzbergs	7767 Nymphenburg 4, Herrmanstr.1b	T: 12 32 14	0
Fa. Heinz Brinkmann	5639 Jellingsdorf 23, Hamstr. 34	T: 56 37 28	4
Manfred H.C. Börner	7561 Hexenfurth 2, Bahnhofsstr. 34	T: 08 18 91	0
Gustav Gründermann	1000 Berlin 41, Calvinstr. 29	T: 0 30 12 56 77	0
Dr. Grnot H. Binder	1000 Berlin 44, Robert Lück Weg 54	T: 2 31 56	1

Prof. Dr. H. Siebel	1002 Berlin 894, Kellerweg 361	T: 12 33 34 34	2
Hannemann **AG** Neuß	5402 Neuß 2, Am Hamelbruch 23__	T: 4 33 45 62 34	3
Fa. S. Kulperts	890 Bellen 3, Kruppstr. 144	T: 0 23 45 76 12	2
Prof. Hennigsstein	9898 Nenn 1, Innerer Weg 21c	T: 6 75 65 76 59	0
Harald Landsert	881 Bremenau 56, Weißstr. 59	T: 0 12 45 76 65	0
Dr. Heinz P. Knall	6700 Brenner 1, Knießstr. 651h	T: 03 76 98 89	0
Kaiser **&** Sohn	6665 Hahnendorf 4, Bachgasse 44	T: 11 25 63 76	1
Dr. Alt & Partner	8121 Keulenbach **3**, **Am** Feldrand 23	T: 9 89 81	2
Postspar e.V.	2756 Oldenbourg 12, Feldsweg 114d	T: 08 93 84	1
Tierschutz Verein	7620 Bad Gastein 4, Heinzelstr. 6	T: 07 62 31	0
Lampenschirm GmbH	5578 St. Gallen 32, Am Stoppeln 5	T: 09 71 48	0
Fa. Kohl & Partner	**765** Bad Luisenau **2**, Hertzstr. 30	T: 93 53 69	4
Sebastian Sch**af**	1200 Groß Nauen, Bergdorfweg 165	T: 0 34 14 **15**	4
Friederich Growohl	45 Bad Schnellenbach, Perlstr.1	T: 03 41 22	0
Werner Brostewohl	6600 Mühlbach a.R. 18, Saalweg 19	T: 04 57 82	0
Sabine Gahnburg	1250 Bergedorf a.M.13, Franzstr.7	T: 12 32 31	1
Marion Reinsdammer	2300 Sinndelfink 1, Am Lachs 3	T: 23 45 **62 13**	3
Monika Schellowski	2300 Sinndelfink 2, Harnbach 1	T: 24 53 34 51	0
Delia Kanakowski	5681 Brandenburg 2, Grandring 32	T: 0 24 21 35	1
Dr. Karla Zeis	1000 Berlin 33, Thomasiusstr. **29**	T: 0 30 22 89	3
Frank Michael Lehm	896 Potsdam, Karl-Marx-Platz 2	T: 0 43 62 18	0
Fa. S. Lottenow	2470 Wienbad 4, Maienberger Str.40	T: 78 98 94	0
Hans Dieter Böhm AG	3476 Biel 13, Herrmannzeile 147	T: **07 86** 02 01	3
Prof. Maria Docht	222 Bernstein 4, Waidmannsheil 13	T: 6 76 78	1
Selmer & Co GmbH	2000 Hambur 13, Weserstrand 6	T: 08 33 44 51	0
Fa.Franzenhuber OHG	22 Weiler 1, Calvinstr. 35	T: 0 38 56 23 89	0
Hannes K. Beckerow	567 Bad Lippenau, Mandelzeile 5	T: 3 46 72 70	0
Christian H. Welle	**8880** Brahmstedt, Manichowskistr. 27b	T: 8 96 75	4
Dr.Petra Pannowitz	7500 Heidelberg 22, An der Lahn 3**a**	T: 06 76 74	1
Fa. Rudi C. Walle	3561 Harschburg 1, Brausestr. 34c	T: 06 81 42	0
Fa. Dieter Schnee	1246 Keilendorf 5, Berliner Str. 145	T: 61 97	0
Ärzte Vereinigung	3490 Busenhausen 4, Fordstr. 29a	T: 5 62 39 12	0
Wirtschaftsdienste	780 Werl 2, Robert-Glück-Str. 2	T: 0 23 15 78	0
Schlosserei Skiele	2350 Berndow 7, Monumentenstr. 3	T: 0 35 27 88	0
Wäscherei Weiß	7700 Miendorf 4, Döllersweg 25d	T: 0 86 67 56	1
Anita G. Pranglie	8950 Karlshorst 3, Wegschneiderstr. 2	T: 86 45	1
Sabine K. Horney	342 Magdeburg 23, Heinzenhuber Weg 5	T: 90 67	0
Bäckerei Schnelle	3562 Gießen **45**, Hahnkampweg 286f	T: 0 23 56 71	2
Gernot F. Browney	6500 Sydow, Am Marktplatz 33	T: 0 34 56 99 **00**	2
Richard W. Zäcker	5300 Bonn 53, An den Weißen Reben **34**	T: 0 12 07	2
Helmut K. Hohl	4500 Oggersheim, Straße des 3. Oktobers	ohne	0
Graf F. Lammsdorf	6705 Duisburg 3, Liberalenweg 19	T: 0 95 98 12	1
Gustavo Arretti	7500 Freibourg 1, Jesuiten Allee 23	T: 0 31 87	0

3. Zahlensuche

1B / 1E / 2B / 3B / 3C / 4C / 4G / 5A / 5F / 5G / 6A / 6E / 7C / 7E / 8D / 8E / 8G / 9E / 10D /
11B / 11C / 12C / 12G / 13A / 13F / 13G / 14A / 14E / 15C / 15E / 16D / 16E / 16G / 17E / 18D

4. Schätzaufgaben

Ad / Bc / Cc / Dd / Ec / Fa / Ge / Hd / Ie / Jc / Kd / Lb

5. Sortiertest

1:0027 / 2:2228 / 3:1219 / 4:2530 / 5:0520 / 6:304 / 7:2525 / 8:1714 / 9:191 / 10:0312 / 11:2515 /

12:120 / 13:2926 / 14:1816 / 15:2813 / 16:1721 / 17:1915 / 18:2122 / 19:2418 / 20:0224 / 21:255 / 22:002 / 23:223 / 24:246 / 25:029 / 26:297 / 27:0910 / 28:111 / 29:134 / 30:1317

6. Summen prüfen

```
1.  67  13  =  80  a    ar-bf-cf-dr
    51  43  =  93  b
   ───────────
   127  56
    c    d
```

2ar-bf-cr-df / 3ar-bf-cf-dr / 4af-br-cr-dr / 5r / 6af-br-cf-dr / 7ar-bf-cf-dr / 8af-br-cr-df / 9af-br-cr-df / 10ar-bf-cf-dr

7. Rechtschreibungskorrekturen

1r / 2r / 3 Filialleiter / 4 Meßapparat / 5 nachschlagen / 6 tagelang / 7 verpulvern / 8 alles Liebe / 9 Qual / 10r / 11 bösartig / 12 des Abends / 13 Theke / 14 Telegrammbote / 15r / 16 Illustrierte / 17 Notizblock / 18r / 19r / 20r / 21r / 22r / 23 Publikumserfolg / 24 Luxus / 25 Akkord / 26 Fahrradwerkstatt / 27r / 28r / 29r / 30r / 31 Widerstand / 32-35r / 36 Savanne / 37-40 r

8. Zeichensetzung

1. Für eine verbindliche Antwort (0) wäre ich Ihnen äußerst zu Dank verpflichtet.
2. Er sattelte das Pferd (0) und ritt nach Hause.
3. Er sang (0) und sang (0) immer tiefer (,) bis es nicht mehr weiter ging.
4. Bei Vertragsabschluß (0) ist es am sichersten (,) alle Vereinbarungen schriftlich festzuhalten.
5. Im Zusammenhang mit der steigenden Kriminaliät (0) nehmen die Verdächtigungen (,) insbesondere was Ausländer anbetrifft (,) beträchtlich zu.
6. Der Mannheimer Drehorgelmann (,) von Hause aus mit der Rechtschreibung auf Kriegsfuß (,) machte sein Instrument zu (,) schloß den Wagen ein (0) und fühlte den unwiderstehlichen Drang (,) ein Bier trinken zu müssen (0) oder wenigstens (0) in einem Gasthaus einzukehren.
7. »Ich darf es nicht vergessen« (,) dachte der Mann bei sich (,) bevor er endlich einschlief (0) und schon klingelte das Telefon.
8. Sie ist keine zartbesaitete Maid (,) dachte er (,) und nahm noch eine Beruhigungstablette (,) bevor er sich weiter mit ihr unterhielt.
9. Ohne es zu wollen (0) kam er des Rätsels Lösung fast schon auf die Spur (,) als er durch das Telefon abgelenkt wurde.
10. Er fuhr (,) ohne zu gucken (,) geradewegs (0) mit seinem schönen neuen Fahrrad (0) in die Hecke.
11. Für eine baldige Zusage (0) wäre ich Ihnen sehr verbunden.
12. Aus diesem Grund sind grade deshalb Pinguine geeignete Testobjekte für das Studium von Ausmaß (,) Dauer und Bedingungen der Kältegewöhnung.
13. In der Bundesregierung hält sich leider niemand (,) nicht einmal der (0) Bundeskanzler (,) für kompetent (,) um eine derartige Prognose zu wagen.
14. Seine einzige Unterstützung bestand in dem Funkgerät (,) falls dieses überhaupt funktionieren würde.
15. Am Aktienmarkt überwogen die Gewinne (,) was namentlich für die Autopapiere und Chemiewerte galt.
16. Bei Vertragsabschluß ist es am besten (,) alle gewünschten Zusätze schriftlich sich bestätigen zu lassen.
17. Die unmittelbare Nähe des Meeres (0) garantierte immer eine frische Brise (0) und versprach bei starker Hitze Kühlung.
18. In Zusammenhang mit den steigenden Produktionszahlen (0) können auch die inländischen Unternehmen (,) allen voran unsere Firma (,) größere Aufträge verbuchen.
19. Wir hoffen (0) mit diesem Buch sehr (,) ein deutlicheres Bewußtsein für die Lage der Auszubildenden geschaffen zu haben.

20. Wir hoffen sehr (,) nun allseits (0) Unterstützung zu finden.

9. Textaufgaben (Rechnen)
1. 7,50 DM / 2. 55% / 3. 2360. – DM

10. Dienstplan
Lösungsvorschlag:

	Mo	Di	Mi	Do	Fr
Nachtdienst	Anna	Dagmar	Gabi	Ludwig	Renate
	Birgit	Erik	Heinz	Palja	Sonja
	Bernd	Else	Karin	Robert	Sabine
Tagesdienst	Andreas	Detlev	Fritz	Katrin	Nora
	Berta	Doris	Karl	Mailin	Susanne

11. Gleichmäßiges Verteilen und Ordnen
Verdeutlichen Sie sich, daß Sie von 100% auszugehen haben und somit in jedem Karteikasten 10% an Namen zu verteilen haben. In alphabetischer Reihenfolge bedeutet das:

1. Karteikasten A
2.   B,C
3.   D,E,F
4.   G
5.   H,I,J,K
6.   L,M
7.   N,O,P
8.   R,S,T
9.   U,V,W
10.   X,Y,Z

12. Wegeplan
Beste Lösung:

von	nach	Wegezeit	Gesprächszeit
Zentrale	A	7 Min.	3 Min.
A	B	4	3
B	C	4	3
telefon.	D		3
	E		3
	F		3
C	Zentrale	5	
		20 Min.	18 Min.

Gesamtzeit: 38 Min.

13. Post-Aufgabe
1:5,10 / 2:7,50 / 3:7,50 / 4:6,10 / 5:6,80 / 6:22,60 / 7:5,00 / 8:19,60 / 9:4,70 / 10:22,20

Bank- und Wirtschafts-Testaufgaben

1 * Investitionsgüter produzierende Industrie
  * von seiten
  * drei Fünfteln
2 * 3 Stunden
3 * 10 Jahre

4 * 34 200 qm (1 ha = 10 000 qm)
  * 1 hl = 100 l
  * 1 t = 1000 kg
  * 1 qbm = 1 000 000 qcm
5 * 56 (+ 5 + 6 + 7 + 8 ...)
6 * aktiv = Recht, selbst zu wählen
  * passiv = Recht, gewählt zu werden
  * 1949
  * Dänemark, Polen, CSFR, Österreich, Schweiz, Frankreich, Luxemburg, Belgien, Niederlande
  * Engl. Pfund, ital. Lira, US-Dollar, Rubel, jugoslaw. Dinar, holländ. Gulden, Peseta, dän. Krone, franzöz. Franc
  * Einer großen Geldmenge steht eine geringe Gütermenge gegenüber. Die Preise steigen, der Geldwert sinkt.
7 * b
8 * c
9 * 24 Stunden
10 * 23
11 * 12%
12 * Hier gibt es keine richtige Lösung wie bei einer Mathematikaufgabe. Man sollte unangemessen aggressive und unangemessen unterwürfige Antworten nicht positiv bewerten (vgl. S. 83).
13 * Spanien, Mexiko, Kuba, Kolumbien, Honduras, Guatemala, Peru, Argentinien, Bolivien, Paraguay, Uruguay, Venezuela, Ecuador;
  * Abkürzung für United Nations International Children's Emergency Fund, internationales Kinderhilfswerk der Vereinten Nationen, besonders auch zur Bekämpfung von Kinderkrankheiten in den tropischen Ländern. Sitz in New York;
  * Deutsche Bundesbank;
  * 58,3% (14/24, 585 Tausendteile)
14 * Siehe Anmerkung zu 12. Vorschlag: a) 5   b) 5   c) 2   d) 3
15 * C
16 * Wird jährlich von der UNESCO vergeben
  * Wechselnder Austragungsort (Tennisturnier für Spieler unter 21 Jahren)
  * Bau der Mauer in Berlin
  * Die zunehmende Speicherung von persönlichen Daten in Computern und die Vernetzung ganzer Datenbanken (Stichworte: Volkszählung / computerlesbarer Ausweis).
  * Schriftsteller, Friedensnobelpreisträger 1986, lebt in den USA
  * Elektronenmikroskop
17 * Kommata an Positionen 3, 6. Doppelpunkt hinter 12
18 * c
19 * r / f / f
20 * 1D / 2C / 3A / 4A
21 * 562,50 DM

Tabellen-Interpretations-Testaufgaben

1. Niederschläge
1: M-Stadt; 1993; / 2: H-Stadt; 1994 / 3: M-Stadt; 1993; / 4: K-Stadt (66); 1991 gegenüber M-Stadt (33) / 5: K-Stadt; 67,4 / 6: M-Stadt / 7: M-Stadt / 8: K-Stadt 1993

2. Schöne Wirtschaft
A. 1: Die Exporte sinken, die Importe nehmen zu, bei wieder steigenden Exporten bleiben im Verlauf die Importe auf einem höheren Niveau. / 2: Die Teilzeitarbeitsplätze sinken mit der

Exportrate und steigen vor der Erhöhung der Exporte wieder deutlich an. / 3: Das Bruttosozialprodukt und das Durchschnittseinkommen bleiben stabil, kein dritter Wert.
B. 1: stimmt / 2: stimmt nicht / 3: sn / 4: sn / 5s / 6s / 7s / 8s / 9s / 10sn.

3. Test-ament
1: Ende der 70er / Anfang der 80er Jahre kreuzen sich die beiden Kurven und die Gesamtsterblichkeitsrate I übersteigt die Geburtenrate. / 2: Die Neugeborenen-Sterblichkeitsrate / 3: Tödliche Verkehrsunfälle, Aids, Drogentod und die Gesamtsterblichkeitsrate intern. Krankh. / 4:
Mitte der 80er Jahre. / 5: Alle. / 6: Aids. / 7: Drogentod. / 8: Gegen Ende 2250. / 9: Aids. /
10: Deutlich steigend.

Piloten-Testaufgaben

1. Englischtest
Teil A: 1b / 2b / 3a / 4c / 5a / 6c / 7b / 8c / 9a / 10c / 11b / 12c / 13c / 14a
Teil B: 1b / 2a / 3c / 4b / 5b / 6b / 7c / 8b / 9a / 10d / 11d,c,b / 12c / 13b / 14c / 15c / 16b / 17c
/ 18b / 19d / 20d

2. Flugwissen
1c / 2d / 3a / 4c / 5d / 6d / 7c

5. Links- und Rechtsabbiegungen
4R / 3L / 4L / 5R

7. Buchstaben rausstreichen
1.Zeile:1a 1b 1q / 2. 1a 1b 1q / 3. 1a 1b 1q / 4. 2a 2b 2q / 5. 1a 2b 1q / 6. keine/ 7. 1a 1q / 8. 1a 2q
/ 9. 1a 1q / 10. 1q / 11. 1q / 12. 1a 1b / 13. 2b 2q / 14. 1a 2b 3q / 15. 1a 1b 2q / 16. 2a 2b 1q / 17.
1a / 18. 1b 1q / 19. 1a 1b 1q / 20. 1a 1b 1q

8. Audio-visueller Simultan-Konzentrationstest
1. Zeile 1 / 2:1 / 3:0 / 4:2 / 5:0 / 6:0 / 7:1 / 8:0 / 9:0 / 10:0 / 11:0 / 12:1 / 13:2 /
14:0 / 15:1 / 16:1 / 17:1 / 18:0 / 19:2 / 20:0 / 21:0 / 22:1 / 23:0 / 23-26:0 / 27:1 / 28:2 / 29:0 /
30:1

13. Schätzaufgaben
1c / 2f / 3c / 4b / 5b / 6c / 7d / 8c / 9c / 10c / 11a / 12f / 13d / 14d

18. Würfel kippen
1 oben / 2 vorne / 3 vorne / 4 links / 5 rechts

GOLDMANN

Bescheid wissen – Recht bekommen

Der große Rechtsberater   13633

BGB   13632

Die neue Rente   13605

Das große Euro-Handbuch   13641

Goldmann · Der Taschenbuch-Verlag

GOLDMANN

Tests und Übungen

Das neue Test-Programm   13586

1001 Bewerbung   13585

Tausend geniale Bewerbungstips   10361

Kopf-Training   10926

Goldmann · Der Taschenbuch-Verlag

GOLDMANN

Rund um die Diät

Der Diät-Test   13645

Die Intervall Diät   13527

Die Dr.-Haas-Leistungsdiät   13525

Intuitiv schlank   13597

Goldmann · Der Taschenbuch-Verlag